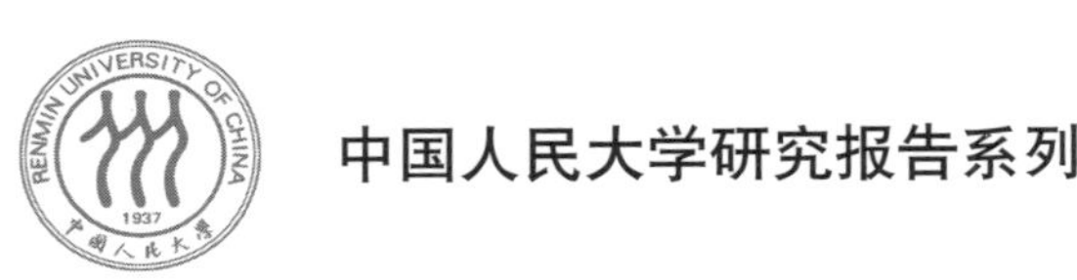

中国人民大学研究报告系列

新闻传播与媒介法治年度研究报告 2017

JOURNALISM AND COMMUNICATION MEDIA RULE OF LAW ANNUAL REPORT

陈 绚 杨 秀 李 伟 著

中国人民大学出版社
· 北京 ·

总序

陈雨露

当前中国的各类研究报告层出不穷，种类繁多，写法各异，成百舸争流、各领风骚之势。中国人民大学经过精心组织、整合设计，隆重推出由人大学者协同编撰的“研究报告系列”。这一系列主要是应用对策型研究报告，集中推出的本意在于，直面重大社会现实问题，开展动态分析和评估预测，建言献策于咨政与学术。

“学术领先，内容原创，关注时事，咨政助企”是中国人民大学“研究报告系列”的基本定位与功能。研究报告是一种科研成果载体，它承载了人大学者立足创新，致力于建设学术高地和咨询智库的学术责任和社会关怀；研究报告是一种研究模式，它以相关领域指标和统计数据为基础，评估现状，预测未来，推动人文社会科学研究成果的转化应用；研究报告还是一种学术品牌，它持续聚焦经济社会发展中的热点、焦点和重大战略问题，以扎实有力的研究成果服务于党和政府以及企业的计划、决策，服务于专门领域的研究，并以其专题性、周期性和翔实性赢得读者的识别与关注。

中国人民大学推出“研究报告系列”，有自己的学术积淀和学术思考。我校素以人文社会科学见长，注重学术研究咨政育人、服务社会的作用，曾陆续推出若干有影响力的研究报告。譬如自 2002 年始，我们组织跨学科课题组研究编写的《中国经济发展研究报告》、《中国社会发展研究报告》、《中国人文社会科学发展研究报告》，紧密联系和真实反映我国经济、社会和人文社会科学发展领域的重大现实问题，十年不辍，近年又推出《中国法律发展报告》等，与前三种合称为“四大报告”。此外还有一些散在的不同学科的专题研究报告，也连续多年在学界和社会上形成了一定的影响。这些研究报告都是观察分析、评估预测政治经济、社会文化等领域重大问题的专题研究，其中既有客观数据和事例，又有深度分析和战略预测，兼具实证性、前瞻性和学术性。我们把这些研究报告整合起来，与人民大学出版资源相结合，再做新的策划、征集、遴选，形成了这个“研究报告系列”，以期放大规模效应，扩展社会服务功能。这个系列是开放的，未来会依情势有所增减，使其动态成长。

中国人民大学推出“研究报告系列”，还具有关注学科建设、强化育人功能、推进协同创新等多重意义。作为连续性出版物，研究报告可以成为本学科学者展示、交流学术成果的平台。编写一部好的研究报告，通常需要集结力量，精诚携手，合作者随报告之连续而成为稳定团队，亦可增益学科实力。研究报告立足于丰厚素材，常常动员学生参与，可使他们在系统研究中得到学术训练，增长才干。此外，面向社会实践的研究报告必然要与政府、企业保持密切联系，关注社会的状况与需要，从而带动高校与行业企业、政府、学界以及国外科研机构之间的深度合作，收“协同创新”之效。

为适应信息化、数字化、网络化的发展趋势，中国人民大学的“研究报告系列”在出版纸质版本的同时将开发相应的文献数据库，形成丰富的数字资源，借助知识管理工具实现信息关联和知识挖掘，方便网络查询和跨专题检索，为广大读者提供方便适用的增值服务。

中国人民大学的“研究报告系列”是我们在整合科研力量，促进成果转化方面的新探索，我们将紧扣时代脉搏，敏锐捕捉经济社会发展的重点、热点、焦点问题，力争使每一种研究报告和整个系列都成为精品，都适应读者需要，从而铸造高质量的学术品牌、形成核心学术价值，更好地担当学术服务社会的职责。

前言

十九大报告将“坚持全面依法治国”明确作为新时代坚持和发展中国特色社会主义的基本方略之一。其中就要求：“坚持依法治国、依法执政、依法行政共同推进，坚持法治国家、法治政府、法治社会一体建设”。报告还指出，“加强互联网内容建设，建立网络综合治理体系，营造清朗的网络空间”。2017 年，网络内容治理体系的法治化建设迈出了重要的步伐，无论是网络内容监管中政府的法治建设，还是针对社会主体的法治化治理，都有了很多新的进展。

这一年中，文化领域的法治建设得以加强，网络内容法治化治理规范体系进一步完善。国家层面，中央审议通过《关于加强文化领域行业组织建设的指导意见》，两办印发《国家“十三五”时期文化发展改革规划纲要》等指导性文件。这些文件的出台，推动了文化改革发展中的制度建设，有利于促进文化事业和产业的健康发展。而且，随着互联网内容的迅猛增长，政府制定或是引导推出了多个重要的规范性文件，这依旧是 2017 年传播法治建设最为显著的成果。国家网信办公布《互联网跟帖评论服务管理规定》《互联网用户公众账号信息服务管理规定》《互联网群组信息服务管理规定》等法律文件，同时，《网络视听节目内容审核通则》《微博社区娱乐信息管理规定》等多个自律性文件相继发布，还有《网络安全法》等法律法规的正式施行，这些都使得对于网络内容法治化治理的规范体系更加完善。此外，针对新闻信息内容服务的治理也是 2017 年传播内容法治建设和政府信息内容监管法治建设的重点。其中涉及的规范性文件或者相关的重要事件就包括：《互联网新闻信息标题规范管理规定（暂行）》的制定，《新闻单位驻地方机构管理办法（试行）》和新版《互联网新闻信息服务管理规定》的施行，以及北京市网信办责令腾讯、新浪、搜狐等网站关停违规自采栏目等。从中可以看出，在互联网时代，针对新闻信息内容的监管思路和管理制度日渐成熟，而且，愈发注重现有规范性文件的落实问题。最后，面对网络传播引发的新的侵权问题，不断加强社会主体之间传播行为的规范化，也成为2017年传播领域法治建设的重要课题。社会公众传播活动不断地引发侵权等各类社会问题，而且，其中不少成为社会广泛关注的热点。比如："水滴直播"平台涉嫌侵犯"被直播者"隐私权、《孤芳不自赏》"网络水军"讨薪事件、信息网络传播权屡遭侵权问题、新浪微博起诉脉脉非法抓取使用用户信息案件、自媒体侵犯商誉权、大数据时代广告传播中的品牌安全问题等等。这些问题的"爆发"，表明深化社会领域传播活动的制度建设以及加强对此类问题的研究，已变得十分紧迫。

2017年，通过持续推动网络内容治理的法治化建设，政府对于网络信息内容的治理能力和水平不断提升。一是，网络内容治理所覆盖的互联网空间的范围更广，网络空间治理的"法外之地"变得越来越少。《互联网跟帖评论服务管理规定》的制定，有利于减少网络评论和表达中的"戾气"，推动网络空间更加清朗。《微博社区娱乐信息管理规定》的发布，将发挥净化娱乐信息传播空间的作用，更好满足公众对于娱乐信息的需求。二是，网络内容的治理重点更加突出，分类分级管理推动网络内容的治理愈发深入。网络新闻信息是一类特殊的信息类型，而对其的管理在互联网时代遇到了前所未有的挑战，唯有勇于制度创新才能实现各方对于网络新闻信息健康、有序发展的期待和要求。不难看出，针对这一问题，2017年陆续出台了多个文件，加强了对于新闻信息的管理，使得互联网时代新闻信息内容的规范体系更加健全。《互联网用户公众账号信息服务管理规定》《互联网群组信息服务管理规定》等法律文件通过对于网络内容的分类分级和差异化管理，在治理力度上"轻重有别"，增强了网络内容管理中规范的可操作性，提升了制度实施的效果。这也成为我国网络内容治理的一条重要经验。三是，治理方式不断创新。"软法"之治，是公共治理的重要形式，是治理方式现代化的体现。一般说来，"软法"是指虽无法律效力或不能依靠国家强制力保证实施，但有实际效力的行为规则。从网络内容治理的实践来看，"软法"治理运用得已较为娴熟。比如说，在行业协会牵头或者政府引导之下制定的《网络视听节目内容审核通则》《微博社区娱乐信息管理规定》等文件，就都体现了治理手段逐步从"硬法"向"软法"的转变。可以预见，今后此类治理手段的运用将会愈来愈普遍。

十九大报告提出，"加强互联网内容建设，建立网络综合治理体系，营造清朗的网络空间"，这既为我们指明了网络内容法治化治理的目标和方向，又提供了一条网络内容法治化治理的现实路径——"建立网络综合治理体系"。通过不断推进互联网内容的法治化治理，由此"建立网络综合治理体系"，这就需要：一方面，重视加强网络内容治理中公法、私法和实体法、程序法的共同建设，特别是推动网络内容治理实体法与程序法的同步发展，以此进一步提高网络内容治理的法治化水平；另一方面，要注意平衡“法治政府、法治社会一体建设”。这两方面“一体化”的制度建设是促进网络内容持续、健康发展的根本保障，二者缺一不可。今后，对于网络内容治理体系中法治社会的建设，需要继续完善相关的法律规范，加大规范的出台力度，以便应对市场和社会传播领域在网络内容快速发展过程中出现的一些新的或者棘手的问题。此外，还需要持续加强网络内容管理中“法治政府”的建设，特别是应更加重视权力运行的规范化问题，强化政府网络内容执法中对于公众“权利”的保障。

目 录

一、传媒政策与制度完善

二、网络监管与法律体系建设

三、社交媒体新闻信息传播法治

四、网络商业信息传播环境建设

五、权利维护与社会正义

一、传媒政策与制度完善

中央审议通过《关于加强文化领域行业组织建设的指导意见》加强文化领域行业组织建设

2016年7月22日，中央全面深化改革领导小组第二十六次会议审议通过了《关于加强文化领域行业组织建设的指导意见》。会议强调，加强文化领域行业组织建设，要坚持中国特色社会主义文化发展道路，始终把社会效益放在首位，坚持积极引导发展和严格依法管理并重，通过明确职能定位、做好培育发展、完善内部治理、强化规范管理等，健全党委统一领导、政府有效监管、分级负责、协调配合的行业组织管理体制机制，引导行业组织在服务文化企事业单位、服务广大文化工作者、服务行业发展、丰富群众文化生活等方面，更好发挥自身功能和独特优势，激发全社会文化创造活力。

2017年5月11日，新华社播发消息称：近日，中共中央办公厅、国务院办公厅印发《关于加强文化领域行业组织建设的指导意见》（以下简称《指导意见》），并发出通知，要求各地区各部门结合实际认真贯彻落实。

一、重要性和紧迫性

2013年底成立的中央全面深化改革领导小组由中国最高领导人习近平出任组长，三位政治局常委李克强、刘云山、张高丽任副组长，负责改革的总体设计、统筹协调、整体推进、督促落实。有关加强文化领域行业组织建设的《指导意见》由中央全面深化改革领导小组审议通过，并由中办、国办联合印发，足见这项工作的重要性。

《指导意见》肯定了改革开放以来，特别是近年来，文化艺术、新闻出版、广播影视、网络文化等领域涌现出的一大批行业组织，在提供决策咨询、服务行业发展、规范市场秩序、扩大对外交往等方面发挥了积极作用。同时也指出文化领域行业组织存在的几个突出的问题：总体发展不够、活力不足，还不能适应文化事业、文化产业迅速发展的要求；一些行业组织党的建设缺失，党的领导弱化，有的职能定位不清晰、内部治理不规范，没有很好地发挥应有作用；一些“山寨社团”“离岸社团”四处敛财、屡禁不绝，侵害了社会公众权益，亟待加以解决。

《指导意见》提出，落实全面深化改革的总目标，推进国家治理体系和治理能力现代化，需要加强和改进党对文化领域行业组织的领导，创新行业组织管理体制和运行机制，提高文化管理效能。协同推进文化建设与社会建设，激发全社会文化创造活力，需要在行业组织建设大框架下，把握文化建设特点和规律，引导文化领域行业组织更好地发挥自身功能和独特优势。把文化领域各方面企事业单位和广大文化工作者联系起来，汇聚起繁荣发展社会主义先进文化的合力，需要补齐行业组织发展的短板，推动行业组织全面加强自身能力建设。

二、总体要求

《指导意见》对加强文化领域行业组织建设的总体要求是：全面贯彻党的十八大和十八届二中、三中、四中、五中全会精神，以邓小平理论、“三个代表”重要思想、科学发展观为指导，深入学习贯彻习近平总书记系列重要讲话精神，紧紧围绕统筹推进“五位一体”总体布局和协调推进“四个全面”战略布局，牢固树立和落实新发展理念，坚持中国特色社会主义文化发展道路，坚持文化自信，坚持把社会效益放在首位，一手抓积极引导发展、一手抓严格依法管理，着力健全党委统一领导、政府有效监管、分级负责、协调配合的行业组织管理体制机制，构建结构合理、富有活力、服务高效、治理完备的行业组织体系，引导行业组织更好地服务文化企事业单位、服务广大文化工作者、服务行业发展、丰富群众文化生活，促进社会主义文化繁荣发展。

切实加强党对文化领域行业组织的政治领导、思想领导、组织领导，以社会主义核心价值观为引领，确保正确发展方向。落实社会组织、行业组织改革有关部署，体现文化例外要求，区别对待、分类施策，加强制度设计，推进改革创新，激发行业组织内在活力和发展动力。依法依规，健全准入退出机制，放管服并重，完善扶持措施，强化事中事后监管，尊重行业组织主体地位，优化行业组织发展环境。加强行业组织自身能力建设，提升自治水平和自我发展能力，在服务会员发展、规范行业秩序、开展行业自律、制定团体标准、维护会员权益、调解贸易纠纷等方面发挥积极作用。

三、明确职能定位　强化社会责任

《指导意见》对文化领域行业组织的职能定位分为四个方面：当好桥梁纽带，畅通党委、政府与市场、社会之间的联系；强化社会责任，体现价值引领和文化担当；服务会员单位和广大文化工作者，促进文化事业全面繁荣、文化产业快速发展、优秀传统文化传承弘扬；推进行业自律与诚信建设，规范行业发展秩序。

《指导意见》要求文化领域行业组织要牢固树立政治意识、大局意识、核心意识、看齐意识，认真学习贯彻党中央精神，落实党中央、国务院关于文化改革发展的决策部署，及时向全行业传递党和政府声音。适应深化行政体制改革要求，做好政府有关职能转变的承接工作。做好参谋助手，向党委和政府反映行业组织的重大事项、行业发展情况和行业诉求，为科学决策提供咨询服务。

《指导意见》要求文化领域行业组织把社会主义核心价值观要求贯穿到行业组织运行管理的各方面和全过程，引导会员单位和从业人员自觉践行社会主义核心价值观。坚持以人民为中心的发展思想和工作导向，推进文化创新，推出更多精品力作，唱响主旋律、传播正能量。组织开展公益性文化活动和文化志愿服务，丰富群众文化生活，坚定文化自信，增强文化自觉。

在规范会员单位和从业人员行为方面，《指导意见》要求行业组织把牢方向导向，把诚信自律建设内容纳入行业组织章程，制定诚信守则，建立失信惩戒机制。建立健全行业道德规范和职业道德准则，强化道德调节，激励向上向善。抵制侵权盗版、假冒欺诈、价格虚高，维护公平竞争秩序。网络文化领域的行业组织，应积极参与网络空间治理，推动净化网络环境。

《指导意见》特别指出，新闻出版传媒领域的行业组织，可探索建立道德委员会。实际上，2013 年第一批新闻道德委员会就已经在河北、上海、浙江、山东、湖北试点成立。经过两年多的试点工作，中国记协新闻道德委员会于 2015 年 12 月 29 日成立。中共中央宣传部副部长吴恒权指出，“新闻道德委员会是经中央书记处同意开展的重要工作，是新形势下坚持党管媒体的创新形式，是加强新闻队伍建设的重要举措，是解决新闻界突出问题的有效途径”。新闻道德委员会成立以来，把各级各类新闻媒体和从业人员纳入监督范围，通过新闻评议、媒体道歉、通报曝光等方式，在加强职业道德建设、治理新闻界突出问题方面发挥了很大作用，有效遏制了新闻敲诈、虚假新闻等不正之风。

四、扶持打造“排头兵” 向新媒体领域拓展

《指导意见》提出，要加大培育力度，优化布局结构。全面加强文化艺术、新闻出版、广播影视、网络文化等领域行业组织建设，进一步深化改革、加快发展，扶持和打造一批具有代表性、排头兵地位的文化领域行业组织。新闻出版、广播影视等领域行业组织，要适应传统媒体和新兴媒体融合发展新形势，向新媒体领域拓展。

以习近平为核心的新一届中央领导集体高度重视新媒体发展，其中，人是关键因素。2015 年 5 月，习近平在中央统战工作会议上强调，要加强和改善对新媒体中的代表性人士的工作，建立经常性联系渠道，加强线上互动、线下沟通，让他们在净化网络空间、弘扬主旋律等方面展现正能量①。“要加强和改善对新媒体中的代表性人士的工作”的表述引起海内外热议，中共中央统战部通过官方微信账号“统战新语”就“何谓新媒体中的代表性人士”做出解读。文章指出，“新媒体中的代表性人士是伴随新媒体的发展而产生并成长起来的新群体，具知识层次高、流动性强、思维活跃、影响面广等特点，其中党外人士占多数，在维护网络安全、影响社会舆论等方面发挥着重要作用，是推动经济社会发展的一支重要力量”②。因而，在新形势下，广泛团结凝聚包括新媒体中的代表性人士在内的新社会群体，是统一战线面临的一项新任务。

2017 年 4 月中办印发的《中国记协深化改革方案》就专门提出了要建立联系新兴媒体工作机构和运行机制，扩大服务有效覆盖面。探索团结服务新兴媒体的组织形式，将新兴媒体从业人员纳入中国记协联系服务范围。建立中国记协新兴媒体平台协调机制，整合中国记协新兴媒体工作平台，建立日常沟通协调机制，加大信息、资源共享力度。在 8 月举行的第十七届中国网络媒体论坛上，中国记协书记处书记王冬梅透露，中国记协正在推动北京和浙江新媒体专业委员会试点工作，条件成熟时，将推动中国记协和全国各省市记协成立新媒体专业委员会③。

---

① 习近平：巩固发展最广泛的爱国统一战线［EB/OL］. http：//news. xinhuanet. com/politics/2015 - 05/20/c _ 1115351358. htm.

② 官方渠道谈“新媒体中的代表性人士指哪些人?”［EB/OL］. http：//www. chinanews. com/gn/2015/06 - 03/7320624. shtml.

③ 快讯：中国记协正在筹建新媒体专业委员会［EB/OL］. http：//news. jxntv. cn/2017/0825/8660068. shtml.

五、推动两个“全覆盖”　发挥党组织政治核心作用

随着改革开放的深入推进，非公有制企业和社会组织蓬勃发展，数量规模日益扩大。只有不断扩大党组织在这些领域的覆盖面，才能确保非公有制企业和社会组织始终保持正确的政治方向，使党的路线、方针、政策及时有效地得到贯彻落实①。

改革开放以来，中国共产党一直十分重视社会组织的党建工作。1996 年，中共中央办公厅、国务院办公厅联合下发的《关于加强社会团体和民办非企业单位管理工作的通知》，正式提出了在社会组织中建立党组织的要求。此后，在 1998 年 2 月中共中央组织部和民政部下发的《关于在社会团体中建立党组织有关问题的通知》，2000 年 7 月中共中央组织部发布的《关于加强社会团体党的建设工作的意见》，2007 年 5 月国务院办公厅下发的《关于加快推进行业协会商会改革和发展的若干意见》以及 2007 年 10 月党的十七大报告中，都对社会组织的党建工作做出了规定。特别是 2009 年 9 月十七届四中全会通过的《中共中央关于加强和改进新形势下党的建设若干重大问题的决定》对社会组织党建工作提出了更高的要求：“全面推进各领域党的基层组织建设，实现党组织和党的工作全社会覆盖，做到哪里有群众哪里就有党的工作、哪里有党员哪里就有党组织、哪里有党组织哪里就有健全的组织生活和党组织作用的充分发挥。”②

党的十八大之后，习近平多次强调，要“把抓好党建作为最大的政绩”。“麻绳最容易从细处断。越是情况复杂、基础薄弱的地方，越要健全党的组织、做好党的工作，确保全覆盖，固本强基，防止‘木桶效应’”。针对“一些非公有制经济组织和社会组织党建工作还比较薄弱”的问题，全国范围内开展了推进“两个覆盖”专项行动。中央组织部统计数据显示，2016 年底非公有制企业、社会组织党组织覆盖率分别达到 67.9%和 58.9%，比 2012 年提高 13.6 和 23.9 个百分点。这表明党在非公有制企业和社会组织领域的组织体系进一步严密，党对“两新”组织的领导得到全面加强。

《指导意见》要求，按照应建尽建的原则，推动党组织全覆盖、党的工作全覆盖。凡有三名以上正式党员的行业组织，都要成立党组织；不足三名的，可本着行

---

① 胡军．织密党组织在“两新”领域的覆盖网［EB/OL］. http://theory.people.com.cn/n1/2017/0703/c409497-29379570.html.

② 于今，蔡文，闫海潮，等．我国社会组织中党组织的作用分析［EB/OL］. http://www.chinanpo.gov.cn/700100/92604/newswjindex.html.

业相近和地域相近的原则联合建立党组织；暂不具备组建条件的，可通过选派党建工作指导员、联络员或建立工会、共青团组织等途径开展党的工作，条件成熟时及时建立党组织。行业组织党组织要自觉接受上级党组织的领导，及时学习传达贯彻中央精神，认真组织开展“学党章党规、学系列讲话，做合格党员”学习教育。严明党的政治纪律、组织纪律、廉洁纪律、群众纪律、工作纪律、生活纪律，加强对党员的教育、管理、监督和服务。

《指导意见》强调，要充分发挥党组织的政治核心作用，推动行业组织党组织建设与内部法人治理结构相衔接。建立健全行业组织党组织参与行业组织重大问题决策等制度机制，善于通过党组织会议和会员（代表）大会、理事会等，把党的意志主张转化为行业组织的决策行动。鼓励党组织负责人和行业组织负责人双向进入、交叉任职，提倡党员行业组织负责人担任党组织书记。

六、行业组织与行政机关脱钩

“戴市场的帽子，拿政府的鞭子，坐行业的轿子，收企业的票子，供官员兼职的位子”。长期以来，行业协会因其“非民间化”或者说“部门化”，被讥讽为“二政府”。原因是各地行业协会均不同程度地与行政机关挂着钩，少数行业协会成为行政机关的附属机构、下属部门；不少公职人员兼着协会职务。虽然行业协会与行政机关脱钩呼吁了好多年，但落实得并不理想①。

针对一些行业协会商会还存在政会不分、管办一体、治理结构不健全、监督管理不到位、创新发展不足、作用发挥不够等问题，中办、国办2015年印发了《行业协会商会与行政机关脱钩总体方案》，要求加快形成政社分开、权责明确、依法自治的现代社会组织体制，理清政府、市场、社会关系，积极稳妥推进行业协会商会与行政机关脱钩，厘清行政机关与行业协会商会的职能边界，促进行业协会商会成为依法设立、自主办会、服务为本、治理规范、行为自律的社会组织。围绕使市场在资源配置中起决定性作用和更好发挥政府作用，改革传统的行政化管理方式，按照去行政化的要求，切断行政机关和行业协会商会之间的利益链条，建立新型管理体制和运行机制，促进和引导行业协会商会自主运行、有序竞争、优化发展。

落实行业协会商会与行政机关脱钩总体方案，也是《指导意见》的一项重要内容。《指导意见》提出，要精心组织试点工作，稳妥有序推进改革，引导和推动行

① 沈峰．行业协会与行政机关脱钩是善治的开始［N］．法制日报，2013－12－07．

业组织成为政社分开、依法自治、权责明确的法人主体。对于承担特殊职能、涉及意识形态安全和文化安全，确需实行业务主管单位和登记管理机关双重管理的行业组织，业务主管单位要全面负起管理责任，做好行业组织成立登记、变更登记、注销登记前的审查，监督指导行业组织依法依章程开展活动。

七、严格党政领导干部在文化领域行业组织兼职

《指导意见》指出，要严格党政领导干部在文化领域行业组织兼职。现职和不担任现职但未办理退（离）休手续的党政领导干部，不得在行业协会商会兼任职务，一般也不得在其他行业组织兼任职务，确因工作需要兼职的，须根据相关规定按干部管理权限从严审批，所兼任的行业组织业务须与本职业务工作相关。党政领导干部退（离）休后，本人无其他兼职，确因工作需要到行业组织兼职的，须根据相关规定按干部管理权限审批或备案，兼职期间要发挥好政治把关、经验指导、业务传授等方面的作用。兼职不得领取薪酬和获取其他额外利益，确属需要的工作经费，要从严控制，不得超过规定标准和实际支出。党政领导干部未经批准不得发起成立行业组织。

除了严格限制领导干部在行业组织兼职以外，中办、国办 2015 年印发的《行业协会商会与行政机关脱钩总体方案》还规定了对已在行业协会商会中任职、兼职的公务员，进行一次性清理。任职的在职公务员，脱钩后自愿选择去留：退出行业协会商会工作的，由所属行政机关妥善安置；本人自愿继续留在行业协会商会工作的，退出公务员管理，不再保留公务员身份。在行业协会商会兼职的公务员，要限期辞去兼任职务。行业协会商会与行政机关脱钩后，使用的事业编制相应核销。

八、加强甄别　不得宣传报道“山寨社团”“离岸社团”

《指导意见》要求宣传文化、民政部门会同有关部门对行业组织违反社会组织管理相关规定的行为及时进行整治。打击行业组织违法行为，依法取缔未经登记、擅自以行业组织名义活动的非法组织，依法取缔非法编印的内部报刊，依法追究相关责任人的法律责任。建立行业组织“异常名录”和“黑名单”。

《指导意见》特别强调，各类媒体对行业组织开展的活动进行报道前，应加强甄别，确认该组织的合法性，验证其是否具有民政、公安部门制发的登记证书或有关部门批准的有效文件，不得对“山寨社团”“离岸社团”和非法在境内开展文化

活动的境外组织进行宣传报道。网信部门指导有关部门督促域名注册管理和服务机构等做好域名注册，关闭有关非法网站。

所谓“离岸社团”“山寨社团”主要是一些内地居民利用境内外对社会组织登记管理制度的差异，在登记条件宽松的国家和地区进行注册的机构。它们多数都冠以“中国”“中华”“全国”等国字头字样，与国内合法登记的全国性社团名称相近甚至相同。主要目的就是在境内敛财，敛财手段包括发展会员、成立分会收取会费，发牌照、搞评选颁奖活动收钱，搞行业培训收费等，有时甚至向企业敲诈勒索。

民政部相关负责人在接受媒体采访时披露了这些山寨版机构的敛财手段。它们大都带有“国字头”高大上的名称，开会和活动地点选择人民大会堂、钓鱼台国宾馆、政协礼堂等中国人最相信的地方，请一些领导干部站台，在主流媒体上做广告宣传造势。通常一个敛财手段被识破后，又会重新换个头衔和名称继续活动。在香港注册社团和公司非常方便，而且香港的一个地址可以注册多个机构，北京还有专门的代理机构可以代办注册，只需几千块钱便可注册一个山寨协会。2014 年被《焦点访谈》曝光的“中华医院管理学会”，就是在香港注册的山寨协会。来自山东的兄弟俩以其 70 多岁母亲的名义在香港注册了一个公司，公司名下有国字头的学会、协会 40 多个，诸如“中华医院管理学会”、“中国医疗器械贸易行业协会”、“中国金融业协会”以及“中国建筑装饰行业协会”等，哪个好敛财用哪个。这些机构是依据境外法律法规注册成立的，说它们非法不合适，但作为它们长期活动地的中国内地又没有法律法规予以管理，形成注册地管不了、活动地管不住的局面，导致乱象频发①。

2016 年 3 月 16 日，民政部民间组织管理局主管的中国社会组织网开通了“离岸社团”“山寨社团”曝光台。截至 2017 年 9 月 16 日，共有多达 1 293 个机构被列入曝光名单。这些机构各式名头五花八门，很容易乱人耳目，例如“中国传统文化产业发展促进会”“中国传统文化产业发展研究院”“中国青年作家学会”“中国文学联合协会”“中国影视艺术协会”“中国影视家协会”“华人电影文化促进会”“亚洲广播电影电视协会”“中华新闻出版联合会”“中国维权记者联合会”“中国内刊协会”“中国慈孝总会”“中国公益总会”“中国易经文化协会”“中国易经文化研究院”“全球易经文化协会”“中国红色文化促进会”“中国红色文化研究院”“中华民

① 王瑞锋．“对山寨协会应全民喊打”：专访民政部党组成员、民间组织管理局局长詹成付［N］．南方周末，2016－01－07．

族文化促进会”“世界文化艺术协会”等等。

九、加强内部制度建设　强化规范管理

《指导意见》要求行业组织加强内部管理制度建设。不得在分支（代表）机构下再设分支（代表）机构，不得设立地域性分支机构。不得强制文化单位或个人入会、摊派会费、派捐索捐、强拉赞助，不得从事行政性中介活动，不得擅自编印、发行内部报刊。

《指导意见》要求进一步明确文化领域行业组织成立的条件和程序。严格规范全国性行业组织的成立，加强规划指导，压缩总量、控制数量、提高质量。活动地域跨省（自治区、直辖市）的行业组织比照全国性行业组织从严审批。特别强调新闻网站、商业网站、企业网站等各类网站以及“两微一端”运营机构不得自行成立有相对固定组织机构的联盟、协会等全国性合作组织。

《指导意见》还要求，规范行业组织涉外合作与涉外交往活动，不得与危害我国国家安全和利益的境外组织或个人合作。

两办印发《国家“十三五”时期文化发展改革规划纲要》

“文运同国运相牵，文脉同国脉相连。”① 文化是民族的血脉，是人民的精神家园，是国家强盛的重要支撑。坚持“两手抓、两手都要硬”，推动物质文明和精神文明协调发展，繁荣发展社会主义先进文化，是党和国家的战略方针。2017 年 5 月 7 日，新华社发布中共中央办公厅、国务院办公厅印发的《国家“十三五”时期文化发展改革规划纲要》（以下简称《纲要》）。《纲要》是宣传文化领域贯彻《中共中央关于制定国民经济和社会发展第十三个五年规划的建议》和《中华人民共和国国民经济和社会发展第十三个五年规划纲要》的专项规划，也是指导“十三五”时期文化发展改革的重要纲领和遵循。

除序言外，《纲要》共分为十三个部分。第一部分是总体要求，明确了“十三五”时期文化发展改革的指导思想、方针原则和目标任务。第二至第十二部分对十一个方面的工作进行了部署，依次为加强思想理论建设、提高舆论引导水平、培育和践行社会主义核心价值观、繁荣文化产品创作生产、加快现代公共文化服务体系建设、完善现代文化市场体系和现代文化产业体系、传承弘扬中华优秀传统文化、提高文化开放水平、推进文化体制改革创新、加强文化人才队伍建设、完善和落实文化经济政策，基本涵盖了文化建设的方方面面。第十三部分为组织实施，对各地各有关部门抓好规划落实提出了明确要求②。《纲要》要求，中央网信办、文化部、新闻出版广电总局要根据本规划纲要，抓紧制定本领域的专项规划，报中央文化体

① 习近平：在中国文联十大、中国作协九大开幕式上的讲话［EB/OL］. http：//news. xinhuanet. com/politics/2016－11/30/c＿1120025319. htm.

② 为实现中华民族伟大复兴中国梦奠定更加坚实思想文化基础：中央文改领导小组办公室负责人就《国家“十三五”时期文化发展改革规划纲要》答记者问［EB/OL］. http：//news. xinhuanet. com/politics/2017－05/08/c＿1120938200. htm.

制改革和发展工作领导小组批准后实施。

新闻事业的本质是一种大众精神文化，是文化事业的有机组成部分。在《纲要》里，有多处与新闻事业有关的重要论述，对今后一段时间新闻事业的发展将起到提纲挈领的作用。

《纲要》序言指出，“十三五”时期是全面建成小康社会决胜阶段，也是促进文化繁荣发展关键时期。在新的历史起点上，夺取中国特色社会主义新胜利，赢得具有许多新的历史特点的伟大斗争，必须充分发挥文化“引领风尚、教育人民、服务社会、推动发展”的作用。《纲要》提出四个“迫切需要”：全面建成小康社会，迫切需要补齐文化发展短板、实现文化小康，丰富人们精神文化生活，提高国民素质和社会文明程度。适应把握引领经济发展新常态，推动改革全面深化，促进社会和谐稳定，迫切需要牢固树立和贯彻落实创新、协调、绿色、开放、共享的发展理念，增进社会共识、营造良好氛围，激发全民族创造活力。高新技术发展日新月异，社会信息化持续推进，互联网影响广泛而深刻，迫切需要拓展文化发展新领域，发展壮大网上主流舆论阵地，更好运用先进技术发展和传播先进文化。世界多极化、经济全球化、文化多样化、社会信息化深入发展，综合国力竞争日趋激烈，迫切需要提高文化开放水平，广泛参与世界文明对话，增强国际话语权，展示中华文化独特魅力，增强国家文化软实力。要发挥文化的四个作用、解决四个“迫切需要”，新闻宣传事业的作用至关重要，《纲要》也从多方面对新闻宣传工作做出了规划。

一、总体要求：牢牢把握文化发展改革的指导思想

《纲要》指出，要高举中国特色社会主义伟大旗帜，全面贯彻党的十八大和十八届三中、四中、五中、六中全会精神，以马克思列宁主义、毛泽东思想、邓小平理论、“三个代表”重要思想、科学发展观为指导，深入学习贯彻习近平总书记系列重要讲话精神和治国理政新理念新思想新战略，切实增强政治意识、大局意识、核心意识、看齐意识，紧紧围绕统筹推进“五位一体”总体布局和协调推进“四个全面”战略布局，坚持以社会主义核心价值观为引领，坚持社会主义先进文化前进方向，坚持中国特色社会主义文化发展道路，坚持依法治国和以德治国相结合，坚持以人民为中心的发展思想和工作导向，坚持把社会效益放在首位、社会效益和经济效益相统一，全面推进文化发展改革，全面完成文化小康建设各项任务，建设社会主义文化强国，更好地构筑中国精神、中国价值、中国力量、中国贡献，为实现

“两个一百年”奋斗目标、实现中华民族伟大复兴的中国梦奠定更加坚实的思想文化基础。

2016 年 1 月 29 日，中共中央政治局会议指出，中国共产党领导是中国特色社会主义制度的最大优势，加强党的领导关键是坚持党中央集中统一领导。只有增强政治意识、大局意识、核心意识、看齐意识，自觉在思想上政治上行动上同以习近平同志为总书记的党中央保持高度一致，才能使我们党更加团结统一、坚强有力，始终成为中国特色社会主义事业的坚强领导核心。

这“四个意识”在《纲要》里也得到强调。“四个意识”是相互联系、相互作用的。政治意识是前提，大局意识是关键，核心意识是根本，看齐意识是保证。四个方面统一于增强核心意识，统一于向核心看齐，即聚焦于核心，紧密地团结在核心周围，形成一个凝心聚力、耦合互动、坚强有力的有机整体①。党的十八届六中全会确立习近平总书记为党中央的核心、全党的核心。这是党和国家政治生活中的一件大事，是推进全面从严治党的一件大事。党员干部能否切实把政治意识、大局意识、核心意识、看齐意识特别是核心意识、看齐意识落到实处，自觉拥护以习近平同志为核心的党中央的权威，不仅是遵守政治纪律的要求，也是具有高度思想政治觉悟的体现②。新闻舆论工作承担着“成风化人、凝心聚力”的神圣职责和使命，必然要求其从业者首先将“四个意识”内化于心、外化于行，然后才能引导全党遵循和践行。

二、全面实现文化发展改革的目标任务

《纲要》从理论建设、文艺创作、媒体建设、公共文化、文化产业、传统文化、文化开放、文化体制改革等八个方面确立了“十三五”时期文化发展改革的主要目标。其中，对新闻宣传工作提出的目标是：“现代传播体系逐步建立，传统媒体与新兴媒体融合发展取得阶段性成果，形成一批新型主流媒体和主流媒体集团，网络空间更加清朗，社会舆论积极向上。”在理论建设方面的目标是：“中国梦引领凝聚作用进一步增强，富强民主文明和谐、自由平等公正法治、爱国敬业诚信友善的社会主义核心价值观更加深入人心。”在文化开放方面的目标是：“中国故事、中国声

---

① 李永胜．抓住“核心意识”这个“关键”［EB/OL］. http：//opinion. people. com. cn/n1/2016/1115/c1003－28870328. html.

② 常妍．习近平总书记多次强调“看齐意识”的深意：专访中共中央党校原副校长李君如［EB/OL］. http：//theory. people. com. cn/n1/2016/1103/c40531－28831043. html.

音广泛传播，良好国家形象全面展示，国家文化软实力和国际话语权进一步增强。”以上目标的达成与新闻宣传工作息息相关，或者说，在实践中本身就是新闻宣传工作的主要内容。

媒体融合发展是一个新的课题，是传媒领域一场重大而深刻的变革。推动传统媒体和新兴媒体融合发展，是党中央着眼巩固宣传思想文化阵地、壮大主流思想舆论做出的重大战略部署。习近平强调，要加快传统媒体和新兴媒体融合发展，充分运用新技术、新应用创新媒体传播方式，占领信息传播制高点。党的十八届三中全会提出，要整合新闻媒体资源，推动传统媒体和新兴媒体融合发展。加快融合发展进程是媒体应当肩负起的历史责任①。

《纲要》提到的新型主流媒体集团，是当前对传媒转型的最顶层设计②。建设新型主流媒体对于国家提高对内对外话语权，巩固壮大主流思想舆论，都有非常重要的意义。2014 年 8 月 18 日，中央全面深化改革领导小组第四次会议审议通过了《关于推动传统媒体和新兴媒体融合发展的指导意见》。习近平强调，要着力打造一批形态多样、手段先进、具有竞争力的新型主流媒体，建成几家拥有强大实力和传播力、公信力、影响力的新型媒体集团。

2017 年伊始，人民日报以《深度融合　构筑媒体新版图》为题报道了人民日报社、新华社、求是杂志社、光明日报社、经济日报社、中国日报社、中央人民广播电台、中央电视台、中国国际广播电台等主流媒体在跨媒介、全媒体、融媒体等方面创新发展的做法和成绩。报道称，两年来，宣传部门统筹协调，中央和地方各主要媒体一齐发力，开始了从“相加”到“相融”的加速跑。各媒体以再创优势的责任感、革新求变的使命感、只争朝夕的紧迫感，密切追踪新技术，热情拥抱互联网，在内容、渠道、平台、经营、管理等方面加快推进深度融合，改革体制机制，再造生产流程，“一批形态多样、手段先进、具有竞争力的新型主流媒体先后涌现，一批拥有强大实力和传播力、公信力、影响力的新型媒体集团初具雏形，一个新的传播体系和媒体格局正在形成”③。

三、加强思想理论建设　加强意识形态领域管理

《纲要》指出，要深化中国特色社会主义理论体系的学习研究宣传。把深入学

① 刘奇葆．加快推动传统媒体和新兴媒体融合发展［N］．人民日报，2014-04-23.

② 陈国权．新型主流媒体的内涵及打造路径［J］．青年记者，2014（34）：44-46.

③ 汪晓东，曹树林，于洋．深度融合　构筑媒体新版图［N］．人民日报，2017-01-05.

习宣传贯彻习近平总书记系列重要讲话精神和治国理政新理念新思想新战略作为重中之重，深化中国特色社会主义和中国梦的学习宣传教育。《纲要》列举了理论工作“四大平台”建设，其中之一就是“报刊网络理论宣传阵地建设”，即“重点建设扶持一批党报理论版和党刊，打造一批有影响力的全国重点理论网站（频道）”。

《纲要》指出，要加强意识形态领域管理。落实党委（党组）意识形态工作责任制，建立健全考核、督查、问责机制。坚持党管宣传、党管意识形态、党管媒体，落实属地管理、分级负责和谁主管谁负责的原则，加强意识形态阵地管理，建立健全网络意识形态工作机制，维护国家意识形态安全。

人民日报社社长杨振武曾撰文指出，随着媒体技术的进步，新闻传播呈现人人传播、多向传播、海量传播的特征，线上与线下、虚拟与现实、国际与国内共同构成了一个日益复杂的大舆论场。如果做不好新闻舆论工作、守不好新闻舆论阵地，我们在思想上的防线就会崩溃，就可能犯颠覆性错误。他强调互联网是我们面临的“最大变量”。“过不了互联网这一关，就过不了长期执政这一关。”新媒体不能脱离党的领导，更不能成为“法外之地”。如果管不住新媒体，党管媒体的原则在互联网上就会被架空，我们就会犯下历史性错误。坚持政治家办报，就要从维护国家意识形态安全、政治安全的高度，把能管互联网作为党管媒体的关键，紧紧抓住、切实管好①。

四、提高舆论引导水平

2016 年 2 月 19 日，习近平考察人民日报社、新华社、中央电视台，主持召开党的新闻舆论工作座谈会并发表重要讲话。党的最高领导人亲自主持召开新闻舆论工作座谈会，这在党和国家历史上是第一次。“2·19”讲话被认为是“在新的时期对马克思主义新闻学、马克思主义新闻理论的新发展，也是一篇经典性新闻理论的重要讲话”②。在讲话中，习近平提出了新的历史条件下党的新闻舆论工作“48 字”的职责和使命，并指出要承担起这一职责使命，必须把政治方向摆在第一位，做到“四个牢牢坚持”，即牢牢坚持党性原则、牢牢坚持马克思主义新闻观、牢牢坚持正确舆论导向、牢牢坚持正面宣传为主。

---

① 杨振武．把握好政治家办报的时代要求：深入学习贯彻习近平同志在党的新闻舆论工作座谈会上的重要讲话精神［N］．人民日报，2016－03－21.

② 雷跃捷．“2·19”重要讲话把马克思主义新闻观重要作用提升到了新高度［EB/OL］．http：//media.people.com.cn/n1/2017/0217/c14677－29089509.html.

《纲要》重申了习近平提出的“48字”职责使命和“四个牢牢坚持”，提出要加快构建现代传播体系，健全舆情引导机制，强化媒体社会责任，发展壮大主流媒体，切实提高新闻舆论传播力、引导力、影响力、公信力。为此，有针对性地在四个方面做出了规划：

（一）做强做大主流舆论

适应分众化、差异化传播趋势，加快构建主流舆论矩阵。加强党报党刊、通讯社、电台电视台等重点新闻媒体建设，提高宣传报道专业化水平。加强和改进正面宣传，做亮党中央治国理政新理念新思想新战略重大主题宣传，做活经济宣传，做好热点引导。综合运用微博、微信、移动新闻客户端等传播方式，拓展主流舆论传播空间。建立和完善民意调查等制度。做好重大突发事件新闻报道和权威信息发布，把握舆论引导的时度效。加强和改进舆论监督，发挥舆论监督建设性作用。

（二）推动媒体融合发展

扶持重点主流媒体创新思路，推动融合发展尽快从相“加”迈向相“融”，形成新型传播模式。支持党报党刊、通讯社、电台电视台建设统一指挥调度的融媒体中心、全媒体采编平台等“中央厨房”，重构新闻采编生产流程，生产全媒体产品。明确不同类型、不同层级媒体定位，统筹推进媒体结构调整和融合发展，打造一批新型主流媒体和媒体集团。

（三）发展壮大网上舆论阵地

遵循网络传播规律，强化互联网思维，加快网络媒体发展。加强重点新闻网站和政府网站建设。加强移动互联网建设和生态治理。强化网站主体责任，健全网站分级分层管理体制。加强教育引导，进一步提升网民网络文明素养。将新闻网站采编人员纳入新闻记者证制度统一管理，纳入新闻采编人员职业资格制度，健全职称评价体系。统筹推进网络舆论引导、网络文化建设、网络文明传播、网络公益活动，增亮网络底色、激发网络正气。

（四）规范传播秩序

规范地方媒体、行业媒体管理。规范推进电台电视台实质性合并，健全节目退出机制。建设视听新媒体集成播控平台。开展视听类智能终端设备入网认证工作。制定互联网分类管理办法。完善互联网法律法规，将现行新闻出版法律法规延伸覆盖到网络媒体管理。完善网站新闻来源许可机制，加强新闻信息采编转载资质管理，规范商业网站转载行为和网络转载版权秩序。建立完善网络版权使用机制。实行新闻采编专业人员职业资格制度，加强职务行为信息管理。加强互联网信息搜索引擎、即时通信工具、移动新闻客户端等管理，明确微博、微信等的运营主体对所传播内容的主体责任。加大对新闻界突出问题治理力度。严厉打击网络谣言、有害信息、虚假新闻、新闻敲诈和假媒体假记者。

五、培育和践行社会主义核心价值观

《纲要》提出，要把社会主义核心价值观融入经济社会发展各领域、贯穿社会生活全过程，加强教育引导、舆论宣传、文化熏陶、实践养成和制度保障，注重通过法律和政策向社会传导正确价值取向，推动社会主义核心价值观宣传教育落细落小落实，不断增强价值观自信，巩固全党全国各族人民团结奋斗的共同思想基础。《纲要》要求，充分运用各类媒体、文艺作品、公益广告和群众性文化活动等开展主题宣传。要加强对全国重大典型和道德模范、时代楷模的学习宣传，广泛推出“最美人物”、善行义举和身边好人。

中共中央政治局2014年2月24日就培育和弘扬社会主义核心价值观、弘扬中华传统美德进行第十三次集体学习。习近平在主持学习时强调，把培育和弘扬社会主义核心价值观作为凝魂聚气、强基固本的基础工程，继承和发扬中华优秀传统文化和传统美德，广泛开展社会主义核心价值观宣传教育，积极引导人们讲道德、尊道德、守道德，追求高尚的道德理想，不断夯实中国特色社会主义的思想道德基础[①]。

习近平指出，历史和现实都表明，核心价值观是一个国家的重要稳定器，能否构建具有强大感召力的核心价值观，关系社会和谐稳定，关系国家长治久安。核心价值观是文化软实力的灵魂、文化软实力建设的重点。这是决定文化性质和方向的最深层次要素。一个国家的文化软实力，从根本上说，取决于其核心价值观的生命力、凝聚力、感召力[②]。要大力培育和弘扬社会主义核心价值体系和核心价值观，加快构建充分反映中国特色、民族特性、时代特征的价值体系，努力抢占价值体系

① 中共中央政治局进行第十三次集体学习 习近平主持［EB/OL］. http：//www.gov.cn/ldhd/2014-02/25/content_2621669.htm.

② 习近平在中共中央政治局第十三次集体学习时强调 把培育和弘扬社会主义核心价值观作为凝魂聚气强基固本的基础工程［N］. 人民日报，2014-02-26.

的制高点。“如果我们的人民不能坚持在我国大地上形成和发展起来的道德价值，而不加区分、盲目地成为西方道德价值的应声虫，那就真正要提出我们的国家和民族会不会失去自己的精神独立性的问题了。如果没有自己的精神独立性，那政治、思想、文化、制度等方面的独立性就会被釜底抽薪。”[①]

改革开放之后，我国社会走向价值多元。在看到多样价值取向对于推动经济社会发展的巨大作用的同时，也要看到缺乏引领的多样化价值取向的一系列社会问题。比如，在对需要的满足上，过分强调需要内容的合理，忽视了满足方式的合理合法，造成为了满足需要而不择手段；在对利益的追求上，过分强调物质利益，忽视了精神价值，造成物质生活富裕而精神生活贫瘠；在人与自然的关系上，重“人类中心”，轻人与自然的和谐相处，造成环境破坏和代际关系紧张；在效率与公平的关系上，重经济效率，轻社会效率和公平正义，造成行业、城乡以及阶层收入差距的扩大；等等。产生上述问题的一个非常重要的原因是没有处理好社会主义核心价值观与各不相同、千差万别甚至相互矛盾的价值观的关系。当前，亟须用社会主义核心价值观引领多样化价值取向的发展，避免多样化价值取向无限制发展所引发的不良社会后果，从而既激发社会活力，又促进社会和谐进步。以“三个倡导”为主要内容的社会主义核心价值观，为解决纷繁复杂的社会矛盾和问题提供了明确的价值导向，也为新闻媒体弘扬社会主义核心价值观指明了方向。新闻媒体是传播社会主流价值的主渠道，“必须把弘扬社会主义核心价值观作为神圣职责”[②]。

六、对长期经营困难的新闻出版单位实行关停并转

《纲要》提出，要完善现代文化市场体系和现代文化产业体系。加快发展文化产业，促进产业结构优化升级，提高规模化集约化专业化水平，提高文化产业发展质量和效益。在发展壮大文化市场主体方面，要发展骨干文化企业，推动产业关联度高、业务相近的国有文化企业联合重组，推动跨所有制并购重组。《纲要》特别提出，要以党报党刊所属非时政类报刊、实力雄厚的行业报刊为龙头整合报刊资源，对长期经营困难的新闻出版单位实行关停并转。

打破“大锅饭”“铁饭碗”的旧方式，实现与文化市场彻底接轨，是新闻出版领域不可避免的趋势。2009 年 8 月，因经营不善，严重资不抵债，我国首家中央级

① 习近平谈文化强国建设：抛弃传统就等于割断精神命脉［EB/OL］. http：//cpc.people.com.cn/xuexi/n1/2016/1128/c385476－28901100.html.

② 杨桂华．弘扬社会主义核心价值观是新闻媒体的神圣职责［N］. 人民日报，2014－05－29.

新闻出版单位《中华新闻报》宣布倒闭，当年曾引起轩然大波。现在，传统媒体虽然没有消亡，却已不复当年辉煌。2015 年以来，已经有《杂文报》《生活新报》《上海商报》《河南青年报》《今日早报》《九江晨报》等多家媒体停刊，其他很多传统媒体也纷纷走入困境，不得不靠裁员减薪艰难度日。《中国新闻事业发展报告 2016》披露，市场化媒体的经营正遭遇困境，多项指标同比严重下降。《2015 年新闻出版产业分析报告》显示，截至 2015 年底，中国大陆共出版报纸 1 906 种，较 2014 年减少 6 种，降低 0.31%；全国报纸总印数 430.1 亿份，较 2014 年减少 33.8 亿份，降低 7.29%；总印张 1 554.9 亿印张，减少 367.4 亿印张，降低 19.11%；报纸出版实现营业收入 626.2 亿元，减少 71.7 亿元，降低 10.3%；利润总额 35.8 亿元，减少 40.6 亿元，降低 53.21%。43 家报业集团主营业务收入与利润总额分别降低 6.9%与 45.1%，其中 31 家报业集团营业利润出现亏损，较 2014 年增加 14 家。

网上流传着一段据称是媒体业内人士的话："比比社会上任何一个行业，媒体几乎成了拥有所有独特基因的不死常青树，这显然不符合自然法则。不与时俱进，不改革创新，如果还能活，恐怕对不起达尔文先生。"话虽然偏激，但也道出了一些媒体故步自封导致沦落的现实缘由。面对新媒体的冲击，传统媒体，包括以往曾经风光的门户网站，正在经历转型的阵痛乃至涅槃。

七、鼓励媒体传承弘扬中华优秀传统文化

"一个国家、一个民族的强盛，总是以文化兴盛为支撑的，中华民族伟大复兴需要以中华文化发展繁荣为条件。"[①]《纲要》提出，要坚守中华文化立场，坚持客观科学礼敬的态度，扬弃继承、转化创新，推动中华文化现代化，让中华优秀传统文化拥有更多的传承载体、传播渠道和传习人群，增强做中国人的骨气和底气。要开展中华优秀传统文化普及。鼓励媒体开办主题专栏、节目。利用互联网，推动中华优秀传统文化网络传播。

中华民族具有五千多年连绵不断的文明历史，创造了博大精深的中华文化，为人类文明进步做出了不可磨灭的贡献。中华优秀传统文化也是习近平治国理念的重要来源之一。党的十八大以来，无论在国内考察还是国外出访，习近平多次论述中华优秀传统文化的思想内涵、道德精髓、现代价值和传承理念，形成了系统的传统

① 民族伟大复兴要以中华文化发展繁荣为条件：学习领会习近平总书记在山东考察时重要讲话精神 [N]. 光明日报，2013-12-04.

文化观。

习近平强调，“中华优秀传统文化是中华民族的精神命脉”。培育和弘扬社会主义核心价值观必须立足中华优秀传统文化。“牢固的核心价值观，都有其固有的根本。抛弃传统、丢掉根本，就等于割断了自己的精神命脉。博大精深的中华优秀传统文化是我们在世界文化激荡中站稳脚跟的根基。”要通过教育引导、舆论宣传、文化熏陶、实践养成、制度保障等，使社会主义核心价值观内化为人们的精神追求，外化为人们的自觉行动①。

习近平同时指出，独特的文化传统，独特的历史命运，独特的基本国情，注定了我们必然要走适合自己特点的发展道路。对我国传统文化，对国外的东西，要坚持古为今用、洋为中用，去粗取精、去伪存真，经过科学的扬弃后使之为我所用②。

八、让全世界都能听到听清听懂中国声音

《纲要》提出，推动中华文化走出去，统筹对外文化交流、传播和贸易，创新方式方法，讲述好中国故事，阐释好中国特色，让全世界都能听到听清听懂中国声音，不断增强中国国际话语权，使当代中国形象在世界上不断树立和闪亮起来。

长期以来，世界范围内的国际话语权分配极不平衡，西方大国凭借其“话语霸权”掌握着世界议题走向，新兴国家和发展中国家处于话语弱势。十八大以来，党中央高度重视对外宣传工作，把对外话语体系建设作为创新外宣工作的重要突破口。“讲好中国故事，传播好中国声音”是2013年8月习近平在全国宣传思想工作会议上的表述。习近平指出，在全面对外开放的条件下做宣传思想工作，一项重要任务是引导人们更加全面客观地认识当代中国、看待外部世界。宣传阐释中国特色，要讲清楚每个国家和民族的历史传统、文化积淀、基本国情不同，其发展道路必然有着自己的特色；讲清楚中华文化积淀着中华民族最深沉的精神追求，是中华民族生生不息、发展壮大的丰厚滋养；讲清楚中华优秀传统文化是中华民族的突出优势，是我们最深厚的文化软实力；讲清楚中国特色社会主义植根于中华文化沃土、反映中国人民意愿、适应中国和时代发展进步要求，有着深厚历史渊源和广泛现实基础。中华民族创造了源远流长的中华文化，中华民族也一定能够创造出中华

① 中共中央政治局进行第十三次集体学习　习近平主持［EB/OL］. http://www.gov.cn/ldhd/2014-02/25/content_2621669.htm.

② 习近平在全国宣传思想工作会议上强调　胸怀大局把握大势着眼大事　努力把宣传思想工作做得更好［N］. 人民日报，2013-08-21.

文化新的辉煌①。

十八届三中全会强调，加强国际传播能力和对外话语体系建设，推动中华文化走向世界。这是中央全会文件第一次明确提出建设对外话语体系的战略任务②。在2016年的“2·19”讲话中，习近平提出了新的时代条件下党的新闻舆论工作的职责使命，其中重要的一条，就是“联接中外，沟通世界”，再一次指出了构建融通中外的话语体系的重要性。

媒体是国际传播的主力军，壮大媒体力量是提高国际传播能力的基础环节。中国是一个媒体大国，但还不是一个媒体强国，缺少在国际上有较大影响力的一流媒体。2013年，时任中宣部副部长、中央对外宣传办公室主任蔡名照指出，加强国际传播能力建设，需要打造国际一流媒体。改变大而不强的状态，需要进行资源整合，变数量优势为质量优势。当前，传媒业正在向数字化、网络化转型，这是实现传播能力跨越式提升的良好机遇。要坚持传统媒体与新兴媒体并举，加快传统媒体与新兴媒体融合发展，以报纸、通讯社、电台、电视台等传统媒体为依托，大力开发和运用数字化、网络化技术，把传统媒体的内容优势和新兴媒体的传播优势有机结合起来，充分运用新技术新应用，创新媒体传播方式，在新一轮传播能力竞争中赢得主动。要坚持软件硬件并重，把软件建设放在更加突出的位置，着力在优化采编网络、丰富信息内容、完善营销体系、改进传播技术和吸引培养人才等方面取得新的突破，打造一批具有国际知名度的精品栏目和节目，不断提高新闻信息原创率、首发率、落地率。要关注世界上发生的事情，客观、全面、真实地报道好这些事情，把中国价值理念融入媒体的报道之中，为国外受众提供观察国际社会、国际事务的中国视角，引导他们准确理解中国在有关问题上的立场主张③。

人民日报社编委、海外版总编辑王树成撰文指出，落后就要挨打，贫穷就要挨饿，失语就要挨骂，这是从中国近代以来的历史中得出的深刻结论。随着改革开放深入推进和成为世界第二大经济体，中国日益走近世界舞台的中央，也日益成为国际舆论的焦点。现在，中国“挨打”“挨饿”的问题已得到解决，但“挨骂”的问题还没有得到根本解决。究其原因，就在于中国的发展优势和综合国力还没有转化为话语优势。中国在世界上的形象很大程度上仍是“他塑”而非“自塑”，在国际上还处于“有理说不出，说了传不开，传开叫不响”的境地，存在信息流进流出的

① 习近平在全国宣传思想工作会议上强调 胸怀大局把握大势着眼大事 努力把宣传思想工作做得更好[N]. 人民日报，2013-08-21.

② 王晓晖. 开辟中国和世界交流对话新境界[N]. 光明日报，2016-04-13.

③ 蔡名照. 讲好中国故事 传播好中国声音：深入学习贯彻习近平同志在全国宣传思想工作会议上的重要讲话精神[N]. 人民日报，2013-10-10.

“逆差”、中国真实形象和西方主观印象的“反差”、软实力和硬实力的“落差”。王树成说，“鞋子合不合脚，只有自己知道”。中国的事情，中国人最有发言权。中国发展进步的话语权、解释权要牢牢掌握在自己手中，通过自己的讲述让世界认识发展变化中的中国，了解中国道路、中国理论、中国制度、中国文化，了解中国对世界的责任和担当。这是中国媒体人的职责和使命①。

九、加大对主流媒体的扶持力度

在2017年“两会”上，来自广东和浙江的人大代表黄细花、郑雪君建议加大对主流媒体的财政扶持力度。黄细花认为，“关键时刻看党媒”仍是当下舆论场的客观现实。调查显示，重大事件、突发事故的新闻信息传播渠道，受访者最信任的仍是传统主流媒体，比例高达65%。但传统主流媒体运营的新媒体多数还处于起步阶段，建议将地方主要新闻媒体采编人员经费列入财政预算，确保党媒队伍的稳定。郑雪君建议，在新闻单位日常创收的情况下，坚持“两条腿”走路，由财政部门进行补贴。只有确保新闻单位必要的开支，才能让新闻单位更好发挥党和政府舆论工具的作用，形成新闻单位良好的公信力和健康的发展生态②。

“主流媒体”至今没有一个公认的明确概念。深圳报业集团原社长黄扬略认为，主流媒体的外延应该拓展，党报应该是一个系列，而不是孤零零的一张党报。凡是有意识形态功能的，能从侧面来巩固舆论阵地的，都应该是党媒。越是在这样主流媒体传播力被稀释的情况下，就越应该扩大党媒的覆盖面，扶持也应该把都市报、都市频道都包括在内③。

中国国际广播电台台长王庚年认为，当前，党报党刊党台面临发展压力，经营空间被压缩，政府对这些媒体进行一定支持是必要的，但这种支持不应该是唯一路径。从长远看，党报党刊党台必须加快转型步伐，必须在竞争中求生存，这样才能有竞争力，才有影响力。

《纲要》提出，要深化文化事业单位改革。分类推进文化事业单位改革，进一步明确不同单位的功能定位。深化人事、收入分配、社会保障、经费保障等制度改革，加强绩效评估考核。加大对党报党刊、通讯社、电台电视台、时政类报刊社、

① 王树成．争取国际话语权是我们这一代媒体人的使命［N］．人民日报，2016-12-29.

② 刘蓓蓓．广东、浙江两人大代表建议加大对主流媒体财政扶持力度［N］．中国新闻出版广电报，2017-03-08.

③ 陈国权．传统媒体的生存难题怎么解？欧阳常林、王庚年、王求等共议如何扶持主流媒体［EB/OL］．http：//www.sohu.com/a/156073598_211289.

公益性出版社等主流媒体扶持力度。

十、加强马克思主义新闻观教育

树立和坚持马克思主义新闻观，是长期以来一直强调的重大理论和实践问题。重视新闻舆论宣传，是中国共产党一贯的思想主张。

《纲要》提出，要加强思想政治建设和职业道德建设。选好配强宣传思想文化单位领导班子，做到讲政治、强党性、敢担当、勇创新、严律己。大力加强马克思主义新闻观、文艺观教育，开展分层分类培训。深入开展“深入生活、扎根人民”“走基层、转作风、改文风”等主题实践活动。

当前，随着媒体格局变化尤其是新媒体的发展壮大，一些新闻工作者对马克思主义新闻观不那么重视了，甚至认为马克思主义新闻观过时了，只有西方新闻观才能保证新闻自由和客观中立。中国传媒大学教授吴敏苏撰文指出，这种认识误区由来已久，对新形势下的新闻舆论工作危害甚大。要做好新闻舆论工作，必须牢牢坚持马克思主义新闻观，自觉抵制西方新闻观的影响。西方媒体的新闻自由和客观中立只是它们自己标榜的。或者说，西方媒体只是能比较巧妙地遮蔽其兜售西方价值观的本质，使不注重深入思考的受众很难辨别其中的深层含义。当下，一些人没有摆脱唯洋是从的窠臼，盲目推崇西方新闻观。走出这一认识误区，需要我们把马克思主义新闻观作为新闻舆论工作的“定盘星”①。

习近平在党的新闻舆论工作座谈会上的重要讲话指出，党的新闻舆论工作坚持党性原则，最根本的是坚持党对新闻舆论工作的领导。党和政府主办的媒体是党和政府的宣传阵地，必须姓党。党的新闻舆论媒体的所有工作，都要体现党的意志、反映党的主张，维护党中央权威、维护党的团结，做到爱党、护党、为党；都要增强看齐意识，在思想上政治上行动上同党中央保持高度一致；都要坚持党性和人民性相统一，把党的理论和路线方针政策变成人民群众的自觉行动，及时把人民群众创造的经验和面临的实际情况反映出来，丰富人民精神世界，增强人民精神力量。新闻观是新闻舆论工作的灵魂。要深入开展马克思主义新闻观教育，引导广大新闻舆论工作者做党的政策主张的传播者、时代风云的记录者、社会进步的推动者、公平正义的守望者②。

---

① 吴敏苏．走出西方新闻观的迷思　牢牢把握马克思主义新闻观这个“定盘星”[N]．人民日报，2016-04-19.

② 习近平在党的新闻舆论工作座谈会上强调：坚持正确方向创新方法手段　提高新闻舆论传播力引导力[N]．人民日报，2016-02-20.

吴敏苏认为，习近平的论述是对马克思主义新闻观的丰富和发展。与西方新闻观追求表面上的新闻自由不同，马克思主义新闻观认为不存在抽象绝对的新闻自由，新闻舆论工作具有鲜明的意识形态属性。在党的新闻舆论工作中，以喉舌观、党性观、真实观、效益观、职业道德观等为基本内容的马克思主义新闻观，是做好新闻舆论工作的基本遵循。把马克思主义新闻观作为新闻舆论工作的“定盘星”，不但要在理论上深刻认识，更要在实践中努力践行，将其体现到业务能力上，体现到完成新闻舆论工作的职责和使命上。

《新闻单位驻地方机构管理办法（试行）》施行

国家新闻出版广电总局制定的《新闻单位驻地方机构管理办法（试行）》（以下简称《办法》）自 2017 年 6 月 1 日起施行。原新闻出版总署 2009 年颁布的《报刊记者站管理办法》同时废止。

国家新闻出版广电总局新闻发言人介绍，《办法》实际上是对《报刊记者站管理办法》（国家新闻出版总署令第 43 号，以下简称 43 号令）的修订。43 号令自 2009 年颁布实施以来，对于加强报刊驻地方记者站管理、规范报刊记者站新闻采编秩序起到了重要作用。近年来，为满足新闻信息采集的需要，除报刊之外的其他各类新闻单位普遍在地方设立了驻地方机构，为全面客观地报道全国新闻事件、丰富新闻宣传内容发挥了积极作用，但也存在机构过多过滥、人员私聘滥聘、违法活动多发频发等突出问题，基层单位和群众反映强烈，43 号令的内容已不能满足规范管理的现实需要。根据中央统一部署，2014 年以来，国家新闻出版广电总局对新闻单位驻地方机构进行了清理整顿。保留的 1 989 个驻地方机构已基本完成了重新登记注册，新闻传播秩序明显好转，源头治理效果显著。为巩固清理整顿工作成果，建立健全长效机制，对 43 号令进行了修订并发布了《办法》[①]。

《办法》共六章四十六条，主要内容包括：（一）建立了各类驻地方机构的统一管理制度。将《办法》适用范围从报刊设立记者站扩大到所有新闻单位设立驻地方机构。（二）明确了审批条件、程序、时限及变更、注销等。明确国家对设立驻地方机构实行许可制度，由省级新闻出版广电主管部门实施审批、变更备案和终止注销；同时，明确了中央与地方审核和审批职责。（三）强化了新闻单位和驻地方机

---

① 赵新乐．建立健全驻地方机构管理长效机制：总局新闻发言人就《新闻单位驻地方机构管理办法（试行）》答记者问［N］．中国新闻出版广电报，2017-01-24.

构的主体责任。明确了新闻单位应当在人员、经费、培训等方面为驻地方机构提供必需保障，加强负责人管理、巡视检查、社会监督等内部管理制度建设，建立健全巡视检查、社会监督等制度，以及不得转让驻地方机构的名称、证照、新闻业务等。（四）强化了总局和省级新闻出版广电主管部门的监督管理责任。（五）细化强化了法律责任。

《办法》在总体思路上坚持问题导向，为解决和防止清理整顿前驻地方机构过多过滥，人员私聘滥聘，有偿新闻、“有偿不闻”、新闻敲诈等突出问题提供了法律依据。

一、记者站乱象：从假记者泛滥到“地下组织部长”

提到记者站乱象，很多人至今难以忘记的一个标志性事件是兰成长案。2007年1月，《中国贸易报》山西记者站聘用人员兰成长在大同被矿主组织人员殴打致死，一时成为舆论关注焦点。在一个仅为地级市的大同，各种名目的记者站、办事处林立，还有上千名自称是“记者”的人不断地出现在煤矿事故等现场，手持矿主送的钱物离开。

据报道，在山西设站的媒体有80多家，大多是名义上挂靠在国家党报下属的一些杂志下面。按照管理规定，其从业人员是负责发行业务的，但他们一般都像兰成长一样，拿着记者站发的证件，进行“采编一体、以采编促发行”的活动。报业体制改革不彻底使众多媒体处境尴尬，逼迫它们默许了地方记者站“效益是首要衡量标准”的操作潜规则。各类记者站、办事处设置混乱，真假难辨，是造成假记者泛滥的重要因素。在开展了打击假报假刊活动的山西省吕梁市，发现一些记者站招聘的发行、广告人员，任何法律法规都不懂，甚至连字都不会写，纯属文盲。在该市被移送司法机关的44名假记者中，自己伪造证件的不到10人，其余的人都持有报社或下属记者站发放的所谓记者证、采访证。有的聘用人员和记者站签有合同，规定每年交多少钱，回扣、提成是多少。有的明确写明，如遇特殊情况，记者站可为记者提供支持。甚至还有假报刊下设记者站，假记者又招聘假记者的怪事①。

全国政协前副主席苏荣落马之后，其家族背后的隐秘掮客也一同被起底。其中之一就是有着“地下组织部长”、苏荣“御用记者”之称的《中国经济时报》江西记者站原站长郭海。凭借其所依附的省委原书记苏荣，郭海一度在江西官场迸发着

① 山西大同假记者乱象［N］. 新京报，2007-02-01.

巨大能量。“苏荣到哪都会带上他”，“在地市党报的报道文章中，郭海的名字排在陪同调研的厅级干部之列”。《中国经济时报》江西记者站的办公地点成为一些江西官员蜂拥登门拜访的场所。2015 年 1 月，南昌市人民检察院公开通报了 8 起职务犯罪大案。其中，《中国经济时报》江西记者站负责人郭海涉嫌行贿罪被立案侦查。郭海的落马，再一次凸显了媒体地方站之乱象[①]。

二、乱象频现，都是“创收”惹的祸

在 2009 年 43 号令出台之前，新闻出版总署就曾对孟怀虎、汪启明等报社记者站记者以新闻报道为名，向基层单位和群众敲诈或诈骗财物的违法违规活动发出通报，要求各地管理部门和各报社针对记者站管理中存在的问题，逐一检查，逐一纠正，将管理措施落到实处[②]。

2003 年 4 月，中华工商时报社与其浙江记者站站长孟怀虎签订“广告经营承包协议”，由孟怀虎负责承包 15 个广告版面，完成税前纯利 40 万元。2003 年 5 月至 7 月间，孟怀虎以发表批评报道曝光相要挟，收取顾问费用、广告费用或者委托调解费用，向多家单位索要数额共计 73 万元人民币的钱款，其中索要得逞 63 万元人民币。杭州市中级人民法院以受贿罪终审判处孟怀虎有期徒刑十二年。

2004 年 6 月，中国食品质量报社未经新闻出版行政部门批准，擅自设立四川记者站，并任命刑满释放人员汪启明为该非法记者站的副站长，在四川非法从事新闻采访活动。汪启明指使其非法聘用的人员，自己购买生猪注水后销往食品企业，随后以“曝光”相要挟。先后以此方式敲诈勒索 5 起，共勒索人民币 47.2 万元。汪启明因敲诈勒索罪被判处有期徒刑六年。

2009 年 10 月 1 日起施行的 43 号令对记者站的设立、运行、业务范围等做出相应规定：报刊记者站不得从事与新闻采访无关的其他活动，不得从事出版物发行、广告、开办经济实体及其他经营活动，不得以新闻机构、报刊记者站或者新闻记者名义谋取不正当利益，不得以新闻报道为名要求采访对象订报刊、做广告、提供赞助或者从事经营活动，不得搞有偿新闻、虚假报道，不得从事违反新闻职业道德的活动，等等。但是，在当时的大环境下，却有相当多的地方记者站或明或暗地违反了规定。一些报社在经营上遇到困难，就把压力转移到记者站或者记者身上，将经

---

① 唐易．苏荣的掮客们：记者成“地下组织部长”，可随时叫来一桌厅官［EB/OL］．http://www.thepaper.cn/newsDetail_forward_1497987.

② 《中国食品质量报》等 4 报社记者站记者涉嫌敲诈被拘捕［N］．人民日报，2006－05－16.

济效益作为考核的主要标准。在创收的压力下，人事管理混乱，随意聘用人员。集体性违规行为层出不穷，有的记者站工作人员甚至走上了违法犯罪的道路。

2010年8月、2011年5月，中国经济网先后向河南国龙文化传媒有限公司和河南金经文化传媒公司违法转让了河南频道的运营权、广告发布权、财务权和采编权；河南频道向工作人员下达采访报道和经营任务目标责任书，频道人员不仅从事新闻采访活动，而且承担经营任务，领取经营业务提成；河南频道在新乡、信阳等地利用新闻采访从事经营活动，收取基层宣传费用。《经济日报》河南记者站参与经营活动。2014年9月，经济日报社免去《经济日报》河南记者站站长党涤寰职务，要求其配合调查；对河南记者站进行内部整顿；撤销中国经济网河南频道。国家新闻出版广电总局依法中止党涤寰新闻记者证的使用，同时责令经济日报社全面清理整顿中国经济网各频道、子报子刊、驻地方机构等。

2013年3月，南昌万达文化发展有限公司在向中国产经新闻报社支付15万元后，获得报社授权，在江西、海南“组织”《中国产经新闻》宣传内容刊发。该报江西记者站站长余樟树在开展新闻采访报道工作的同时为该公司组织广告，其中2013年8月至2014年4月，为16家基层单位开展有偿宣传报道，由该公司收取165万元费用，在《中国产经新闻》以新闻报道、专题的形式刊出。经查，该公司法人代表、股东系余樟树的亲属。2014年9月，国家新闻出版广电总局给予中国产经新闻报社警告、罚款75万元、撤销江西记者站的行政处罚，同时责令退回违法收取的165万元费用；将余樟树列入不良从业行为记录，五年内禁止从事新闻采编工作；并将余樟树涉嫌违法犯罪线索移送司法机关处理。

2013年12月，中国文化报社北京记者站站长王金龙以其亲属公司北京寻梦盛典文化传播有限公司的名义承办中国文化传媒网北京频道，并向该网运营公司支付17万元。2013年12月和2014年1月，北京寻梦盛典文化传播有限公司分别与通州区和房山区有关部门达成协议，共建中国文化传媒网通州频道、房山频道，并收取费用28万元。2015年2月，国家新闻出版广电总局给予中国文化报社警告、罚款3万元、撤销北京记者站的行政处罚，同时吊销王金龙新闻记者证并将其列入不良从业行为记录，五年内禁止从事新闻采编工作。

2013年，中国贸易报社违法任命广告发行代理公司负责人及广告发行业务人员分别担任《中国贸易报》广东记者站常务站长、执行站长，负责记者站日常工作。中国贸易报社还模仿新闻记者证样式制作采访证件，发给部分广告发行代理人员。2014年9月，国家新闻出版广电总局依法对中国贸易报社处以警告、罚款3万元、撤销广东记者站的行政处罚。

江西《经济晚报》记者李建军违法设立经济晚报社、陶城报社、澳门商报社驻萍乡工作站，兼任负责人并进行供稿。2014 年 5 月，江西省新闻出版广电局依法对经济晚报社处以警告、罚款 1 万元的行政处罚，取缔违法设立的记者站；对李建军给予警告、罚款 1 万元的行政处罚。

三、清理整顿：中央新闻单位撤并千余驻地方机构

近年来，新闻单位驻地方机构过多过滥、人员私聘滥聘、违法违规行为多发频发等问题日益凸显，严重败坏新闻界风气、侵蚀新闻媒体权威性公信力，社会影响恶劣。2014 年 12 月 3 日，中宣部、国家新闻出版广电总局、国家网信办召开专题会议，就深入开展新闻单位驻地方机构清理整顿工作做出安排部署。要求对各级各类新闻单位驻地方机构设立、人员使用、业务开展情况进行全面清理，不符合要求的驻地机构一律撤销合并，违规聘用人员一律辞退。要把网站地方频道纳入清理整顿范围，中央重点新闻网站开设地方频道必须经事前审批，其他各类网站不得开办地方频道和驻地方机构从事新闻采编业务，已开办的一律撤销①。

中央主要新闻单位在贯彻落实清理整顿工作各项要求中做出了表率。中央电视台撤并财经频道分演播室，并将央视网地方记者纳入当地记者站管理；经济日报社关闭中国经济网全部地方频道；求是杂志社撤销《小康》杂志 8 家记者站；中国新闻社要求各分社压缩现有规模，下设工作站、发行中心、联络点等一律撤销②。

至 2015 年 6 月，第一批批复的清理整顿意见共涉及中央新闻单位驻地方机构 3 160 个。其中保留 1 640 个；撤并机构数 1 134 个，占机构总数的近 36%；另有 386 个驻地方机构被责令整改。清理整顿共涉及原有机构人员 11 616 人，清退违规人员 1 435 人，占人员总数的 12.4%；终止公务员兼职 791 人，占人员总数的 6.8%③。

四、恪守职业道德，规范用工和采编活动

原新闻出版总署副署长、人民日报原副总编梁衡曾任驻站记者 12 年，又在报

---

① 中宣部等部门召开专题会议 深入开展新闻单位驻地方机构清理整顿工作［N］. 人民日报，2014－12－04.

② 尹琨．中央新闻单位驻地方机构清理整顿工作进展顺利 积极主动整改 规范自身行为［N］. 中国新闻出版报，2015－03－17.

③ 尹琨．首批中央新闻单位驻地方机构清理整顿批复方案印发 1 134 个央媒驻地方机构被撤并［N］. 中国新闻出版广电报，2015－06－19.

社直接分管驻地方记者工作 5 年，对记者站建设的问题体会甚深。他在《关于记者站建设的几个问题》一文中，根据记者站“散、小、远”的特点，提出了 12 个字的管理方针：“慎选人、建机制、多交流、强管理”。他说，多年经验证明，无论什么样的制度、办法、措施，对只有一人、几人的站，其作用几乎都等于零。这些记者站只要想干、敢干什么，就能干什么。“什么制度都不如选一个可靠、本分、自觉的人。”“管理是最后一道防线，最关键的还是选人、遣将。”

新施行的《办法》要求新闻单位建立健全新闻线索集中管理和统一安排采访制度，规范驻地方机构的新闻采编活动；建立健全驻地方机构人员培训和在职教育制度，提升从业人员素质。要求驻地方机构及其人员从事新闻采编活动应当“遵守法律法规，尊重社会公德，恪守职业道德，深入基层、深入群众、深入生活，确保新闻报道真实、全面、客观、公正”。

要达到以上目标，关键还是用人的问题。《办法》提出，新闻单位设立驻地方机构应当有健全的驻地方机构人员、财务、新闻采编活动等管理制度；驻地方机构负责人具有新闻、出版、播音主持等专业的中级以上职称或者有 5 年以上新闻采编、新闻管理工作经历；有符合业务需要的持有新闻记者证的新闻采编人员。“新闻单位应当建立规范的驻地方机构人员用工制度，签订劳动合同或者聘用合同，保障员工的薪酬、社会保障等各项权益。”

五、为记者站松绑：不得从事广告发行活动，不得下达创收指标

针对以往因创收而引起的地方记者站乱象，《办法》明确要求：“新闻单位应当确保驻地方机构正常开展工作所需经费，不得向驻地方机构及其人员下达经营创收指标、摊派经营任务、收取管理费等。”“新闻单位、驻地方机构及其人员不得以承包、出租、出借、合作等任何形式非法转让驻地方机构的名称、证照、新闻业务等。”“驻地方机构应当在批准范围内从事与新闻单位业务范围相一致的新闻采编活动。驻地方机构及其人员不得从事广告、出版物发行、开办经营实体等与新闻采编业务无关的活动。”

《办法》第二十九条还将以下行为列为违法违规和违反职业道德的行为：“（一）编发虚假报道；（二）有偿新闻、有偿不闻、新闻敲诈等；（三）利用职务影响和职务便利要求采访、报道对象及相关单位和人员做广告、订报刊、提供赞助等；（四）其他谋取不正当利益的行为。”

中国记协深化改革　努力建设“记者之家”

2017 年 4 月 27 日，新华社发布消息称，中共中央办公厅近日印发《中国记协深化改革方案》（以下简称《方案》）。4 月 28 日，《人民日报》在头版报眼位置刊登了这一消息。作为一个群团组织，中国记协的改革方案经中共中央办公厅印发并刊载于中共中央机关报显要位置，此次改革的重要性可见一斑。

中国记协全称“中华全国新闻工作者协会”，“是中国共产党领导的中国新闻界的全国性人民团体，是党和政府同新闻界密切联系的桥梁和纽带”。1957 年 3 月在北京成立。其前身是在周恩来倡导支持下，于 1937 年 11 月 8 日在上海成立的中国青年新闻记者协会①。

中共中央历来高度重视做好新闻舆论工作。党的十八大以来，以习近平同志为核心的党中央对做好新形势下党的新闻舆论工作、推进中国记协改革做出重要部署。习近平指出，中国记协是党领导的人民团体，是党和政府联系新闻界的桥梁和纽带。希望中国记协再接再厉，保持和增强政治性、先进性、群众性，更好把广大新闻工作者凝聚起来，真正成为“记者之家”②。

一、改革大方向和主要举措

《方案》经中央书记处办公会议审议，明确了中国记协改革的指导思想、基本原则、主要目标，并提出了改革措施。

① 中华全国新闻工作者协会简介［EB/OL］. http：//news. xinhuanet. com/zgjx/2016－11/09/c＿135817449. htm.

② 吴晶，王思北．习近平对新闻记者提出 4 点希望　做党和人民信赖的新闻工作者［EB/OL］. http：//news. xinhuanet. com/zgjx/2016－11/07/c＿135811858＿2. htm.

《方案》提出，要高举中国特色社会主义伟大旗帜，全面贯彻党的十八大和十八届三中、四中、五中、六中全会精神，以马克思列宁主义、毛泽东思想、邓小平理论、“三个代表”重要思想、科学发展观为指导，深入贯彻习近平总书记系列重要讲话精神和治国理政新理念新思想新战略，紧紧围绕“五位一体”总体布局和“四个全面”战略布局明确改革方向和重点，牢固树立政治意识、大局意识、核心意识、看齐意识，落实新发展理念，坚定文化自信，坚持文化自觉，以增强政治性、先进性、群众性为目标，依照走中国特色社会主义群团发展道路的总要求确定改革路径，把坚持党的领导、团结服务广大新闻工作者、依法依章程开展工作有机统一起来，加强政治引领、突出问题导向、坚持面向基层、强化协调推进，从根本上解决机关化、行政化等脱离群众的突出问题，充分发挥团结引领、联络协调、服务管理、自律维权的职能作用，真正把中国记协建设成为具有强大吸引力、凝聚力的人民团体，不断焕发新的生机与活力，不断提高党的新闻舆论传播力、引导力、影响力、公信力。

《方案》从以下几方面提出了改革措施：第一，改进中国记协领导机构人员构成和运行机制，增强代表性广泛性。第二，建立马克思主义新闻观教育培训长效制度，团结引领新闻工作者始终忠诚于党的新闻事业。第三，强化行业自律职能，促进新闻行业健康有序发展。第四，下移工作重心，为一线新闻工作者提供有效服务。第五，建立联系新兴媒体工作机构和运行机制，扩大服务有效覆盖面。第六，改进境外新闻交流工作机制。第七，拓展干部交流成长渠道，提升队伍整体素质。

中国记协负责人表示，中国记协党组将按照中央的统一部署，以迎接宣传贯彻党的十九大为主线，以中国记协成立80周年为契机，以增强政治性、先进性、群众性为目标，加强政治引领、突出问题导向，充分调动发挥各方面的积极性，做好统筹安排、形成改革合力，把握好改革的力度和节奏，切实抓好重点任务落实，着力破解难点问题，及时总结改革经验，真正让深化改革落地见效，向党中央及新闻界交上一份合格的改革答卷，努力把中国记协建设成为具有强大吸引力、凝聚力的“记者之家”①。

二、从根本上解决脱离群众的突出问题

《方案》在改革目标中提出，要“从根本上解决机关化、行政化等脱离群众的

① 赵新乐．切实增强政治性先进性群众性：中国记协负责人就深化改革情况答记者问［N］．中国新闻出版广电报，2017-06-06.

突出问题”。“脱离群众”是十八大提出的“精神懈怠危险、能力不足危险、脱离群众危险、消极腐败危险”等四大危险之一，也是党的群团工作会议上提出要重点解决的问题。

2015年7月，中共中央历史上首次召开党的群团工作会议。习近平强调，必须从巩固党执政的阶级基础和群众基础的政治高度，抓好党的群团工作，保证党始终同广大人民群众同呼吸、共命运、心连心。必须注重解决存在的问题，特别是要重点解决脱离群众的问题。这次会议之后，全国总工会、共青团中央和全国妇联相继出台改革方案，明确提出要坚决去除“机关化、行政化、贵族化、娱乐化”现象。本次全国记协的改革方案也明确提出，要“解决机关化、行政化等脱离群众的突出问题”，“以增强政治性、先进性、群众性为目标，依照走中国特色社会主义群团发展道路的总要求确定改革路径”。这是与十八大精神和群团工作会议的方向一致的。

三、改进中国记协领导机构，增强代表性广泛性

改进中国记协领导机构人员构成和运行机制，增强代表性广泛性，是《方案》提出的第一个方面的改革措施。具体包括：调整中国记协全国理事会、常务理事会、主席团人员结构，提高一线岗位和新兴媒体代表比例。扩大全国理事会理事参与中国记协议事决策渠道，建立全国理事会理事发言制度，拓宽理事意见表达渠道；建立常务理事重点发言制度；建立中国记协向全体理事书面汇报工作和听取意见建议制度；设立“理事见面日”制度，搭建中国记协理事与新闻工作者面对面交流平台。有序承接政府转移职能，适应政府职能转变、简政放权，鼓励记协组织发挥自身专长，承担一些适合由记协组织承担的社会治理服务职能，参与制定相关立法、政府规划、公共政策等事务。

中国记协负责人介绍，此次深化改革中，最先进行的就是“领导机构人员构成和运行机制”方面的改革。2016年11月，中国记协在换届中，提高了中国记协理事会中一线岗位和新兴媒体代表比例，理事中一线岗位人员占比由过去的1%提高到22%，新兴媒体代表占比由过去的2%提高到10%；常务理事中一线岗位人员和新兴媒体代表占比由过去的4%提高到18%；13位主席、副主席中新增一线岗位人员、新兴媒体代表各1名，占比达15%。这样改革后，增强了中国记协理事会的代表性和广泛性。下一步的主要工作包括：在书记处安排1名来自新闻单位的挂职书记，更好地联系服务新闻界；建立全国理事会理事发言制度，通过在全国理事会发言和向大会提交建议等方式，扩大全国理事会理事参与中国记协议事决策渠道；设

立“理事见面日”制度，通过“个人见面日”“集体见面日”，搭建理事与新闻工作者面对面交流的平台[①]。

四、团结引领新闻工作者始终忠诚于党的新闻事业

中国记协深化改革第二个方面的举措是，建立马克思主义新闻观教育培训长效制度，团结引领新闻工作者始终忠诚于党的新闻事业。具体包括：拓展教育培训深度广度，扩大工作有效覆盖面，加大对不具备培训条件的行业类媒体和革命老区、民族地区、边疆地区、贫困地区的培训支持力度；丰富马克思主义新闻观教育培训内容，把社会主义核心价值观作为重要内容；创新马克思主义新闻观教育培训的平台和形式，将教育培训延伸到高等新闻院校，帮助广大新闻工作者和新闻院校师生提高践行马克思主义新闻观的自觉性坚定性。改进“记者大讲堂”活动方式，改变过去单纯请进来的做法，把“记者大讲堂”办进基层、媒体、院校和部委，提升吸引力参与度；打造“好记者讲好故事”演讲活动和中国新闻奖、长江韬奋奖获得者演讲活动两个品牌，建立优秀选手资料库，组织开展现身说法、互动交流等活动，促进活动制度化规范化建设，使之成为新闻工作者自我教育自我提升的新品牌。深化拓展新闻界“走转改”活动，参加对象由中央新闻单位扩展到行业类媒体，扩大活动覆盖面；组织编辑记者深入革命老区、基层一线调研采访，增进新闻队伍对党情国情的认知和与人民群众的血肉联系。

中国记协党组在2017年第1期《求是》杂志刊发文章《努力做党和人民信赖的新闻工作者》表态，中国记协要按照习近平总书记的要求，团结引领广大新闻工作者坚持正确政治方向，全心全意为党和国家工作大局服务，自觉遵守政治纪律、政治规矩，真正把政治方向、政治要求体现到新闻采编工作中去，努力做政治坚定的新闻工作者。中国记协将始终同以习近平同志为核心的党中央保持高度一致，确保新闻工作者坚持党性原则，让党的声音成为时代的最强音。组织新闻工作者深入学习贯彻习近平总书记系列重要讲话精神和治国理政新理念新思想新战略，牢固树立“四个意识”特别是核心意识、看齐意识，主动向以习近平同志为核心的党中央看齐，凝聚全国百万新闻工作者坚决听党话、自觉跟党走。

近年来，新闻舆论战线进一步深化拓展“走转改”活动，俯下身、沉下心，察

① 赵新乐．切实增强政治性先进性群众性：中国记协负责人就深化改革情况答记者问［N］．中国新闻出版广电报，2017-06-06.

实情、动真情，锤炼意志品质，坚定理想信念，努力推出有思想、有温度、有品质的作品。截至2016年，参加由中国记协、全国三教办组织的与当地群众同吃同住同劳动的“三同”活动的编辑记者有800余人。在陕西延安，江西赣州、井冈山，河北平山西柏坡和福建龙岩、古田等革命老区，他们参观革命旧址，聆听专家学者和老红军老革命授课，到农村基层体验生活，深入基层一线采访特色农户、科技园区人员、基层干部等，直面脱贫攻坚、基础设施建设等民生问题。参加活动的编辑记者普遍反映，在“走转改”活动中心灵得到洗礼、思想得到升华，坚定了中国特色社会主义道路自信、理论自信、制度自信、文化自信，深化了对马克思主义新闻观的认识，密切了与人民群众的思想感情，亲眼见证了经济社会发展的巨大变化，进而加深了责任感使命感①。

中国记协组织各省区市记协自2014年起在全国新闻界连续举办“好记者讲好故事”演讲比赛，讲述新闻工作者在弘扬职业精神、恪守职业道德、承担社会责任方面的亲历故事。每年推选出130多名优秀演讲选手赴北京参加选拔赛，最终取得优胜的选手到中央电视台参加录制《“好记者讲好故事”——记者节特别节目》，11月8日记者节当晚在中央电视台综合频道黄金时段播出。活动成为展示新闻队伍良好形象的重要平台，在新闻界和全社会引发强烈反响。精选出的30余名演讲人还组成巡讲团赴各省区市，为新闻单位和新闻院校举行报告会。不少新闻工作者表示，在同行的故事中积蓄了对新闻理想执着追求的力量，找到了对新闻职业认同崇敬的共鸣，汲取了继续前进的动力。

在“拓展教育培训深度广度、扩大工作有效覆盖面”方面，中央新闻宣传管理部门和各地各新闻单位近年来举办马克思主义新闻观系列培训班，重点阐述马克思主义新闻观的基本理论观点，同时注重结合当前新闻界突出问题和本领域新闻媒体特点开展教育，增强培训的针对性、实效性。中国记协相关部门负责人介绍，参加培训的媒体既包括传统媒体也包括新闻网站、商业网站；既包括31个省区市的全部省级新闻媒体，也包括所有市县级新闻媒体。参加培训的人员既包括持记者证的新闻工作者，也包括聘用人员。行业类媒体和企业报、市县级媒体、主要商业网站都是首次全部纳入培训范围，填补了多年以来行业类媒体和市县级培训工作的死角，真正达到了新闻战线全覆盖。下一步，将加强对新闻单位和业务部门负责人、中国记协理事、“两奖”评委和获奖者、地方记协和专业协会负责人等重点对象的

① 做社会主义核心价值观建设排头兵：新闻舆论战线深入开展“三项学习教育”加强队伍建设取得新成效[EB/OL]. http://news.xinhuanet.com/2016-11/06/c_129352922.htm.

马克思主义新闻观教育培训，并对各地各单位开展新闻采编人员全员培训情况进行督导检查。在“打造‘好记者讲好故事’演讲活动品牌”方面，2017年下半年组织开展第四届“好记者讲好故事”演讲比赛，增加巡讲场数，走进省市新闻单位和革命老区。在“深化拓展新闻界‘走转改’活动”方面，将组织中央和地方主要新闻单位、全国性行业类媒体夜班编辑，赴瑞金、重庆等地开展业务交流和调研培训[①]。

五、强化行业自律职能，促进新闻行业健康有序发展

中国记协深化改革的第三方面举措是，强化行业自律职能，促进新闻行业健康有序发展。加强新闻道德委员会工作制度化建设，促进新闻道德委员会工作规范化、科学化，推动新闻评议议题具体化，加大对虚假新闻、网络新闻突出问题的评议力度，充分发挥社会各界在整治新闻界突出问题方面的作用。推进媒体社会责任报告制度，规范媒体社会责任报告的主要内容、发布方式和评价办法，倡导媒体自觉接受社会监督；逐步扩大媒体社会责任报告制度实施范围，推动新闻单位举办的新兴媒体定期报告履行社会责任情况。建立举报查处分类处理工作机制，发挥中国记协新闻道德委员会的组织协调作用，做好对新闻界突出问题的举报受理、核查工作。

中国记协负责人介绍，下一步将从完善制度入手，推动行业自律长效机制建设。一是推进新闻道德委员会工作制度化建设，开展常态化、制度化监督，针对虚假新闻、有偿新闻、传播错误观点、网络低俗用语污染舆论环境等典型案例召开评议会。二是推进媒体社会责任报告制度，规范报告的主要内容、发布方式和评价办法，逐步扩大媒体社会责任报告制度实施范围。三是建立举报查处分类处理工作机制，及时送转有关部门单位核查处理[②]。

2015年底，中国记协成立新闻道德委员会，探索建立行业自律的长效机制。从2013年试点到全面推开，新闻道德委员会剑指新闻界虚假新闻、低俗之风、不良广告、新闻敲诈等“新旧四害”，有力清除着新闻道德的毒瘤[③]。北京市新闻道德委员会以“突发事件如何报道”“对抹黑英雄现象媒体应有的立场与担当”“新媒体生态环境下如何做好警法新闻报道”等为专题召开评议会，对媒体立场、社会责任、价值取向、职业道德等问题提出意见，引导新闻媒体坚持正确导向。上海市新

---

① 赵新乐．切实增强政治性先进性群众性：中国记协负责人就深化改革情况答记者问［N］．中国新闻出版广电报，2017－06－06．

② 同①．

③ 时刻校准新闻道德的定盘星［N］．光明日报，2015－12－31．

闻道德委员会针对新媒体环境下涉及新闻道德领域的问题，提出暴力新闻、恶化新闻、剽窃新闻、侵权新闻“新四大公害”，并作为处理举报投诉、开展新闻评议的重点。

六、下移工作重心，为一线新闻工作者提供有效服务

中国记协深化改革的第四方面举措是，下移工作重心，为一线新闻工作者提供有效服务。改进新闻维权工作，大力支持新闻工作者为党和国家发声；更加关心关爱一线新闻工作者，落实新闻工作者援助项目；探索新闻媒体版权权益维护的途径和手段。改革中国新闻奖和长江韬奋奖评选工作机制，确保导向正确，扩大申报渠道，提高评审开放度；规范评奖标准、评奖方式，探索将新兴媒体作品纳入评奖范围等。

中国记协作为中国新闻界的全国性人民团体，高度重视新闻工作者的权益保护工作，采取多种措施保护新闻工作者的合法权益。在受理维权投诉方面，对于侵犯新闻工作者合法权益的突发事件，建立应急处理机制，对影响重大的事件直接出面协调；对于遭受冤假错案的记者，积极协调司法机关和新闻单位，予以法律支持。在2016年发生的甘肃省武威市《兰州晨报》等三家报社驻站记者被抓捕、哈尔滨广播电视台记者采访被打、陕西省《西部大开发》杂志记者被非法限制人身自由、山东广播电视台记者采访被打等事件中，中国记协及时介入，积极引导涉事新闻单位依法依规处置，推动事件得到妥善处理。在实施新闻工作者援助项目方面，2015年对16名在新闻采访报道工作中受伤的新闻工作者发放援助金36万元；2016年共有15名在新闻采访报道工作中伤亡的新闻工作者获得援助，共计获发援助金89万元①。

中国记协负责人表示，今后一是进一步完善新闻工作者权益保障制度，关爱一线新闻工作者，了解一线记者伤病情况，扩大新闻工作者援助覆盖面；二是修订记协出访团组人员条件规定，为一线记者提供更多对外交流和境外采访报道机会；三是建立书记调研制度，书记处书记每年赴中央新闻单位和地方调研，了解一线新闻工作者思想、工作和生活状况，提交调研报告，提出对策建议。

在改革新闻评奖机制方面，中国记协修订了《中国新闻奖评选办法》，规范评

① 中华全国新闻工作者协会．中国新闻事业发展报告（2016年）[EB/OL]．http://news.xinhuanet.com/zgjx/2017-05/31/c_136314150.htm.

选的具体措施：强化政治导向，将“四向四做”列入评选标准；落实三审制，显现编辑作用；细化公示程序，规范初评工作；明确报送单位、推荐单位责任，加大处罚力度等。2017 年 2 月，对第二十六届中国新闻奖评选撤销 249 件作品的参评资格或获奖资格进行了内部通报，并对因造假而被撤销获奖资格的 16 件作品进行了公开通报。下一步主要是在“严”字上下功夫，开展审核委员、定评评委专题学习培训，强化严格把关意识；严格初评程序，规范参评作品和个人公示程序；严格对作品的审核把关，特别是对政治性差错、导向不当、弄虚作假、事实性错误等问题严格把关，严防此类作品参评获奖；畅通举报渠道，要求各报送单位和专项初评单位把评选办法和评奖办公室举报电话、邮箱在参评单位显著位置公示；严格遵守责任追究有关规定，加大对参评作品和有关人员违规情况的核查处理力度，不断提升中国新闻奖的权威性和公信力①。

七、新兴媒体受高度关注　未来发言权更大

此次记协改革的一大亮点，就是大幅度提高了对新兴媒体的关注度。新兴媒体在中国的发展态势及其在舆论场中的影响已无须赘言。早在 2013 年的“8·19”讲话中，习近平就指出，要根据形势发展需要，把网上舆论工作作为宣传思想工作的重中之重来抓。宣传思想工作是做人的工作的，人在哪儿重点就应该在哪儿。“很多人特别是年轻人基本不看主流媒体，大部分信息都从网上获取。必须正视这个事实，加大力量投入，尽快掌握这个舆论场上的主动权，不能被边缘化了。”

建立联系新兴媒体工作机构和运行机制，扩大服务有效覆盖面，是此次深化改革的一个重要方面，也是中国记协的一项新职能。其对《中华全国新闻工作者协会章程》进行了修订，新增了“建立联系新兴媒体工作机构和运行机制，加强对新兴媒体及其从业人员的联系、服务和引导，推动媒体融合发展”。按照《方案》关于“建立联系新兴媒体工作机构和运行机制”的明确要求，中国记协已在北京、浙江两地启动试点地区新兴媒体专业委员会的组建工作，争取 2018 年上半年筹备成立由新闻宣传管理部门、重点新闻网站、主要新闻单位新媒体等代表组成的中国记协新兴媒体专业委员会。同时，建立中国记协新兴媒体平台协调机制，加大对网络新闻突出问题的评议力度，推动新闻单位新兴媒体定期报告履行社会责任情况。还有

① 赵新乐．切实增强政治性先进性群众性：中国记协负责人就深化改革情况答记者问［N］．中国新闻出版广电报，2017-06-06.

一项重要的措施就是对中国新闻奖评奖改进创新，在已将网络作品纳入评奖范围的基础上，采取措施鼓励媒体融合报道和应用新媒体传播的作品参评①。

此次改革方案对于新兴媒体关注度的提高可以用八个字来概括——地位提高，监管更严。

地位提高，就是说新兴媒体未来在中国新闻界的发言权将会更大。“调整中国记协全国理事会、常务理事会、主席团人员结构，提高一线岗位和新兴媒体代表比例。”这意味着，新兴媒体工作者有机会进入中国记协领导机构。《中华全国新闻工作者协会章程》和《中国新闻工作者职业道德准则》将修改，将在记协内部建立工作机构和运行机制，联系引领新兴媒体，将新兴媒体从业人员纳入联系服务范围。此外，新兴媒体作品有望纳入中国新闻奖和长江韬奋奖评奖范围，新兴媒体与传统媒体有了“一视同仁”的待遇。与此同时，记协将来对新兴媒体的管理将会更加严格。此次改革强调了记协在新兴媒体领域承担的行业自律职责。《方案》规定，“加大对虚假新闻、网络新闻突出问题的评议力度，充分发挥社会各界在整治新闻界突出问题方面的作用”，“逐步扩大媒体社会责任报告制度实施范围，推动新闻单位举办的新兴媒体定期报告履行社会责任情况”，等等②。

八、改进境外新闻交流工作机制

《方案》明确将改进境外新闻交流工作机制。建立健全中国记协境外记者活动中心体制机制，积极参与党和国家重大活动新闻服务，组织新闻发布和集体采访等活动，为境外记者采访提供便利和支持；紧紧围绕党和国家工作大局，紧紧围绕外交工作总体部署，及时回应境外媒体普遍关注的问题。搭建海外华文媒体与国内新闻媒体、新闻院校的交流平台，加大对地方记协开展与港澳台侨新闻社团和媒体交流的指导支持力度，深化与港澳台新闻界交流工作。

九、拓展干部交流成长渠道，提升队伍整体素质

《方案》深化改革另一个方面的措施是，拓展干部交流成长渠道，提升队伍整

① 赵新乐．切实增强政治性先进性群众性：中国记协负责人就深化改革情况答记者问［N］．中国新闻出版广电报，2017-06-06.

② 耿磊．解决脱离群众问题，记协改革更接地气［EB/OL］．https：//original. hubpd. com/c/2017-05-08/580761. shtml.

体素质。采取专职和挂职方式加强中国记协同地方记协、专业记协、新闻单位的双向联系和交流。健全党组联系点制度，党组成员每年选择 1 至 2 家媒体、地方记协或新闻院校作为联系点，提出重点课题，开展专题调研。建立书记调研制度，书记处书记每年赴中央新闻单位和地方调研，全面准确了解新闻队伍思想、工作和生活状况，倾听一线新闻工作者呼声。

二、网络监管与法律体系建设

新版《互联网新闻信息服务管理规定》施行

2017年5月2日，国家互联网信息办公室（以下简称国家网信办）公布新版《互联网新闻信息服务管理规定》（以下简称《规定》）。在5月3日“世界新闻自由日”前夕，以1号令的形式发布关于互联网新闻信息的管理规定，引起了网民对媒体生存空间的关注。《规定》于2017年6月1日起施行。同步实施的还有国家网信办2017年5月22日公布的《互联网新闻信息服务许可管理实施细则》（以下简称《细则》）。有媒体称“互联网信息服务管理步入新轨道”，“这对于促进我国互联网新闻信息服务活动健康、有序进行具有重要意义”①，也有媒体称新媒体被戴上了“紧箍咒”，不能再“任性”了②，而一些境外媒体则据此质疑中国的新闻自由状况。

一、从门户网站到移动互联，新媒体不再是法外之地

2000年11月，国务院新闻办公室、信息产业部联合发布了《互联网站从事登载新闻业务管理暂行规定》（以下简称《暂行规定》），明确由国务院新闻办公室负责全国互联网站从事登载新闻业务的管理工作。当时，中国的互联网新闻尚在起步阶段，主要新闻媒体已经有了网络版。后来成为中国领先的门户网站的新浪网在1998年12月成立，而搜狐网则在1999年才推出新闻及内容频道，奠定了综合门户网站的雏形。1999年4月，国内21家网络版媒体代表在北京通过了《中国新闻界网络媒体公约》。《公约》称，各公约单位都应牢牢确立“媒体”意识，牢牢树立

---

① 方禹．互联网信息服务管理步入新轨道［EB/OL］．http：//www.cac.gov.cn/2017－08/07/c_1121443461.htm.

② 李海洋．《互联网新闻信息服务管理规定》颁布　不可再“任性”　新媒体被戴上了“紧箍咒”［N］．中国商报，2017－05－11（8）.

“为网友服务”的观念，“争取在全社会的新闻信息传播中，同报刊、广播、电视一样，发挥应有的、越来越重要的作用”。可见，网络新闻作为新兴的新闻传播媒介，当时并没有被多少人预见到在十多年后会对其他媒体造成颠覆性的冲击和影响。

不难理解，世纪之初制定的《暂行规定》主要以互联网站为监督管理的对象，而能够被批准“从事登载新闻业务”的网站只有“中央新闻单位、中央国家机关各部门新闻单位以及省、自治区、直辖市和省、自治区人民政府所在地的市直属新闻单位依法建立的互联网站”。其他新闻单位“不单独建立新闻网站”，经批准可以在中央新闻单位或者省、自治区、直辖市直属新闻单位建立的新闻网站“建立新闻网页从事登载新闻业务”。非新闻单位依法建立的综合性互联网站经批准可以从事“登载中央新闻单位、中央国家机关各部门新闻单位以及省、自治区、直辖市直属新闻单位发布的新闻”的业务，但“不得登载自行采写的新闻和其他来源的新闻”。非新闻单位依法建立的其他互联网站，不得从事登载新闻业务。

2005年9月25日，国务院新闻办公室、信息产业部联合颁布了《互联网新闻信息服务管理规定》。管理的对象改称为“互联网新闻信息服务单位”。所称的互联网新闻信息服务包括“通过互联网登载新闻信息、提供时政类电子公告服务和向公众发送时政类通讯信息”。

随着3G、4G等移动网络技术的发展和智能手机等移动载体的普及，中国进入移动互联新时期。2009年之后，微博、微信以不可抵挡之势扫荡中国社交平台，其他各种移动应用App也呈井喷式发展。2011年，移动智能终端出货量达到1.1亿部，超过了之前历年出货量的总和。中国互联网信息中心（CNNIC）发布的《第34次中国互联网络发展状况统计报告》显示，截至2014年6月，中国手机网民达5.27亿，手机上网使用率达83.4%，首次超过个人电脑（仅包括台式机和笔记本，不包含平板电脑等新兴个人终端设备）。新闻信息依托移动互联网技术，传播渠道更为多样，传播效率空前提高，社会影响力也与日俱增。“终端随人走、信息围人转”成为信息传播的新态势[①]。同时，也出现了泥沙俱下的混乱局面。针对新出现的即时通信工具，国家网信办于2014年8月7日发布实施了《即时通信工具公众信息服务发展管理暂行规定》，对各类即时通信工具传递新闻信息提出了要求，如“即时通信工具服务提供者从事公众信息服务活动，应当取得互联网新闻信息服务资质”，“新闻单位、新闻网站开设的公众账号可以发布、转载时政类新闻，取得互

① 中华全国新闻工作者协会．中国新闻事业发展报告（2016年）[EB/OL]. http：//media.people.com.cn/n1/2017/0531/c40606-29309641.html.

联网新闻信息服务资质的非新闻单位开设的公众账号可以转载时政类新闻。其他公众账号未经批准不得发布、转载时政类新闻”。未经批准，不得发布转载时政类新闻，这是互联网新闻服务中不能触碰的一条红线。无论网站名头多大，跨过红线就需要承担相应的后果。例如2016年7月，北京市网信办对属地新浪、搜狐、网易、凤凰等网站在提供互联网新闻信息服务中存在的大量违法违规行为提出严厉批评，责令网站限期予以整改。被责令限期整改的频道栏目，均大量登载自行采编的新闻信息，且违规行为严重。关停和整改的栏目包括新浪的“极客新闻”“新浪直播间”，搜狐的“新闻当事人”“弧度”“点击今日”等，网易的“回声”“路标”“新闻学院”等，凤凰的“严肃报道”。所有关停、清理栏目包括网站网页、移动客户端、微信公众账号等各发布平台。北京市网信办相关负责人表示，上述被责令限期整改的频道栏目，严重违反国家《互联网新闻信息服务管理规定》第十六条的规定，均大量登载自行采编的新闻信息，且违规行为严重，影响十分恶劣①。

CNNIC数据显示，截至2016年6月，中国网民规模首次突破7亿，达到7.1亿，手机网民规模达到6.56亿。手机上网使用率占网民总规模的92.5%。同时，移动社交化程度进一步加深，即时通信使用率达到90.4%，基于即时通信衍生的社交应用，微信、QQ空间的使用率已经分别达到78.7%、67.4%，社交平台已经成为网民获取信息的主要渠道之一②。2017年新版《规定》修改了立足于门户网站时代的2005年版《规定》，最大的变化就是把各类新媒体纳入管理范畴。管理范围从原先的互联网站，扩展为包括应用程序、论坛、博客、微博客、即时通信工具、搜索引擎以及其他具有新闻舆论或社会动员功能的应用。这些应用向社会公众提供新闻信息采编发布、转载服务之前都应当取得互联网新闻信息服务许可。不仅如此，提供新闻信息发布平台服务的也应当获得互联网新闻信息服务许可。

二、积极健康、向上向善，“两为”大方向不变

2005年《互联网新闻信息服务管理规定》的表述是：“本规定所称新闻信息，是指时政类新闻信息，包括有关政治、经济、军事、外交等社会公共事务的报道、评论，以及有关社会突发事件的报道、评论。”2017年新版《规定》的表述是“本

① 北京市网信办责令多家网站限期整改［EB/OL］. http：//news.xinhuanet.com/tech/2016－07/25/c_129174486.htm.

② 中华全国新闻工作者协会．中国新闻事业发展报告（2016年）［EB/OL］. http：//media.people.com.cn/n1/2017/0531/c40606－29309641.html.

规定所称新闻信息，包括有关政治、经济、军事、外交等社会公共事务的报道、评论，以及有关社会突发事件的报道、评论。”新版《规定》删除了关于“时政类新闻信息”的表述，在定义上扩大了管理的范围。

2005版《规定》第三条的表述是：“互联网新闻信息服务单位从事互联网新闻信息服务，应当遵守宪法、法律和法规，坚持为人民服务、为社会主义服务的方向，坚持正确的舆论导向，维护国家利益和公共利益。”2017版《规定》第三条指出：“提供互联网新闻信息服务，应当遵守宪法、法律和行政法规，坚持为人民服务、为社会主义服务的方向，坚持正确舆论导向，发挥舆论监督作用，促进形成积极健康、向上向善的网络文化，维护国家利益和公共利益。”可见，“坚持为人民服务、为社会主义服务”的大方向没有变。

“坚持为人民服务、为社会主义服务的方向”，就是通常所说的“二为”。这是十一届三中全会以后，中国共产党的文艺政策的一个重大调整。1980年7月26日，《人民日报》发表了题为《文艺为人民服务，为社会主义服务》的社论，正式提出用“文艺为人民服务，为社会主义服务”的口号代替原来的“文艺从属于政治”的口号。社论明确写道：“党中央提出，我们的文艺工作总的口号应当是：文艺为人民服务，为社会主义服务。”社论指出：“为人民服务，为社会主义服务，这个口号概括了文艺工作的总任务和根本目的，它包括了为政治服务，但比孤立地提为政治服务更全面，更科学。”

1989年11月28日，江泽民在谈到前一阶段新闻工作出现失误的教训时说：新闻宣传一旦出了大问题，舆论工具不掌握在真正的马克思主义者手中，不按照党和人民的意志、利益进行舆论导向，会带来严重的危害和巨大的损失。这次教训太深刻了，对我们党和国家的事业危害太大了，今后决不允许再重演。江泽民指出：社会主义的新闻事业作为我们意识形态的重要组成部分，必须遵循为社会主义服务、为人民服务的基本方针①。

促进形成“积极健康、向上向善”的网络文化，也是新一届领导人的期望和要求。2016年4月19日，习近平在主持召开网络安全和信息化工作座谈会时指出，“网络空间是亿万民众共同的精神家园。网络空间天朗气清、生态良好，符合人民利益。……我们要本着对社会负责、对人民负责的态度，依法加强网络空间治理，加强网络内容建设，做强网上正面宣传，培育积极健康、向上向善的网络文化，用

① 1989年11月25日　李瑞环发表题为《坚持正面宣传为主的方针》的长篇讲话［EB/OL］. http://cpc.people.com.cn/GB/64162/64165/72301/72330/4981152.html.

社会主义核心价值观和人类优秀文明成果滋养人心、滋养社会，做到正能量充沛、主旋律高昂，为广大网民特别是青少年营造一个风清气正的网络空间”①。

三、管理更规范：建立总编辑负责制，新闻采访要持证

2017年新版《规定》的另一个明显变化是申请互联网新闻信息服务许可的标准有所提高。

2005年版的《规定》要求，新闻单位设立的登载超出本单位已刊登播发的新闻信息、提供时政类电子公告服务、向公众发送时政类通讯信息的互联网新闻信息服务单位应当具备健全的互联网新闻信息服务管理规章制度；有5名以上在新闻单位从事新闻工作3年以上的专职新闻编辑人员；有必要的场所、设备和资金，资金来源应当合法。同时也规定，可以申请的机构应当是中央新闻单位，省、自治区、直辖市直属新闻单位，以及省、自治区人民政府所在地的市直属新闻单位。对于非新闻单位设立的转载新闻信息、提供时政类电子公告服务、向公众发送时政类通讯信息的互联网新闻信息服务单位，则进一步要求有10名以上专职新闻编辑人员，其中在新闻单位从事新闻工作3年以上的新闻编辑人员不少于5名。提出申请的非新闻单位应当是依法设立2年以上的从事互联网信息服务的法人，并在最近2年内没有因违反有关互联网信息服务管理的法律、法规、规章的规定受到行政处罚；申请组织为企业法人的，注册资本应当不低于1 000万元人民币。

2005年版《规定》将互联网新闻信息服务单位分为以下三类：（一）新闻单位设立的登载超出本单位已刊登播发的新闻信息、提供时政类电子公告服务、向公众发送时政类通讯信息的互联网新闻信息服务单位；（二）非新闻单位设立的转载新闻信息、提供时政类电子公告服务、向公众发送时政类通讯信息的互联网新闻信息服务单位；（三）新闻单位设立的登载本单位已刊登播发的新闻信息的互联网新闻信息服务单位。2017年版的《规定》及随后公布的《细则》适应了移动互联网发展的现状，从服务类别划分，将互联网新闻信息服务分为互联网新闻信息采编发布服务、转载服务和传播平台服务。各类申请主体都应当具备下列许可条件：（一）在中华人民共和国境内依法设立的法人；（二）主要负责人、总编辑是中国公民；（三）有与服务相适应的专职新闻编辑人员、内容审核人员和技术保障人员；（四）有

① 习近平总书记在网络安全和信息化工作座谈会上的讲话［EB/OL］. http：//www.cac.gov.cn/2016－04/25/c_1118731366.htm.

健全的互联网新闻信息服务管理制度；（五）有健全的信息安全管理制度和安全可控的技术保障措施；（六）有与服务相适应的场所、设施和资金。新版《规定》取消了在数量、年限等方面的硬性量化标准，显得更加灵活，表面上似乎降低了申请门槛，但同时，“与服务相适应”这样的措辞可能会扩大审批单位的自由裁量范围，因而加大申请难度。

在人员资质方面，新版《规定》显然提高了准入门槛。与2005年版要求一定数量的“专职新闻编辑人员”不同，2017年版要求建立总编辑负责制，并提交专职新闻编辑人员、内容审核人员和技术保障人员的基本情况，以及国家新闻出版广电总局统一颁发的新闻记者证、新闻单位从业证明、相关培训考核证明等材料。这在一定程度上击中了很多互联网公司的软肋。2015年11月6日，国家网信办和国家新闻出版广电总局联合颁发首批新闻网站记者证，来自14家中央主要新闻网站的594人获得记者证。此前，网站的新闻采编人员大都是在没有明确规范的环境中“野蛮生长”，相当多的从业人员是“半路出家”，没有考取新闻记者证，也没有新闻单位从业经历。新版《规定》预示着，新媒体将和传统媒体同一标准，统一管理，新闻采编活动必须由有资质的记者完成。如果这条规定切实贯彻执行的话，一批网站现有的“编辑”“记者”下岗就在所难免，而正规新闻单位人才流失或许将因互联网公司提供更好的跳槽待遇而加剧。

四、保护版权，转载新闻不得歪曲篡改原意

事实上，版权保护尤其是互联网内容的版权保护，一直是困扰中国媒体的问题。在互联网新闻刚刚起步的1999年，国内新闻界21家网络版媒体通过的《中国新闻界网络媒体公约》的核心诉求之一就是保护版权。其中特别提出，各公约单位“应充分尊重相互之间的信息产权和知识产权，呼吁全社会尊重网上的信息产权和知识产权，坚决反对和抵制任何相关侵权行为”；“各新媒体无论规格高低，实力大小，实行信息产权面前人人平等”。各公约单位可以在自己的网站页面上摘用其他公约单位网站上的新闻和信息，但是必须“注明出处，并为对方报纸做链接”；其他网站如需引用公约单位的信息，应经过授权，并支付相应的费用，使用时，“或注明出处，或建立链接”。

互联网尤其是移动互联网的飞速发展，带来了新闻信息传播的大繁荣，同时激烈的市场竞争也伴随着网络侵权、非法网络公关、网络敲诈、网络水军、标题党、艳俗下流等严重问题，对市场秩序和网络环境都造成了负面的冲击。最常见的就是

没有新闻采访权和独家信息源的网站，为了吸引网民点击，未经许可转载新闻单位发布的新闻，并对新闻内容和标题进行随意删改和歪曲。大多数情况下，版权方对此都无可奈何。2005 年版《规定》就对这类现象进行了规范，首先限定了转载范围，即“应当转载、发送中央新闻单位或者省、自治区、直辖市直属新闻单位发布的新闻信息”，同时要求“注明新闻信息来源，不得歪曲原新闻信息的内容”。

在微博、微信、客户端等手机社交应用跑马圈地的时代，新闻信息的刊载平台空前庞杂多样，点击量和转发量往往决定着一个平台的生死。随意转载、肆意歪曲的现象更是司空见惯。例如，凤凰网就多次出现发布传播虚假新闻信息、制作标题歪曲新闻原意等问题，如发布传播虚假新闻的《长沙起火大巴目击者称不明物被 2 次点燃抛向前座》，篡改标题歪曲新闻原意的《外媒：浙江现巨型导弹预警雷达基地直接对准台湾》等，造成了较为恶劣的社会影响。北京市互联网信息办公室对凤凰网主要负责人进行约谈，并对网站予以行政处罚①。

新版《规定》第十五条特别增加了保护著作权人的合法权益的内容。互联网新闻信息服务提供者转载新闻信息，“应当转载中央新闻单位或省、自治区、直辖市直属新闻单位等国家规定范围内的单位发布的新闻信息，注明新闻信息来源、原作者、原标题、编辑真实姓名等，不得歪曲、篡改标题原意和新闻信息内容，并保证新闻信息来源可追溯”。这样的规定更详尽，也更有可操作性。中国人民大学新闻学院教授匡文波撰文指出，在中国，网上假新闻信息的问题日益严重。新版《规定》的出台，使得假新闻治理有了法律依据。社交媒体，如微博、微信，必须负起一定的审查责任②。中国传媒大学法律系副主任郑宁认为，新版《规定》和《细则》对不实信息的遏制主要体现在许可、实名制、转载白名单等制度的设计上。《规定》对新闻来源做了控制，比如其中第十五条明确载明，互联网新闻信息服务提供者转载新闻信息，应当转载中央新闻单位或省、自治区、直辖市直属新闻单位等国家规定范围内的单位发布的新闻信息。另外，法律责任上也有相应的配套规定，如果发现不实信息，网络服务提供者应该主动停止传输、删除记录、向主管部门报告等。“我认为这些制度结合起来，能够在一定程度上减少不实信息，至少能够形成一定的约束，促使网络服务提供者健全相关的审查机制，不然他们可能就要承担责任。”③

---

① 张璐．凤凰网发布传播假新闻被处罚［N］．北京晨报，2016－07－22（A13）．

② 匡文波．依法治理假新闻的关键一招：谈 2017 年版《互联网新闻信息服务管理规定》［J］．中国记者，2017（6）：5．

③ 杜晓，张佳欣．国家网信办公布《互联网新闻信息服务许可管理实施细则》引关注　专家认为新规全力压缩网络不实信息生存空间［EB/OL］．http：//www.mzyfz.com/index.php/cms/item-view-id-1271402．

五、监管思路转变：变“主体设立监管”为“服务许可监管”

移动互联网技术的发展和新闻理念的变化，彻底改变了互联网新闻的业态。原先新闻单位对新闻资源的垄断，如今已经被人人都可发声、人人都是媒体的自媒体生态圈打破。此外，“通过互联网登载新闻信息、提供时政类电子公告服务和向公众发送时政类通讯信息”，这样的定义已经远远不能囊括今天的互联网新闻信息服务种类。《互联网新闻信息服务管理规定》从2005年版升级到2017年版，就反映了互联网新闻监管的思路转变，即从“主体设立监管”变为“服务许可监管”。2017年版《规定》不再因循2005年版《规定》所采用的以“新闻单位”和“非新闻单位”之分，对提供互联网新闻信息服务的“单位”的“设立”进行分类审批或备案制监管的思路；而是改之以对“互联网新闻信息采编发布服务、转载服务、传播平台服务”这三大服务类型进行许可式监管，发以互联网新闻信息服务许可证，并通过设定互联网新闻信息服务许可证有效期和申请续办的程序加强持续监管。在这一新的监管模式下，除了对其中的特定服务类型（采编发布服务）设定额外的更严格的准入条件之外，不论申请者是否为新闻单位，其所面临的申请条件和材料要求都是一致的。由此可见，2017年版《规定》大大弱化了申请者的新闻单位属性，而更为强调其在人员配置、内容审核、技术保障、信息安全等服务提供方面的资质①。

此前全国互联网新闻信息服务监督管理工作均由国务院新闻办公室负责。2014年8月26日，国务院印发《国务院关于授权国家互联网信息办公室负责互联网信息内容管理工作的通知》（国发〔2014〕33号），正式将全国互联网信息内容的监管权限全面授权给当时重新组建的国家网信办。新版《规定》中明确国家互联网信息办公室负责“全国互联网新闻信息服务的监督管理执法工作”。值得注意的是，国家网信办比此前的国务院新闻办多了“执法”的职能。因此，新版《规定》的出台标志着国家网信办对互联网新闻信息服务所享有的监管权限的全面落地，也理顺了国务院的上级授权与国家网信办的下级监管职能间的关系，而不再使国家网信办处于“有权”却“无据”的境地②。

与此同时，为了应对互联网新闻信息服务迅速发展的形势，原来的国家和省、

① 宁宣凤，吴涵，杨楠．开启互联网新闻监管新时代：解读《互联网新闻信息服务管理规定》［EB/OL］．http：//www.kwm.com/zh/cn/knowledge/insights/open-a-new-era-for-internet-news-supervision-20170504.

② 同①.

自治区、直辖市两级管理体制，调整为了三级或四级管理体制，地方互联网信息办公室的属地管理作用将进一步发挥。

六、未经许可，自媒体还能发新闻吗?

新版《规定》提出，通过互联网站、应用程序、论坛、博客、微博客、公众账号、即时通信工具、网络直播等形式向社会公众提供互联网新闻信息服务，应当取得互联网新闻信息服务许可，禁止未经许可或超越许可范围开展互联网新闻信息服务活动。有人据此认为新版《规定》实施之后，个人使用的微信公号、博客、微博等都不能够再转发新闻或发表新闻评论，有人甚至认为，个人通过互联网站、应用程序、论坛发表文章时，都不能触碰任何涉及新版《规定》第二条所定义的有关政治、经济、军事、外交等社会公共事务以及有关社会突发事件的报道和评论。那么，新版《规定》的实施是否真的意味着凡是通过微博、微信等形式发布新闻信息都要取得许可?

中国传媒大学文法学部网络法与知识产权研究中心主任王四新认为，这种理解是片面的，没有理解新版《规定》的原则精神。按照这个理解，新版《规定》会影响到大量个体在互联网上转发新闻、发表评论、组织话题讨论的权利，再加上其对新闻机构、互联网平台的新闻供给行为的严格限制，就很容易让人产生这样的想法，即新版《规定》将严重影响互联网新闻信息的供给数量和供给质量，损害整个互联网言论生态，甚至侵害互联网用户依据《宪法》第三十五条享有的言论自由权。王四新等指出，新版《规定》并非直接针对使用互联网的广大个人用户，而是针对组织类或机构类的媒体及其他商业组织，如传统意义上的报纸、电台、电视台等专业的新闻制作、传播机构，也包括互联网平台服务提供商，像腾讯的微信、新浪的微博等。只有这些组织化、机构化的组织，才属于互联网新闻许可制度要求的需要接受监管的直接对象[①]。王四新认为，“普通公众通过自己个人的微博、微信公号等公众账号发布、转载信息不在互联网新闻信息服务的许可范围内”[②]。

此外，对于自媒体的监管，新版《规定》也没有放任自流。主要手段就是从平台管理入手，要求传播平台要负主体责任，抓平台，而非抓一个个单独的用户。如第十一、第十二条，要求所有互联网新闻信息服务提供者都必须设总编辑，并由总

---

① 王四新，王文岩．互联网新闻监管重在组织类媒体［J］．网络传播，2017（5）：20.

② 新版《互联网新闻信息服务管理规定》新在何处［N］．新华每日电讯，2017－05－09.

编辑对信息内容负总责，还必须健全信息发布审核、公共信息巡查、应急处置等信息安全管理制度。又如第十三、第十四条，互联网新闻信息服务提供者为用户提供互联网新闻信息传播平台服务，应当按照《中华人民共和国网络安全法》的规定，要求用户提供真实身份信息。用户不提供真实身份信息的，互联网新闻信息服务提供者不得为其提供相关服务。对用户开设公众账号的，互联网新闻信息服务提供者应当审核其账号信息、服务资质、服务范围等信息，并向所在地省、自治区、直辖市互联网信息办公室分类备案。

在内容方面，新版《规定》第三条指出：“提供互联网新闻信息服务，应当遵守宪法、法律和行政法规，坚持为人民服务、为社会主义服务的方向，坚持正确舆论导向，发挥舆论监督作用，促进形成积极健康、向上向善的网络文化，维护国家利益和公共利益。”第十六条指出：“互联网新闻信息服务提供者和用户不得制作、复制、发布、传播法律、行政法规禁止的信息内容。”互联网新闻信息服务提供者提供服务过程中发现含有违反以上规定内容的，应当依法立即停止传输该信息、采取消除等处置措施，保存有关记录，并向有关主管部门报告。

除上述措施外，新版《规定》中还有两项监管要求在事实上也可能达到监管自媒体的效果。其一是第十五条，即要求转载服务只能转载“国家规定范围内的单位发布的新闻信息”，这就堵死了借“转载服务”之名、随意传播自媒体类互联网新闻信息的可能；其二是第十七条，即要求服务提供者在“应用新技术”或“调整增设具有新闻舆论属性或社会动员能力的应用功能”的情况下，必须报网信办进行服务安全评估，这实际上是为今后在技术上出现新的传播手段所做的准备，从而使新版《规定》对自媒体的监管不致因为技术的发展而沦为一纸空文①。

七、外资禁入

禁止外资进入新闻行业是中国政府的一贯立场。国家发展改革委和商务部2007年10月31日发布的《外商投资产业指导目录（2007年修订）》新增的禁止外资进入的产业就包括新闻网站、网络视听节目服务、互联网上网服务营业场所、互联网文化经营。2013年发布的《中国（上海）自由贸易试验区外商投资准入特别管理措施（负面清单）》中也规定：禁止投资新闻网站、网络视听节目服务、互联网上

① 宁宣凤，吴涵，杨楠．开启互联网新闻监管新时代：解读《互联网新闻信息服务管理规定》［EB/OL］. http：//www.kwm.com/zh/cn/knowledge/insights/open-a-new-era-for-internet-news-supervision-20170504.

网服务营业场所、互联网文化经营（音乐除外）；禁止投资新闻机构；禁止投资图书、报纸、期刊的出版业务；禁止投资音像制品和电子出版物的出版、制作业务。

新版《规定》与2005年版《规定》都以同样的措辞明确禁止外资进入互联网新闻信息服务行业："任何组织不得设立中外合资经营、中外合作经营和外资经营的互联网新闻信息服务单位。"国家网信办有关负责人指出，这样的规定"符合我国WTO入世承诺及有关国际协定的要求"[①]。

八、保护公民和法人的权益

国家互联网信息办公室有关负责人就《互联网新闻信息服务管理规定》《互联网信息内容管理行政执法程序规定》相关问题回答记者提问时表示，修订工作把对公民和法人合法权益的保护作为重点内容之一。一是规定了个人信息保护的要求，《规定》明确互联网新闻信息服务提供者对用户身份信息和日志信息负有保密的义务，不得泄露、篡改、毁损，不得出售或非法向他人提供。二是对互联网新闻信息服务提供者及其从业人员非法牟利做出了禁止性规定，针对社会上出现的一些非法网络公关、水军等现象予以明确禁止，要求互联网新闻信息服务提供者及其从业人员不得通过采编、发布、转载、删除新闻信息，干预新闻信息呈现或搜索结果等手段谋取不正当利益。三是明确了著作权保护的要求，要求互联网新闻信息服务提供者转载新闻信息时，遵守著作权相关法律法规的规定，保护著作权人的合法权益。四是强化了举报监督制度，既要求互联网新闻信息服务提供者建立健全举报制度，及时处理公众举报，也规定国家和地方互联网信息办公室向社会公开举报受理方式，接受并处理举报。

2017年6月，全国网络违法和不良信息有效举报量创月度历史新高，达366.9万件，环比、同比分别增长约17.6%和42.2%。在全国网络违法和不良信息有效举报中，政治类有害信息举报占42.2%，占比连续4个月增长，并首次超过淫秽色情类有害信息举报量，达到155万件。有媒体认为，这是因为6月1日《网络安全法》《互联网新闻信息服务管理规定》等法律法规正式实施，有效调动了广大网民对违法和不良信息举报的积极性[②]。

---

① 国家互联网信息办公室有关负责人就《互联网新闻信息服务管理规定》答记者问［EB/OL］. http://www.cac.gov.cn/2017-05/03/c_1120907229.htm.

② 6月份全国网络违法和不良信息有效举报366.9万件创月度历史新高［EB/OL］. http://www.cac.gov.cn/2017-07/28/c_1121396352.htm.

《网络安全法》施行　撑起网络时代“安全伞”

2017 年 6 月 1 日，我国第一部全面规范网络空间安全管理的基础性法律——《中华人民共和国网络安全法》正式施行。新法施行被认为是我国网络安全从此有法可依的标志，网络空间治理、网络信息传播秩序规范、网络犯罪惩治等即将翻开崭新的一页，对保障我国网络安全、维护国家总体安全具有深远而重大的意义。

《网络安全法》共有七章 79 条，具有六大突出亮点。一是明确了网络空间主权的原则；二是明确了网络产品和服务提供者的安全义务；三是明确了网络运营者的安全义务；四是进一步完善了个人信息保护规则；五是建立了关键信息基础设施安全保护制度；六是确立了关键信息基础设施重要数据跨境传输的规则[①]。

一、制定背景：适应网络安全新形势新任务　落实国家总体安全观

2014 年 2 月 27 日，中央网络安全与信息化领导小组正式成立，习近平任组长，李克强、刘云山任副组长。这被海外广泛报道为党的十八届三中全会以后，由总书记直接担任组长、由总理担任第一副组长的第三个跨党政军的重要机构。在中央网络安全和信息化领导小组第一次会议上，习近平首次提出“网络强国”战略，强调“没有网络安全就没有国家安全”。可见，在新的历史条件下，网络安全已经上升为一个十分重大而紧迫的战略性问题。

《网络安全法》于 2016 年 11 月 7 日在第十二届全国人民代表大会常务委员会

---

① 人大常委会第 24 次会议新闻发布会［EB/OL］. http：//live. people. com. cn/note. php? id＝1138161104132250 _ ctdzb _ 033.

第二十四次会议上通过。全国人大常委会法工委经济法室副主任杨合庆在会后的新闻发布会上介绍，制定《网络安全法》主要有三个方面的考虑：

第一，制定《网络安全法》是落实国家总体安全观的重要举措。党的十八大以来，以习近平同志为核心的党中央从总体国家安全观出发，对加强国家网络安全工作做出了重要的部署，对加强网络安全法制建设提出了明确的要求。制定《网络安全法》是适应我们国家网络安全工作新形势、新任务，落实中央决策部署，保障网络安全和发展利益的重大举措。

第二，制定《网络安全法》是维护网络安全的客观需要。中国是一个网络大国，也是面临网络安全威胁最严重的国家之一，迫切需要建立和完善网络安全的法律制度，提高全社会的网络安全意识和网络安全的保护水平，使我们的网络更加安全、更加开放、更加便利，也更加充满活力。

第三，制定《网络安全法》是维护国家广大人民群众切身利益的需要。当前网络上有一些侵权行为、违法信息，严重损害了公民、法人和其他组织的合法权益，广大人民群众迫切地呼吁加强网络空间的法制建设、净化网络环境，使网络空间清朗起来。制定《网络安全法》就是为了顺应这个时代的要求，回应广大人民群众的呼声和期待，把最广大人民群众的切身利益来维护好、发展好、实现好。

《网络安全法》是我国第一部全面规范网络空间安全管理方面问题的基础性法律，是我国网络空间法治建设的重要里程碑，其重大意义在业界和学术界都得到了广泛认同和深度解读。

中国传媒大学政治与法律学院副院长王四新对该法做了总体评价：《网络安全法》是中国互联网治理理念、治理经验的全面总结、提炼，全面回应了人们对网络安全问题由来已久并且越来越强烈的关切，为人们普遍关注的一系列网络安全问题，提供了基本的解决方案，勾画了基本的制度框架。以法的形式公布，也是国家在互联网治理涉及的一系列重大问题上的态度、价值观宣示，是国家治理互联网的总动员令和总的行动方案。搭建了较为完善的网络安全保护制度，明确了在确保网络安全方面政府、企业和个体的职责、权限、权利和义务，是指导互联网参与各方的基本法，对互联网参与各方都会起到规范和指引的作用。对引领中国互联网企业和在华的外国互联网企业及相关的参与方调整发展战略，制定发展规划，构建内部基本规范体系，建设平台责任体系等，都会起到指引作用。是中国的互联网理念发生重要转变的象征。如果说前二十多年的互联网发展重在发展的话，以后中国的互联网将把安全放在至少不亚于发展的位置。是对国家互联网信息办公室在互联网治理层面的权力、职责予以最全面、最集中规定的最高层级的立法文件，对于解决网信部门和其他部门的执法地位、执法权限问题，将产生积极影响。《网络安全法》是对以往以打补丁为主的网络立法模式的革命，是第一次以做系统的方式进行网络立法，也是中国互联网立法模式、立法技术的一次大胆尝试，带有明显的创新性质。《网络安全法》是中国互联网治理的经验总结。中国的网络安全问题具有普遍性，也具有独特的中国特色，《网络安全法》作为中国互联网治理经验的总结，对于奠定中国互联网治理的基本框架并进而逐步形成中国治理模式，具有里程碑式意义①。

二、开宗明义　维护网络空间主权

“维护网络空间主权”是2015年7月通过的《国家安全法》首次确立的网络空间主权原则。《国家安全法》第二十五条规定，加强网络管理，防范、制止和依法惩治网络攻击、网络入侵、网络窃密、散布违法有害信息等网络违法犯罪行为，维护国家网络空间主权、安全和发展利益。《网络安全法》继《国家安全法》之后再次以法律的形式明确这一原则，第一条就开宗明义，明确规定立法目的是“维护网络空间主权和国家安全、社会公共利益”，并从制度层面进一步细化了“网络空间主权”在法律上的适用，是对网络空间主权的有力捍卫。

国家信息化专家咨询委员会委员、国家行政学院教授汪玉凯指出，网络空间主权，是指一个国家在建设、运营、维护和使用网络，以及在网络安全的监督管理方面所拥有的自主决定权。网络空间主权是国家主权在网络空间中的自然延伸和表现，是国家主权的重要组成部分。网络空间主权的确立，一方面把一个国家的公民所拥有的虚拟网络空间的自由权纳入国内法的轨道，另一方面也为网络参与者提供了一系列自由表达、参与的法治保障。同时，网络空间主权也为一个国家维护网络秩序，维护国家利益、公众利益提供了依法治网的法律依据②。

2015年12月，习近平在第二届世界互联网大会开幕式上提出，推进全球互联网治理体系变革，应该坚持的第一个原则就是尊重网络主权。他说，《联合国宪章》确立的主权平等原则是当代国际关系的基本准则，覆盖国与国交往各个领域，其原则和精神也应该适用于网络空间。我们应该尊重各国自主选择网络发展道路、网络管理模式、互联网公共政策和平等参与国际网络空间治理的权利，不搞网络霸权，

---

① 《网络安全法》专家笔谈［EB/OL］. http://theory.gmw.cn/2016-11/15/content_22981592.htm.

② 网络空间主权：国家主权的自然延伸和表现［EB/OL］. http://www.cac.gov.cn/2017-08/07/c_1121443864.htm.

不干涉他国内政，不从事、纵容或支持危害他国国家安全的网络活动。他指出，网络安全是全球性挑战，没有哪个国家能够置身事外、独善其身，维护网络安全是国际社会的共同责任①。

《网络安全法》通过一个多月后，2016 年 12 月 27 日，国家网信办发布《国家网络空间安全战略》。该文件指出，互联网、通信网、计算机系统、自动化控制系统、数字设备及其承载的应用、服务和数据等组成的网络空间，正在全面改变人们的生产生活方式，深刻影响人类社会历史发展进程。既是重大机遇，又带来严峻挑战。一方面，网络让世界变成了地球村，国际社会越来越成为你中有我、我中有你的命运共同体。网络技术突破了时空限制，引发了传播格局的根本性变革。网络深度融入人们的学习、生活、工作等方方面面，为经济社会发展注入了新的动力。网络空间也成为国家主权的新疆域。网络空间已经成为与陆地、海洋、天空、太空同等重要的人类活动新领域，国家主权拓展延伸到网络空间，网络空间主权成为国家主权的重要组成部分。尊重网络空间主权，维护网络安全，谋求共治，实现共赢，正在成为国际社会共识。

另一方面，网络安全形势日益严峻，国家政治、经济、文化、社会、国防安全及公民在网络空间的合法权益面临严峻风险与挑战：网络渗透危害政治安全；网络攻击威胁经济安全；网络有害信息侵蚀文化安全；网络恐怖和违法犯罪破坏社会安全；个别国家强化网络威慑战略，加剧网络空间军备竞赛，世界和平受到新的挑战②。

“推进网络空间和平、安全、开放、合作、有序”是《国家网络空间安全战略》的目标之一。其中，“安全”的内涵是“网络安全风险得到有效控制，国家网络安全保障体系健全完善，核心技术装备安全可控，网络和信息系统运行稳定可靠。网络安全人才满足需求，全社会的网络安全意识、基本防护技能和利用网络的信心大幅提升”。

《网络安全法》明确提出“国家制定并不断完善网络安全战略，明确保障网络安全的基本要求和主要目标，提出重点领域的网络安全政策、工作任务和措施”，“推动构建和平、安全、开放、合作的网络空间”。北京邮电大学互联网治理与法律研究中心常务副主任谢永江认为，这是我国第一次通过国家法律的形式向世界宣示网络空间治理目标，明确表达了我国的网络空间治理诉求。上述规定提高了我国网络治理公共政策的透明度，与我国的网络大国地位相称，有利于提升我国对网络空

① 习近平在第二届世界互联网大会开幕式上的讲话（全文）［EB/OL］. http：//www.xinhuanet.com/video/2015－12/16/c＿1117481089.htm.

② 《国家网络空间安全战略》全文［EB/OL］. http：//www.cac.gov.cn/2016－12/27/c＿1120195926.htm.

间的国际话语权和规则制定权，促成网络空间国际规则的出台①。

三、关键信息基础设施是网络安全的重中之重

2016年4月，习近平在网络安全和信息化工作座谈会上提出，要加快构建关键信息基础设施安全保障体系。他指出，金融、能源、电力、通信、交通等领域的关键信息基础设施是经济社会运行的神经中枢，是网络安全的重中之重，也是可能遭到重点攻击的目标。“物理隔离”防线可被跨网入侵，电力调配指令可被恶意篡改，金融交易信息可被窃取，这些都是重大风险隐患。不出问题则已，一出就可能导致交通中断、金融紊乱、电力瘫痪等问题，具有很大的破坏性和杀伤力。必须深入研究，采取有效措施，切实做好国家关键信息基础设施安全防护。

《网络安全法》第三章用了近三分之一的篇幅规范网络运行安全，保障关键信息基础设施的运行安全是特别强调的内容。关键信息基础设施是指那些一旦遭到破坏、丧失功能或者数据泄露，可能严重危害国家安全、国计民生、公共利益的系统和设施。网络运行安全是网络安全的重心，关键信息基础设施安全则是重中之重，与国家安全和社会公共利益息息相关。为此，《网络安全法》强调在网络安全等级保护制度的基础上，对关键信息基础设施实行重点保护，明确关键信息基础设施的运营者负有更多的安全保护义务，并配以国家安全审查、重要数据强制本地存储等法律措施，确保关键信息基础设施的运行安全②。

四、安全形势严峻，加强网络安全建设迫在眉睫

“没有意识到风险是最大的风险。”习近平在网络安全和信息化工作座谈会上指出，网络安全具有很强的隐蔽性，一个技术漏洞、安全风险可能隐藏几年都发现不了，结果是“谁进来了不知道、是敌是友不知道、干了什么不知道”，长期“潜伏”在里面，一旦有事就发作了。维护网络安全，首先要知道风险在哪里，是什么样的风险，什么时候发生风险，正所谓“聪者听于无声，明者见于未形”。感知网络安全态势是最基本最基础的工作③。

---

① 谢永江.《网络安全法》出台是网络空间法治建设重要里程碑［EB/OL］. http://www.cac.gov.cn/2016-11/09/c_1119879953.htm.

② 谢永江.《网络安全法》解读［EB/OL］. http://www.cac.gov.cn/2016-11/07/c_1119866583.htm.

③ 习近平. 在网络安全和信息化工作座谈会上的讲话［EB/OL］. http://www.cac.gov.cn/2016-04/25/c_1118731366.htm.

从世界范围看，网络安全威胁和风险日益突出。2017 年上半年发生了多起影响全球的网络安全事件。如维基解密 3 月份泄露绝密文件，揭秘美国中央情报局黑客入侵技术不仅能够入侵 iPhone 手机、Android 手机和智能电视，还可入侵攻击 Windows、Mac 和 Linux 操作系统，甚至可以控制智能汽车发起暗杀活动。又如 4 月影子经纪人公开美国国家安全局黑客武器库，包括可以远程攻破全球约 70% Windows 机器的漏洞利用工具。其中，有十款工具最容易影响 Windows 个人用户，无须黑客操作，只要联网就可以入侵电脑，瞬间血洗互联网。再如，5 月 12 日，“WannaCry”（想哭）比特币勒索病毒爆发，波及 150 多个国家和地区，包括医院、教育机构以及政府部门都受到了攻击，损失总计高达 500 多亿元人民币。

从国内来看，截至 2016 年 12 月，我国网民规模达 7.31 亿，居世界首位，但从网络大国到网络强国还有相当的距离。木马和僵尸网络、移动互联网恶意程序、拒绝服务攻击、安全漏洞、网页钓鱼、网页篡改等网络安全事件多有发生，基础网络设备、域名系统、工业互联网等基础网络和关键基础设施依然面临着较大的安全风险。

2015 年 4 月，补天漏洞响应平台发布信息称，社保系统、户籍查询系统、疾控中心、医院等大量曝出高危漏洞的省市已经超过 30 个，涉及用户数量达数千万，可能发生泄露的信息包括个人身份证、社保参保信息、房屋产权、个人联系方式等。其中，陕西省人社厅社保系统漏洞可能泄露全省至少 213 万农村参与社保人员的信息，黑客可利用漏洞随意修改社保待遇，停发社保金；江苏省省级机关住房资金管理中心系统出现漏洞，可能导致江苏省 2 510 个单位 10 万公务员的姓名、身份证、社保信息遭泄露①。2017 年上半年，腾讯安全反病毒实验室 PC 端病毒拦截超 10 亿，共发现 2.3 亿次用户机器中木马病毒，腾讯手机管家共查杀 Android 病毒 6.93 亿次，手机病毒感染用户数为 1.09 亿。恶意网址拦截次数高达 478 亿，色情欺诈网站占比居首。腾讯麒麟伪基站实时定位系统为全国用户拦截 2.3 亿条伪基站诈骗短信，总计影响人数达 1.5 亿人次②。

五、解决“痛点”　网上个人信息不再“裸奔”

《人民日报》（海外版）刊文以“久旱逢甘霖”形容《网络安全法》的实施正当

① 多省市排查社保系统漏洞　四成已修复［EB/OL］. http://www.xinhuanet.com/health/2015-04/23/c_127723001.htm.

② 腾讯安全《2017 年上半年互联网安全报告》［EB/OL］. http://slab.qq.com/news/authority/1632.html.

其时。文章称，作为中国首部全面规范网络空间安全管理问题的基础性法律，《网络安全法》有望让网上个人信息不再“裸奔”。

个人信息在网上泄露甚至被贩卖已经屡见不鲜，成为可能波及每个人的社会公害。《中国网民权益保护调查报告（2016）》显示，我国 6.88 亿网民因垃圾短信、诈骗信息、个人信息泄露等造成的经济损失达 915 亿元，人均为 133 元①。

日常生活中，人们在网上购物、网上求职、收发邮件、注册账号时，经常会被迫提供与该活动无关的个人信息，姓名、身份证号、电话、住址、家庭成员等隐私信息都可能被置于泄露风险之中。中国信息安全测评中心专家委员会副主任黄殿中认为，在大数据时代，无论是购物消费、网络聊天等琐碎小事，还是买房、结婚、生子等人生大事，都不可避免地留下“数据脚印”。一旦将它们汇集整合，就会使敏感的信息迅速还原，个人隐私无所遁形②。

补天漏洞响应平台发布的《2016 年网站泄露个人信息形势分析报告》显示，2016 年有超过一半的网站漏洞会导致泄露实名信息和行为信息，分别占 58.5%和 62.4%（某些漏洞可能同时泄露 2 类信息），而可能泄露的数量多达 42.3 亿条和 40.1 亿条③。

大量的信息泄露事件背后隐藏着巨大的黑色产业链。不法分子大肆盗取贩卖个人信息，从传统的工商、银行、电信、医疗等部门向教育、快递、电商等各行各业迅速蔓延，涉及公众生活的方方面面。1 万条用户数据能卖到几百至上千元不等的价格，不菲的收益让许多人铤而走险④。2011 年，国内最大的程序员社区 CSDN 上 600 万用户资料被公开⑤；2013 年，圆通快递近百万条快递单个人信息在网络上公开出售；2014 年，130 万条考研报名数据被曝在网上打包销售；2016 年，济南 20 万儿童信息被打包出售，信息精确到家庭门牌号⑥。

法律缺失、无法可依是个人信息违法活动猖獗的原因之一。在《网络安全法》出台之前，相关管理部门虽然制定并颁布了多个网络信息安全的规定和办法，但立

① 向定杰.《中国网民权益保护调查报告 2016》发布　网民被侵权人均经济损失超百元［EB/OL］. http://www.xinhuanet.com/2016-06/23/c_1119101828.htm.

② 刘峣.保护公民信息安全　中国在行动［N］.人民日报（海外版），2017-06-05（5）.

③ 补天平台发布安全报告：60.5 亿条个人信息存泄露风险［EB/OL］. http://it.chinanews.com/it/2017/03-30/8187531.shtml.

④ 卢泽华.《网络安全法》实施　倒卖信息可入罪　新法为个人信息穿上铠甲［N］.人民日报（海外版），2017-06-14（8）.

⑤ 国内最大程序员社区被黑 600 万条账号密码被公开［EB/OL］. http://news.163.com/11/1222/06/7LSORDLB00014AED.html.

⑥ 20 万儿童信息被打包出售！信息精确到家庭门牌号！［EB/OL］. http://new.163.com/16/0408/02/BK3IH8M800014AEE.html.

法层级比较低，对一些网络安全违法行为界定不清晰，处罚力度不够，缺乏足够的威慑力[①]。

2017 年 3 月 15 日第十二届全国人民代表大会第五次会议通过《民法总则》，首次从民事基本法层面提出个人信息权，并明确了个人信息保护的基本行为规范：“自然人的个人信息受法律保护。任何组织和个人需要获取他人个人信息的，应当依法取得并确保信息安全，不得非法收集、使用、加工、传输他人个人信息，不得非法买卖、提供或者公开他人个人信息。”

针对个人信息保护的“痛点”，《网络安全法》在信息收集使用、网络运营者应尽的保护义务等方面提出了明确要求：网络运营者收集、使用个人信息，应当遵循合法、正当、必要的原则，公开收集、使用规则，明示收集、使用信息的目的、方式和范围，并经被收集者同意。不得收集与其提供的服务无关的个人信息，不得违反法律、行政法规的规定和双方的约定收集、使用个人信息，并应当依照法律、行政法规的规定和与用户的约定，处理其保存的个人信息。《网络安全法》同时规定，个人发现网络运营者违反法律、行政法规的规定或者双方的约定收集、使用其个人信息的，有权要求网络运营者删除其个人信息；发现网络运营者收集、存储的其个人信息有错误的，有权要求网络运营者予以更正。网络运营者应当采取措施予以删除或者更正。

与《网络安全法》相呼应，同日施行的《最高人民法院、最高人民检察院关于办理侵犯公民个人信息刑事案件适用法律若干问题的解释》也规定，非法获取、出售或者提供行踪轨迹信息、通信内容、征信信息、财产信息五十条以上的，非法获取、出售或者提供住宿信息、通信记录、健康生理信息、交易信息等其他可能影响人身、财产安全的公民个人信息五百条以上的，非法获取、出售或者提供前述规定以外的公民个人信息五千条以上的，都应当认定为“情节严重”。

六、执法有据，网络安全执法走向常态

《网络安全法》生效以后，与其相关的执法行为逐渐走向常态。从媒体报道的几个典型案例可以看出，《网络安全法》已成为网络安全涉及的各方面问题的执法依据。

2017 年 7 月 18 日，北京市网信办依法约谈搜狐、网易、凤凰、腾讯、百度、

① 喻思娈．为个人信息加把“锁”［N］．人民日报，2017－06－02（20）．

今日头条、一点资讯等网站负责人，责令网站立即对自媒体平台存在的“曲解政策　违背正确导向”“无中生有　散布虚假信息”“颠倒是非　歪曲党史国史”“格调低俗　突破道德底线”“惊悚诱导　标题党现象泛滥”“抄袭盗图　版权意识淡薄”“炫富享乐　宣扬扭曲价值观”“题无禁区　挑战公序良俗”等八大乱象进行专项清理整治。

重庆市公安局8月1日通报该市查处的第一起违反《网络安全法》的行政案件。某科技发展有限公司在提供互联网数据中心服务时，存在未依法留存用户登录相关网络日志的违法行为，决定给予该公司警告处罚，并责令限期十五日内整改。警方表示，网络日志留存是公安机关依法追查网络违法犯罪的重要基础和保证，大量互联网信息安全隐患和基于此的违法犯罪行为都是因为访问日志留存规范不健全，才让违法犯罪分子乘虚而入。

8月上旬，国家网信办指导北京市、广东省网信办分别对腾讯微信、新浪微博、百度贴吧立案，并依法展开调查。经初查，3家网站的微信、微博、贴吧平台分别存在有用户传播暴力恐怖、虚假谣言、淫秽色情等危害国家安全、公共安全、社会秩序的信息。3家网站平台涉嫌违反《网络安全法》等法律法规，对其平台用户发布的法律法规禁止发布的信息未尽到管理义务。

8月11日，北京市和天津市网信办联合约谈了李文星之死的直接涉事招聘网站——BOSS直聘的法定代表人，要求该网站整改网站招聘信息。经查，BOSS直聘在为用户提供信息发布服务过程中，违规为未提供真实身份信息的用户提供了信息发布服务，且未采取有效措施对用户发布传输的信息进行严格管理，导致违法违规信息扩散。BOSS直聘的上述问题已违反《网络安全法》第二十四条、第四十八条规定。

浙江省网信办8月17日发布消息称，经核查，淘宝网部分店铺存在售卖破坏计算机信息系统工具、售卖违禁管制物品、贩卖非法VPN工具、贩卖网络账号等突出问题；同花顺金融网、配音秀网存在导向不正、低俗恶搞等有害信息；蘑菇街互动网、虾米音乐网存在违法违规账号注册等问题。浙江省网信办表示，上述平台和网站未能切实履行网上信息内容管理主体责任，未能对用户发布的禁止性信息尽到监管义务，其行为违反了《网络安全法》《互联网信息服务管理办法》《互联网用户账号名称管理规定》等法律法规，责令5家网站立即开展自查自纠，全面清理有害信息，关闭相应违规账号。

8月17日，海南省网信办约谈天涯社区、凯迪网络网站负责人。两家网站均存在用户传播淫秽色情、低俗媚俗等违法和不良信息情况，网站未能切实履行网上信息内容管理主体责任，未能对用户发布的禁止性信息尽到监管义务，其行为违反了《网络安全法》《互联网新闻信息服务管理规定》等法律法规。海南省网信办向两家网站提出严厉批评，责令网站限期整改。

8 月 17 日，柳州市网信办依法约谈“舌尖上的柳州”微信公众号负责人韦某、“柳州播报”微信公众号负责人温某，对两家微信公众号存在的违法违规行为提出严厉批评，并责令其限期整改。此次约谈“舌尖上的柳州”是因为其为追求广告的点击量和关注度，使用低俗标题吸引眼球，文中存在导向不正、低俗恶搞等有害信息，格调低下，造成不良社会影响。而“柳州播报”是因为未取得互联网新闻信息服务资质，未经授权许可，多次违规转载新闻单位、网站的新闻资讯及原创信息，扰乱互联网新闻传播秩序。

《网络视听节目内容审核通则》评析

2017 年 6 月 30 日，中国网络视听节目服务协会对外发布《网络视听节目内容审核通则》（以下简称《通则》），这是网络视听节目内容治理的一部重要自律文件。下面主要是通过对《通则》与其他针对网络内容服务治理的规范性文件的比较分析，对《通则》的变化、意义等做出阐释，以此揭示我国当前针对网络视听节目内容的治理现状，尤其是对网络视听节目内容治理中的几个重要问题展开讨论。

一、网络视听节目内容治理规范的现状及其评价

（一）自律规范视野中的《通则》

《通则》中提到该文件出台后，2012 年 7 月 13 日中国网络视听节目服务协会理事会通过的《网络剧、微电影等网络视听节目内容审核通则》同时废止。由此可见这两个文件之间的关联。事实上，对这两个文件都有指导意义的是 2012 年就已发布的《中国网络视听节目服务自律公约》，前述两个文件都是《中国网络视听节目服务自律公约》的实施细则。此次出台的《通则》有以下一些特点：

1. 对于“网络视听节目”这一管理对象的界定更加深入、具体

《中国网络视听节目服务自律公约》第六条指出，“积极生产制作和传播内容健康、形式新颖、生动活泼、贴近受众的网络视听节目，包括网络剧、微电影、影视类动画片、纪录片等”。可见，网络视听节目主要是指网络剧、微电影、影视类动画片、纪录片等。学者们对于“网络视听节目”概念则有更加具体的界定。“对网络视听节目及传播的监管，所指的节目具体包括 IPTV、网络广播电视、手机电视、

视频网站及其客户端、线上广播电视信号、移动在线音视频服务（不含 CMMB），主要的特点是不通过广电网络传输，具有集成和传输视音频节目能力，具有一定媒体属性。概括来讲，基于数字技术和互联网技术，可以集成视听节目，特别是具有媒体属性的形态的都是监管对象。从操作层面来说，政府对持证网站所有可以供用户观看的视听节目进行监管。”① 网络视听节目类型众多，学者们认为“所涉及到的内容类别主要包括新闻类、影视剧类、分众类、UGC 类”②。此次制定的《通则》第二条指出，“本通则所称网络视听节目，具体包括：（一）网络剧、微电影、网络电影、影视类动画片、纪录片；（二）文艺、娱乐、科技、财经、体育、教育等专业类网络视听节目；（三）其它网络原创视听节目”。在该文件中，对于网络视听节目的划分更加具体，主要分为两类：一类是网络剧、微电影、网络电影、影视类动画片、纪录片等一般性的网络视听节目；一类是文艺、娱乐、财经等专业类的网络视听节目。而这主要是从网络服务内容形态角度所进行的分类，与前述学者所做的分类大体一致。

2017 年 4 月 7 日，总局发布《国家新闻出版广电总局关于调整〈互联网视听节目服务业务分类目录（试行）〉的通告》。《通告》显示，为适应互联网视听节目服务行业发展需要，根据《互联网视听节目服务管理规定》（广电总局、信息产业部令第 56 号）的规定，总局对 2010 年 3 月 17 日发布的《互联网视听节目服务业务分类目录（试行）》（以下简称《分类目录》）进行了调整。《分类目录》将互联网视听节目服务分为四类。第一类互联网视听节目服务（广播电台、电视台形态的互联网视听节目服务）：（一）时政类视听新闻节目首发服务；（二）时政和社会类视听节目的主持、访谈、评价服务；（三）自办新闻、综合视听节目频道服务；（四）自办专业视听节目频道服务；（五）重大政治、军事、经济、社会、文化、体育等活动、事件的实况视音频直播服务。第二类互联网视听服务节目：（一）时政类视听新闻节目转载服务；（二）文艺、娱乐、科级、财经、体育、教育等专业类视听节目的主持、访谈、报道、评价服务；（三）文艺、娱乐、科级、财经、体育、教育等专业类视听节目的制作（不含采访）、播出服务；（四）网络剧（片）的制作、播出服务；（五）电影、电视剧、动画片类视听节目的汇集、播出服务；（六）文艺、娱乐、科级、财经、体育、教育等专业类视听节目的汇集、播出服务；（七）一般社会团体文化活动、体育赛事等组织活动的实况视音频直播服务；第三类互联网视听

① 赵敬，谷干．网络视听行业的政府监管现状及建议：以北京市为例［J］．声屏世界，2014（9）．

② 同①．

节目服务：（一）聚合网上视听节目的服务；（二）转发网民上传视听节目的服务。第四类互联网视听节目服务（互联网视听节目转播类服务）：（一）转播广播电视节目频道的服务；（二）转播互联网视听节目频道的服务；（三）转播网上实况直播的视听节目的服务。应该说，从事与内容相关的网络视听节目服务的具体类型，主要包括制作、转载、平台服务三种。这份政府文件对于网络视听节目服务的分类是较为完整的。不过，《通则》对于网络视听服务从内容角度所做的专业类与非专业类的划分，则更有利于建构针对不同内容的差异化管理模式和制度。

2. 对于有害内容的规定更加全面、详细

通过与《中国网络视听节目服务自律公约》的对比，可以发现，《通则》是对《自律公约》与时俱进的调整和完善。一方面，在有害内容的规定上更加全面，可操作性更强。比如在第八条中做了如下规定："（五）渲染恐怖暴力，展示丑恶行为，甚至可能诱发犯罪"部分，增加了"对真假、善恶、美丑的价值判断模糊不清，混淆正义与非正义的基本界限"等内容的审核要求；"（八）歪曲贬低民族优秀文化传统"中新增加了"违背基本史实，为已有定论的历史人物、历史事件'翻案'，或为尚存争议的历史人物、历史事件'正名'""对历史尤其是革命历史进行过度娱乐和游戏式表现"等审核要求，文件要求网络视听节目中如果含有该类内容或情节的，应予以剪截、删除后播出。这体现了新时期对于网络视听节目的更高要求。

另一方面，在管理制度上，明确提出坚持先审后播、审核到位原则。《中国网络视听节目服务自律公约》中对于内容的把关，提出了三项基本要求，包括内容"先审后播"制度、总编辑负责制度以及安全保障制度。第十一条要求，"加强内部管理，完善相关制度：（一）实行网络视听节目内容总编辑负责制度；（二）实行节目内容先审后播制度，建立和完善快速处理响应机制；（三）充实管理人员、内容审核人员和技术人员，建立和完善安全保障制度"。而《通则》则对于内容审核制度做出了更为详细的规定。一、先审后播原则：互联网视听节目服务相关单位应建立内容播前审核制度、审核意见留存制度及工作程序，配备与业务发展需要相适应的审核员，及相应的审看设施。互联网视听节目服务相关单位播出的网络视听节目必须经过审核员审核认定。二、审核到位原则：1. 审核员审核节目时应完整审看包括片头片尾在内的全部内容，不得快进和遗漏，每部网络剧、微电影、网络电影、影视类动画片、纪录片应由不少于三人的审核员审核，每期（条）专业类网络视听节目应由不少于两人的审核员审核。2. 审核员应客观、公正地提出书面的节目审核意见，审核意见应明确指出需要修改的问题、是否同意播出，并说明理由。

3. 审核员应具有高度的社会责任感、较高的文化修养、良好的职业道德，熟悉国家相关法律法规、方针政策；审核员应经过节目内容审核业务培训，考核通过后从事节目内容审核工作。

(二)《通则》与相关行政规范之间的关系

自律规范是法律规范的重要补充，网络视听节目内容的治理同样离不开自律与他律的结合。近年来，行政机关出台的网络视听节目服务监管规范中，许多都涉及对于网络视听节目内容的监管。2008 年起施行的《互联网视听节目服务管理规定》中第十六条要求，“互联网视听节目服务单位提供的、网络运营单位接入的视听节目应当符合法律、行政法规、部门规章的规定。已播出的视听节目应至少完整保留 60 日”。并且，该条规定了十种不得传播的内容，这为网络视听节目内容的审核明确了监管要求。第二十三条中还规定了处罚措施，“（三）未建立健全节目运营规范，未采取版权保护措施，或对传播有害内容未履行提示、删除、报告义务的”，“由县级以上广播电影电视主管部门予以警告、责令改正，可并处 3 万元以下罚款；同时，可对其主要出资者和经营者予以警告，可并处 2 万元以下罚款”。《通则》的制定所根据的就是《互联网视听节目服务管理规定》，其目的是更好地落实行政法规中对于网络视听内容监管的总体要求。与行政法规相比，自律规范可以发挥独特的作用。2008 年完成的《中国互联网视听节目自律准则（建议稿）》中就曾提出，“本准则倡导自我约束，对互联网视听服务提供者不具强制力。对于本准则的认可与执行，将降低互联网视听节目服务提供者制作、复制、发布与传播互联网视听节目的法律风险，并有利于提高这些节目的品位”。这段话对于同样是行业自律规范的《通则》而言，也是适用的。《通则》出台的意义和功能主要体现在：一是，对于网络服务平台不许传播的网络视听节目内容的规定更为具体，内容更丰富；二是，从处罚措施上，完善了制裁手段，做到了与行政处罚的有效衔接。《通则》第十四条规定，“互联网视听节目服务相关单位因违反本通则的规定，协会将视情节严重程度，对该机构以及直接责任人员进行通报批评、向全行业及社会公开；情节恶劣的，取消会员资格；涉嫌违法违规的，报告主管部门依法依规予以查处”。

此外，几乎与《通则》同时颁布的规范性文件《关于进一步加强网络视听节目创作播出管理的通知》（2017 年 5 月 16 日）（以下简称《通知》），与《通则》之间的“对应”关系体现得更为明显。《通知》中对于网络视听节目内容的监管提出了六个方面的原则性要求，包括弘扬社会主义核心价值观、坚守审美底线、规范使用国家通用语言文字、“一个标准、一把尺子”、把关制度、依法监管等。而《通则》

中无论是对于专业类网络视听节目或者是其他网络视听节目，都要求符合“政治导向、价值导向、审美导向”，为实现这些要求，《通则》还制定了更为明确的、具有可操作性的标准。

二、网络视听节目服务内容的治理逻辑及其核心问题

1. 通过建构科学、合理的规范体系，平衡秩序与自由之间的关系

网络视听节目内容规范体系建构的目标是保障网络传播活动的健康、有序发展。然而，如何划定网络表达的范围，这是规范制定所需要考虑的重要问题。《通则》甫一推出，其中的一些内容就引发了社会的争论[①]。网络视听节目服务的发展速度非常快，特别是从被称为网络直播元年的 2016 年以后，网络视听节目内容在网络空间中的传播影响力越来越大。与此同时，一些网络视听节目内容中也出现了价值扭曲、娱乐至上、内容低俗、品质低劣、格调低下、语言不规范等问题，这些网络视听节目传播中的“乱象”需要引导与整治。但是，关键问题是对这些问题应当如何治理？从规范角度而言，既需要满足维护社会秩序的需要，同时，也应保障网络表达的权利。对于网络内容的规制或治理而言，如何处理好二者之间的关系，难度不小。一般来说，在化解此类冲突和矛盾时，考虑到社会成本，会更加注重伦理规范的自律效果，它往往比依靠法律规范更为有效。对于网络视听节目服务内容的管理，虽然行政法规扮演着重要的角色，但是，它适用的范围会更小，而对于大多数有害内容的治理，需要借助自律规范加以约束。自律规范由于涉及对于相关利益的剥夺或者是权利的限制，还因其具有的巨大的社会示范、引导功能，其内容往往也会引发社会的关注与争议，因此，其意义也不容小觑。这就需要规范在制定过程中，尽可能地寻求社会共识，以减少出台后面临的社会压力。有文章按性质将伦理规范分为三类：第一类，即引导型，是指鼓励职业从业者奋斗的理想声明；第二类，即教育型，对伦理条款进行广泛的评论和解释，帮助成员处理职业实践中出现的伦理问题；第三类，即管理型，通过系统的监视和制裁措施的应用来达到强制执行的效果[②]。在规范性文本的制定中，那些具有更大社会共识的内容应上升为管理

---

① 比如，李银河《对〈网络视听节目内容审核通则〉的两点分析》一文，指出《通则》第六节“渲染淫秽色情和庸俗低级趣味”所禁止内容的分析指出，该条可能限制艺术家的创造自由以及性少数族群公民受宪法保护的性爱自由权利。李银河．对《网络视听节目内容审核通则》的两点分析［EB/OL］．［2017－07－01］．http：//news. ifeng. com/a/20170701/51352749 _ 0. shtml.

② 高颖．谈信息伦理守则与《中国互联网视听节目服务自律公约》的修订［J］．情报探索，2010（7）.

型规范，而那些可能引起争议、认识尚未统一的内容应作为引导型和教育型规范。管理型规范应尽可能具体、明确，以确保其在实践中具有可操作性。而引导型和教育型规范，并不如前者要求严格，主要发挥方向引领和倡导的功能。所以说，在伦理规范的制定中，需要将模糊性与精确性相结合，以此，使得规范更符合实际的需要。通过区分不同的规范类型，可以使得其相互配合，在确保网络视听节目服务内容的健康、有序发展中形成合力。《通则》中有许多发挥引导、倡导功能的规范内容。比如，第三章就有对于网络视听节目服务内容的导向要求。该章第六条就提出，“互联网视听节目服务相关单位应坚持正确的政治方向，围绕中心，服务大局，坚持‘二为’方向和‘双百’方针，努力传播体现当代中国价值观念、体现中华文化精神、反映中国人审美追求，思想性、艺术性、观赏性有机统一的优秀作品”。具体内容主要包括：“……坚持以现实题材为主，贴近实际、贴近生活、贴近群众，记录时代发展和社会进步；……（六）努力讲好中国故事，弘扬中国精神，凝聚中国力量，为实现中华民族伟大复兴的中国梦作出贡献……”。当然，《通则》最大的特点还在于其管理型规范更加全面、明确。“全文的重头戏，是节目内容的审核标准，包含网络视听节目八项禁止内容，十项需剪截、删除的内容，以及专业类网络视听节目应有的导向要求和额外的禁止内容。通读完这些标准会发现，《通则》规范的内容有较强的现实针对性，要求得很具体。”① 由此就不难看出，《通则》的出台，表明对于网络视听节目内容行业管理的要求更高，管理也更明确、更严格了。

中国网络视听节目服务协会成立于2011年8月19日，是民政部批准成立的国家一级协会，也是我国网络视听节目服务领域唯一的国家级行业性组织，现有会员单位714家。由于其在行业中的特殊地位及其影响力，成为其会员也就会享有相关的利益。因此，其作用的发挥或者优势从根本上来说，还是通过各种形式鼓励、引导行业的健康发展。“面对海量视听节目与有限监管能力的矛盾，需要坚持‘以人为主’，有限力量不应消耗在节目盘查中，而应放在经营主体上。解决节目的问题，本质是解决经营主体的问题。‘十一五’期间，北京网络视听节目服务单位由2005年12家发展到124家，增加了十倍多。北京市广电局对违规网站进行诫勉谈话，同时向上级部门争取资金，鼓励网站优秀节目的创作。”② 依靠网络视听节目自身质量的提升，减少或消除有害内容的生产制作，这是从根源上阻断问题发生的解决之策。

---

① 叶观晨．《网络视听节目内容审核通则》透露什么行业风向？［EB/OL］．［2017－07－04］．http：//media. people. com. cn/GB/n1/2017/0704/c40606－29382415. html.

② 赵敬，谷干．网络视听行业的政府监管现状及建议：以北京市为例［J］．声屏世界，2014（9）.

2. 技术与治理手段之间的博弈影响规范体系的建构

任何类型规范的制定都需要适应实际，也应根据实际的变化而变化。互联网技术日新月异，技术的急速变化导致规范的变动，这也是互联网领域相关规范的一大特征。网络视听节目内容在技术创新的带动下，出现了许多新的形态，主要分为原创类和转发类两种，而转发类网络视听节目在网络空间中占据多数。有人提出，当前专事网络视听节目集成传播的网络视听节目服务有以下几种具体形态：（1）专业视频分享网站；（2）综合性网站的视听服务；（3）P2P 网络电台、电视台和影视作品发布、共享平台；（4）影视论坛；（5）视频搜索①。因此，网络视听节目内容的治理，就需要从网络视听节目内容出现的各种形态出发，制定合理的规范。也就是说，需要处理好重点监管与一般性监管之间的关系。

当前，传播平台融合的速度越来越快，平台在内容形态和服务功能上呈现出一种“聚合”发展的态势，这也就导致平台本身的差异或者重要性在降低，而“舆论动员能力”成为平台新的特征与评价指标。“舆论动员功能”是包括网络视听节目内容及其他互联网内容传播平台的“最大公约数”。有人还提出这样的网络视频内管理对策，“应当从传播效果和影响力的角度，采取‘力保头部、兼顾长尾’的思路。不管产品形态如何创新，从传播效果来看，仍然会出现少数媒体传播影响力大，同时呈现出长尾效应的情况。头部的节目具有影响力强、及时性强、扩散力强的特点，有限的监管力量更应该投入到头部的节目内容中，如网站首页、微博大号、热点节目、新增节目都应该是监管的重点；长尾部分的节目虽然也在一定人群、一定时间内传播，但由于其热度不大、位置隐蔽，因此应该分类型梳理，总结出其传播的规律，有针对性地侦测这类节目，同时广泛接受社会举报，保持对长尾部分违规节目的压力”②。这实质上是从互联网技术及网络视听节目发展的实际出发，所采取的一种较为务实的治理策略。另外一种治理思路是，根据网络视听节目传播中“舆论动员”主体、内容生产方式的不同，可以将网络视听内容服务的治理对象区分为参与网络视听节目内容生产的服务平台（包括制作和转发）以及具有“舆论动员功能”的所有其他网络视听服务平台（并不参与内容生产的服务机构）这两类。根据两类网络视听内容服务的作用差异，对前者设置更大的管理和注意义务，对于后者则可以减轻其管理义务。而这也是当前网络内容治理的普遍做法。这两种思路都体现了从现实出发的差异化治理策略。同时，对于网络视听节目内容的

① 黄为群．关于互联网视听服务的内容监管［J］．中国广播电视学刊，2008（9）．

② 赵敬，谷干．网络视听行业的政府监管现状及建议：以北京市为例［J］．声屏世界，2014（9）．

审核，虽应按照要求全部进行事先审核，但在审核的方法上需要结合具体情况，合理取舍。2009 年，广电总局公布了《关于加强互联网视听节目内容管理的通知》，第三条要求，“互联网视听节目服务单位要完善节目内容管理制度和应急处理机制，聘请高素质业务人员审核把关，对网络音乐视频 MV、综艺、影视短剧、动漫等类别的节目以及‘自拍’、‘热舞’、‘美女’、‘搞笑’、‘原创’、‘拍客’等题材要重点把关，确保所播节目内容不违反本通知第一、二条规定。同时，对网民的投诉和有关事宜要及时处置”。这体现了广电总局对于所有网络视听节目都要“事前审核”的要求。这种政策层面对于网络视听节目“趋紧”的导向，从近期大量的相关案例中也都能感受到。2017 年 6 月 25 日，哔哩哔哩弹幕视频网（俗称 B 站）发布公告称：应国家相关政策规定要求，从 7 月 5 日开始，UP 主上传视频内容需通过实名验证方可编辑视频稿件。6 月 28 日，新浪微博发布三条整改措施，内容涉及清理上传时政类视听节目的账号，屏蔽不合规定的电影、电视剧以及网络剧等，关闭超过 15 分钟以上的长视频上传功能。显然，仅仅依靠人工手动对海量网络视听节目逐一完成播出之前的审核，这是十分困难的，因此，需要根据网络视听节目的传播规律，重点施策。内容审核原则的落实中，往往需要通过“人机合一”全面、动态的监测和审核方式来实现。

三、网络视听节目管理的理念与制度反思

《通则》的主要特征和价值在于：一方面在区分专业类网络视听节目与其他视听节目的基础上建立起了相应的内容审核的制度；另一方面，针对网络视听内容，制定了详细、具体的审核标准。《通则》的发布，将会对网络视听节目内容的传播产生积极的影响。不过，仍需要强化针对网络视听节目内容不同形态的差别化管理思路，并且，进一步优化管理制度。

1. 通过观念创新，优化对网络视听节目服务平台的管理

《通则》将网络视听节目分成三类：“（一）网络剧、微电影、网络电影、影视类动画片、纪录片；（二）文艺、娱乐、科技、财经、体育、教育等专业类网络视听节目；（三）其它网络原创视听节目。”这实际上包含了“持证网站所有可以供用户观看的视听节目”。第四条规定，“本通则所称内容审核，是指从事互联网视听节目服务相关单位在播出网络视听节目前，对拟播出的视听节目作品和用于宣传、介绍作品等目的而制作的图文及视频内容的审核”。从中可以看出，《通则》明确了针对网络视听节目的“事前审核”原则。不过，从其对于“事前审核”的具体要求来

看，它实质上是一种对于网络视听节目的“静态”管理模式。根据网络视听节目的传播规律，网络视听节目的影响力的形成，除了内容以外，还与“传播”有很大的关系。网络视听内容的管理需要有动态、灵活的治理思维，也就是说，网络视听节目规范体系的建构要包含“内容”＋“影响力”两大部分。特别是，《通则》在针对在网络视听节目传播中发挥重要作用的网络视听服务平台的管理时，需要根据其特征，设置特殊的管理制度。这就需要全面、实时、动态、系统的管理模式，以及多样化的管理制度与之相配合。“网站采用已经播出的广播电视节目，因较完善的管理机制得以保证质量；而网站自制节目、从影视公司购买的节目或者网友上传的节目，由于在生产环节缺少传统的过滤机制，造成了播前审核的‘大堵车’。也有内容管理机制不健全的原因。内容管理是融媒体时代的重中之重，现有媒介融合管理机制还没有理顺，将内容管理之责系于审核一环，使审核员担负不能承受之重。”① 因此，对于网络视听服务平台事前的节目审核，应采取“人机合一”的办法，主要还是依靠技术手段的不断提高，加强对网络视听节目播出前的把关。此外，除了事前的内容审核，还需要加强传播过程的监管。“互联网视听节目技术监控系统建设的目标是，根据网络视听服务管理的总体要求，以视听节目内容监管策略为引导，建立覆盖全网的搜索系统，实现音视频搜索关键技术的突破，快速完成对有害节目及节目源的发现。”② 所以说，只有依靠全面、实时、动态的监测和管理思路，将人工审查与技术手段相结合，才能实现融合媒体时代对于网络视听内容，特别是对于UGC类节目传播内容的有效监管。

2. 网络视听节目内容审核的标准应更明确，制度应更完善

首先，《通则》最大的特色是进一步明确了网络视听节目，特别是专业类网络视听节目的内容审核标准，有利于实现网络视听从业者对于网络视听节目的自我监管，促进“政治、价值、审美”导向目标的落实。不过，《通则》中除了已经确立的内容审核制度，还可以不断探索和丰富相关的管理制度。《中国网络视听节目服务自律公约》第十一条提出，“加强内部管理，完善相关制度”，主要包括三项制度：“（一）实行网络视听节目内容总编辑负责制度；（二）实行节目内容先审后播制度，建立和完善快速处理响应机制；（三）充实管理人员、内容审核人员和技术人员，建立和完善安全保障制度。”《互联网视听节目服务管理规定》中还规定了，对传播有害内容履行提示、删除、报告义务。从动态、全面、系统的管理理念出

① 叶林峰．网络视听节目审核员制度的完善［J］．中国广播电视学刊，2015（6）．

② 黄为群．关于互联网视听服务的内容监管［J］．中国广播电视学刊，2008（9）．

发，应进一步合理优化这些基本的管理制度。

其次，《通则》对于网络视听内容的审核，对审核的范围（要素）以及先审后播、审核到位两大基本原则都做出了明确的要求，但是，一些标准仍存在过于“主观化”的问题。比如，《通则》指出，“具体审核要素包括：（一）政治导向、价值导向和审美导向；（二）情节、画面、台词、歌曲、音效、人物、字幕等”。在先审后播原则中提出了“播前审核”“审核意见留存”等要求。第五条第一款规定，“互联网视听节目服务相关单位应建立内容播前审核制度、审核意见留存制度及工作程序，配备与业务发展需要相适应的审核员，及相应的审看设施。互联网视听节目服务相关单位播出的网络视听节目必须经过审核员审核认定”。显然，相比于之前仅要求视频网站自审，这一要求已经发生了较大的变化。而且，在审核到位原则中详细列举了“三大内容”①。不过，对于内容的审核制，有人对其可能遇到的问题表达了担忧。“审核标准难以统一尺度。审核标准理论化太强，面对具体节目不知从何下手，或者发现问题不知如何裁量。尤其是三俗、色情、暴力等标准如何界定，个人主观性大。”② 这实质上也对审核员的素养提出了更高要求。“特别是审核标准本质上是主观的，即使人为设定一些指标，对于审核尺度的把握仍需培养一种感觉，建立内心的尺度。”③ 因此，确保网络视听内容审核标准的统一，还需要通过学习培训、资格认证等方式提升内容审核员的能力和专业水准。

再次，《通则》中网络内容审核标准的相关规定，还可以进一步优化。第四章“节目内容审核标准”中采取“总—分”的模式对所有的网络视听节目内容审核标准做出了要求。第四章中的第七条总体上规定了对于互联网视听节目服务相关单位要坚持正确的政治导向、价值导向和审美导向以及禁止制作、播放的网络视听节目在内容上的八项要求。在第八条中又详细地规定了“网络视听节目中含有下列内容或情节的，应予以剪截、删除后播出；问题严重的，整个节目不得播出”的十项内容。相比较于专业类网络视听节目的审核要求，这部分的十项内容都更加具体。比如，其第十项的具体内容是“法律、法规和国家规定禁止的其他内容”，具体包括：“1. 违反国家有关规定，公开展示某专项工作的内部制度、程序；2. 可能引发国际

---

① “三大内容”具体是指：“1. 审核员审核节目时应完整审看包括片头片尾在内的全部内容，不得快进和遗漏，每部网络剧、微电影、网络电影、影视类动画片、纪录片应由不少于三人的审核员审核，每期（条）专业类网络视听节目应由不少于两人的审核员审核。2. 审核员应客观、公正地提出书面的节目审核意见，审核意见应明确指出需要修改的问题、是否同意播出，并说明理由。3. 审核员应具有高度的社会责任感、较高的文化修养、良好的职业道德，熟悉国家相关法律法规、方针政策；审核员应经过节目内容审核业务培训，考核通过后从事节目内容审核工作。”

② 叶林峰. 网络视听节目审核员制度的完善 [J]. 中国广播电视学刊，2015（6）.

③ 同②.

纠纷或造成不良国际影响；3. 违反国家有关规定，滥用、错用特定标识、呼号、称谓、用语；4. 节目中的产品和服务信息植入违反国务院广播影视行政部门有关规定；5. 破坏生态环境，虐待动物，捕杀、食用国家保护类动物的内容；6. 侵犯个人隐私内容；7. 以抄袭、剽窃或未经许可翻拍等方式侵犯他人知识产权的节目；8. 从事损害我国国家尊严、荣誉和利益，危害社会稳定，伤害民族感情等活动的组织和个人制作或参与制作的节目；9. 其他有违法律、法规和国家规定的内容。”不难看出，这部分的内容审核标准十分详细，这体现的也就是该文件的最大特色，即内容审核的可操作性大大增强。可以说，相对于之前的《网络剧、微电影等网络视听节目内容审核通则》，《网络视听节目内容审核通则》中的内容审核标准，进行了大幅度的调整。这种调整，一方面使得内容审核的标准更加丰富，另一方面，也对一些过于笼统的标准进行了删减，以确保审核标准的明确与可操作性[①]。但是，通过比较《中国互联网视听节目自律准则（建议稿）》中“节目内容准则”部分的内容安排，就会发现其结构较《通则》更加清晰、合理。比如，《通则》将“（九）危害社会公德，对未成年人造成不良影响的”中与未成年人相关的内容混合在一起，在合理性方面就有所欠缺。而《中国互联网视听节目自律准则（建议稿）》从真实、灾难、家庭、生活方式等不同角度对审核内容进行划分，这样的划分更加新颖，也更易于记忆和传播。

最后，由于网络视听内容的审核中规定了处罚措施，因此，也应进一步完善对于受罚主体的权利救济和保障途径。《通则》在“罚则”部分即第十四条中指出，“互联网视听节目服务相关单位因违反本通则的规定，协会将视情节严重程度，对该机构以及直接责任人员进行通报批评、向全行业及社会公开；情节恶劣的，取消会员资格；涉嫌违法违规的，报告主管部门依法依规予以查处”。特别是对于其中处罚较重的将会“取消会员资格”“报告主管部门依法依规予以查处”，这些规定实施的具体程序，以及申诉、救济程序，还可以做出更为详细的规定。

---

① 《网络视听节目内容审核通则》的 26 处变化都在这里了！［EB/OL］．［2017－07－04］．http：//www.jcrb.com/yszx/gdtp/201707/t20170704_1772986.html.

网络服务商个人信息保护制度的缺陷及其完善

——以新浪微博诉脉脉案为例

一、案件背景及其争议问题

2017年1月11日，媒体报道称，“脉脉非法抓取使用新浪微博用户信息”案在北京知识产权法院终审宣判。法院驳回了脉脉的上诉，维持原判。这一事件的发展脉络是，2015年3月，新浪集团所属的北京微梦创科网络技术有限公司（简称微梦公司）以非法抓取、使用微博用户信息等原因为由，将负责脉脉软件及脉脉网站的共同经营者——北京淘友天下技术有限公司、北京淘友天下科技发展有限公司（互为关联公司，以下合称淘友公司）起诉至法院索赔千万元。海淀法院一审判决被告停止不正当竞争，并赔偿原告经济损失等220余万元。后因对一审判决不服，淘友公司提起上诉。2016年10月10日，该案二审开庭，12月3日二审驳回上诉，维持原判①。该案件的争议焦点是脉脉对新浪微博上用户个人信息的收集、使用行为是否违法。通过该案的审理，二审法院最终认定淘友公司非法获取、使用新浪微博的用户数据，并且侵害了用户的个人信息权，因此，认定其属于不正当竞争行为。一、二审过程中双方围绕用户信息权利辩论的重点集中在两个方面：一是，收集用户信息的范围问题②。二是，用户信息的使用

① 为了论述的需要，本文将该案称为新浪微博诉脉脉案。

② 对于用户信息的收集问题，二审法院认为，“从主观状态来讲，上诉人淘友技术公司、淘友科技公司明知自己是基于《开发者协议》从而可以通过Open API获取用户信息，但却无视《开发者协议》的具体内容约定，通过技术手段获得用户数据信息，其主观上具有一定的过错。同时，上诉人淘友技术公司、淘友科技公司对于用户数据信息的获取以技术的最大能力为范围，对技术的应用不加人为理性地控制，不仅忽视双方之间的《开发者协议》约定的内容及Open API合作模式的基本原则，还涉及对于用户数据信息的不当利用”。脉脉与新浪微博不正当竞争纠纷案判决书［EB/OL］.［2017-01-13］. http：//www.ciplawyer.cn/cpwxfbz/126011.jhtml.

问题[①]。

该案的最大特征是，纠纷爆发于用户个人信息的使用阶段，反映出互联网服务提供商（Internet service provider，ISP）在数据的加工、再利用中相关制度规范的缺失，并由此造成了对用户信息权利侵害的后果。案件所暴露出的大数据时代用户信息的获取和使用中侵犯用户信息权利的问题也具有相当的普遍性。该案的审理和宣判，对于推动我国 ISP 用户信息责任制度的完善有一定的积极意义。尤其值得注意的是，判决书确认了数据控制方对于第三方侵害用户信息权利的行为有权提起诉讼。它表明司法机关对于数据使用中由数据转移行为引发的用户信息权利侵害这一突出问题的关注。除此之外，判决书中还提出了加强 ISP 用户数据保护责任的三重授权原则，即明确第三方应用通过开放平台，例如 Open API 模式获取用户信息时应坚持“用户授权”＋“平台授权”＋“用户授权”的三重授权原则。

二、ISP 个人信息保护制度面临的形势与挑战

今天，大数据的应用已相当广泛，影响着社会生活的方方面面，甚至可以说大数据正日渐成为媒体之后的“第五权力”。个人信息保护制度属于网络内容空间治理的组成部分，而且，它也是网络安全的重要内容。不过，个人信息保护制度的建构与其他大数据时代的法律制度相比——比如传统隐私权、名誉权等人格权利的保护制度，又有其独特性。主要体现在：第一，个人信息保护制度中，数据使用一方的力量更为强大，处于绝对强势地位，而数据主体却处于劣势。第二，数据产业的发展很快，涉及的用户信息的保护技术具有相当的复杂性。第三，由于是新型权利，对其性质、内涵认识的变化很快，由此造成用户信息保护制度设计的难度也在上升。第四，在个人信息的收集、加工等数据的“二次利用”过程中，数据的处理主体数量越来越多，处理方式复杂多样，这使得对于主体的法律责任的认定更为困难。第五，由于个人信息保护问题涉及多方的利益，政府在利益平衡中面临艰难的抉择。2015 年 2 月，美国白宫颁布的有关保护数据隐私的立法草案，试图将其 2012 年出台的自愿性的“消费者隐私权利法案”上升为法律，但该立法草案一经公布就引发了不小的争议。2016 年 4 月 14 日，欧洲议会终于投票通过了商讨四年

① 对于用户信息的使用，该案主要涉及讨论了对应关系，特别是用户信息展示方式的问题。由于淘友公司未能向二审法院提供足够的证据证明其所具备的用户信息的“对应”和“展示”是通过协同算法实现的。法院认为淘友技术公司、淘友科技公司获取、使用脉脉用户手机通讯录联系人与新浪微博用户对应关系的行为构成不正当竞争行为。

的《数据保护通用条例》（“General Data Protection Regulation”，GDPR），该条例将在2018年5月25日正式生效。不难看出，大数据时代用户信息的保护问题在监管制度和治理体系的建构方面涉及多方利益的博弈，规范的制定极具复杂性与挑战性。

随着数据处理的复杂程度越来越高，个人信息的界定也将愈发困难，无法再采用固化的定义，而只能根据场景进行具体的判断，这对于个人信息保护的现有制度将会是一种前所未有的挑战。“如美国众多机构及学者所指出，大数据环境下已不存在绝对意义的非个人信息，与此同时信息的性质是动态的，无法脱离具体场景做抽象界定。因此，探究个人信息精准定义的传统思路已不合时宜，以‘不构成个人信息’作为排除法律适用的理由也不再充分。”① 然而，目前我们仍将“敏感信息”与“一般信息”的区分作为建构个人信息保护制度的出发点。基于这种个人信息的分类，有学者提出“两头强化，三方平衡”的理论，主张对敏感信息进行严格的限制，而对于一般信息则主要是推动对其的利用②。所谓的“两头强化”就是将这两类不同性质的信息作为规制的重点。而“三方平衡”所涉及的主体利益是指个人对个人信息保护的利益（核心是人格自由和人格尊严利益）、信息业者对个人信息利用的利益（核心是通过经营活动获取经济利益）以及国家管理社会的公共利益③。这充分体现了个人信息保护涉及的复杂利益关系。此外，信息社会中，公众对个人信息保护的需求在日益提高，个人信息保护的目标根本上是要保障用户的人格自由与人格尊严，ISP数据使用中所要保护的也就是这种广义的用户信息权利，而这恰恰是传统的个人信息保护制度所无法达到的。有人将大数据时代个人信息保护的法律制度之困归纳为几个方面：（1）数据主体对数据的控制权被严重削弱；（2）数据控制者数据垄断不断强化；（3）数据安全风险和数据监控风险增加；（4）“通知—同意”规则难以有效执行；（5）责任追究难度加大④。事实上，这五大问题的存在是导致用户信息权利无法得到很好保障的主要原因。新浪微博诉脉脉案暴露出我国当前个人信息保护制度的不足，由此揭示出针对个人信息保护的制度建设仍需要进一步完善，否则，既无法满足大数据时代公众对于个人信息保护的期待，也无法适应今后大数据行业发展的需要。

---

① 范为．大数据时代个人信息保护的新思路［EB/OL］．［2016-11-10］．http：//news.xinhuanet.com/info/2016-01/29/c_135057434.htm.

② 张新宝．从隐私到个人信息：利益再衡量的理论与制度安排［J］．中国法学，2015（3）.

③ 同②.

④ 黄道丽，张敏．大数据背景下我国个人数据法律保护模式分析［J］．中国信息安全，2015（6）.

三、国外ISP个人信息保护制度的理念革新及发展趋势

2016年4月14日欧洲议会正式通过的《数据保护通用条例》强化了个人数据权的基本权利地位，通过明确规定公众对于数据的知情权、被遗忘权等权利，以便公众能更好地控制个人信息①。而且，法案将数据处理而不是数据的获取作为规制的重点，通过强化ISP对于个人信息保护的主体责任制度，切实保障数据主体的信息控制权。这是这一法案的最大变化。2015年，美国白宫公布了《消费者隐私权利法案（草案）》（“Consumer Privacy Bill of Rights Act of 2015”，CPBR），其中规定了数据使用中ISP应承担的多项社会责任。无论是通过不断完善数据主体的权利或是增设ISP社会责任和义务的方式，国外立法改革的大体方向都是一致的，即由此增强大数据应用中对于用户信息权利的保护。美国、欧盟在个人信息保护制度建设方面的最新动向，主要有三大特点：一是进一步扩大了数据主体的权利，包括确认了其拥有知情权、删除权、可携带权等多项权利；二是将加强数据业者的责任制度作为保护用户数据权利的重要途径，尤其是强调数据使用阶段ISP对于用户信息权利的保障义务；三是适应大数据应用“去中心化”的发展趋势，以实现将ISP这类社会组织的自律作为制度建设的主要途径，这也凸显了对于用户信息权利保障观念和制度的务实、创新。可以说，国外个人信息保护的理念已经进入了新的发展阶段，而这些理念又通过一系列的具体制度来实现。

（一）通过建立隐私评估等制度强化了数据获取阶段数据业者的用户信息保护责任

“知情—同意”原则是一项传统的用户信息保护制度，是ISP数据获取最重要的约束之一。然而，这一制度由于可操作性不强、导致企业负担过重等问题而往往难以在实践中得到落实。随着对于个人信息及其保护制度的新的思考和实践的出现，欧盟、美国的立法更注重采取针对个人信息的灵活、动态、多样化的保护方式，以此实现数据利用和保护的双重目标。有人总结指出，欧美用户信息保护改革法案呈现出一种“场景”与“风险”导向的建构思路，“就欧美立法的对比而言，美国《消费者隐私权利法案（草案）》侧重‘场景’为核心，而欧盟《数据保护通

---

① 吴沈括．欧盟新一代数据保护规则意味着什么［J］．中国信息安全，2016（6）；安生．欧盟批准更加严格数据保护规则保护个人隐私　欧盟终极版“数据保护法案”将生效［J］．信息安全与通信保密，2016（5）．

用条例》则更强调‘风险’为导向”[①]。其中隐私风险评估制度就成为数据业者重要的探索，以期事先规避用户信息权利受到侵害的风险[②]。所谓隐私泄露影响评估是指“依据法律和政策的规定，对组织机构所收集、存储、管理、利用、开放的数据是否对隐私产生影响所进行的全生命周期的、系统的评估过程和结果”[③]。它更具操作性的定义是，“隐私影响评估（PIA）是当前国际通用的工具，通过此普适性的工具，能够将第一方信息收集者和第三方中介统一纳入通用的评估体系，根据个人信息处理行为引发的风险等级确立相应的保护义务，构建大数据环境下多元主体的新秩序”[④]。可见，隐私风险评估的目的在于根据不同的数据应用场景和风险，设定更具针对性的 ISP 内部管理义务，以此实现对个人信息的有效保护。

欧盟《数据保护通用条例》一方面是在原有数据主体相关权利和保障制度基础上进行的改造升级。比如，在原有“知情—同意”原则的基础上，还规定了数据主体的被遗忘权、纠正权、反对权、限制处理权、拒绝权等权利。另一方面是将隐私风险评估机制引入法案当中，强化了 ISP 的主体责任。《数据保护通用条例》第 35 条“数据保护影响评估”第一款就规定，“鉴于一种数据处理方式，尤其是使用新技术进行数据处理，统筹考虑处理过程的性质、范围、内容和目的，（不难得知）这很可能对自然人权利和自由带来高风险。在进行数据处理之前，控制者应当对就个人数据保护所设想的处理操作方式的影响进行评估。一个单一的评估方法也许能够对目前的相似的高风险状况，提供相类似的一组操作方式”[⑤]。不仅如此，该法案在“处理过程的安全性”“控制者的义务”等多个部分也都提到了隐私风险评估制度。第 24 条“控制者的义务”第一款就规定，“考虑到性质、范围、内容和处理的用途以及处理给自然人的权利和自由带来的不同可能性和严重程度的风险，控制者应当实施适当的技术和组织措施，确保能够根据本条例进行处理。这些措施应在必要时进行审查和更新”[⑥]。由此可见，隐私风险评估已成为约束 ISP 履行数据保护义务的一项重要制度，它最鲜明的特征是，ISP 事先采取保护用户信息安全和利益的措施，即根据保护用户信息安全的需要设定多元化的权利保障政策或措施，而政府

---

① 范为．大数据时代个人信息保护的路径重构［J］．环球法律评论，2016（5）.

② SB Adler，NHJ Brown，AM Gilbert，CC Palmer，M Schnyder（2009）. Using a privacy agreement framework to improve handling of personally identifiable information. U. S Patent.

③ 迪莉娅．大数据环境下隐私泄露影响评估研究［J］．情报杂志，2016（4）：142－146.

④ 范为．大数据时代个人信息保护的新思路［EB/OL］．［2016－11－10］．http：//news. xinhuanet. com/info/2016－01/29/c _ 135057434. htm.

⑤ 一般数据保护法案［EB/OL］．［2017－06－12］．http：//ifls. cupl. edu. cn/info/1014/1270. html. http：//ifls. cupl. edu. cn/info/1014/1268. htm.

⑥ 同⑤.

只负责对于ISP隐私风险评估机制等内部政策、制度是否存在及其合规性的外部监督。如果ISP采取了隐私风险评估措施，或者进行了相关的认证，就可以免于承担侵权责任。对于GDPR中的隐私风险评估制度，有人做了如下评价："然而值得一提的是，该条例的一大亮点在于，通过引入风险管理的要素，对数据控制者及处理者的义务采取了差分化的规定，对可能引发高风险的处理行为增加了附加性义务，反之风险程度低时豁免部分义务，为个人信息保护的未来实践及监管昭示了难能可贵的方向。"①

与欧盟不同，美国对于用户信息保护制度的创新则更为重视"场景"导向，即根据用户需求进行数据业者责任制度的重构，以便适应新时期的用户信息保护需要。有人指出，美国的信息隐私权保护更能体现出数据业者对消费者和执法机构的责任，"然而，该原则已超越传统意义上的外部责任。能以实际行动证明其圆满完成了隐私声明的公司定能进一步维系、加强消费者的信任。有必要以公司规模、业务构成以及信息的敏感度为基础建立适当的评估机制，该机制可以成为自我评估的手段，并不需完整的审计"②。已有不少学者指出，大数据时代个人信息保护制度的重构应有更高的标准：一是，以用户主观预期为核心，重构个人信息保护的合理边界。二是，以隐私风险为导向，变目的限定为风险限定。因此，要对对于用户可能造成财产损失、精神侵害等的风险不断地进行评估③。而美国对于个人信息保护的原则充分体现了个人信息保护中用户的主体性以及对其利益的关照。"场景理念从用户的接受度出发，强调合理性标准是个人信息处理符合用户的合理隐私期待，降低隐私风险，而并非僵化地审视与原始目的的'符合性'，就此意义而言，场景理念是对目的限定原则的超越与升华。"④ 通过建立动态的、能够适应不同场景的个人信息保护机制，可以提升数据主体对于ISP信息使用的信任度。由此也就回答了ISP用户信息保护责任制度建构的目的问题。

(二) 通过落实透明原则、第三方责任等制度进一步完善对数据使用阶段个人信息的保护

国外对于个人信息的保护，除建立了隐私风险评估机制、认证制度等制度之外，由于数据的使用阶段而不是获取阶段是ISP责任制度建构以及治理体系完善的

① 范为．大数据时代个人信息保护的路径重构［J］．环球法律评论，2016（5）：92－115.

② 李明发，孙昊．论个人信息隐私权的法律保护：以美国《消费者信息隐私权法案》为例［J］．东北农业大学学报（社会科学版），2015（1）：41－48.

③ 王融．大数据时代，个人信息保护面临变革［N］．中国文化报，2015－06－12.

④ 范为．大数据时代个人信息保护的路径重构［J］．环球法律评论，2016（5）.

重点，特别是针对数据的使用阶段，还通过加强透明性原则、第三方数据使用责任制度的建构等方式，以更好地保护数据主体的个人信息权利。欧盟用户数据保护的新法案体现出对于数据使用透明性原则的强化。《数据保护通用条例》第 15 条“数据访问权”中规定，“数据主体应当有权从管理者处确认关于该主体的个人数据是否正在被处理，以及有权在该种情况下访问个人数据和以下信息……”。这实际上还是以公开、透明的形式加强数据主体对于个人信息的控制权，体现的是对于数据保护透明度原则的重视。也有学者通过对美国《消费者隐私权利法案（草案）》中个人信息保护政策部分的分析指出，“应当明确披露其从第三方获得的个人信息，第三方的身份以及如何使用该信息，这有利于提升消费者信息隐私权保护的透明度。透明度的提升有利于促进保护隐私技术的发展，并鼓励消费者使用该技术维护自身的信息隐私权”①。新的用户信息保护制度对于第三方的数据使用问题也更为关注，尤其重视数据业者之间数据转移过程的制度建构。鉴于大数据时代数据主体之间数据转移、再利用行为的频繁发生，国外用户信息保护制度加强了对于 ISP 在数据反复再利用中的责任设计。“场景与风险导向的新架构不应再苛求将信息的收集、利用保持在最小必要的范围，而更意味着机构必须将个人信息处理所引发的风险控制在实现特定目的所必需的合理水平，即机构对个人信息进行后续利用时，应将其引发的隐私风险降至实现目的的最低水平，个人信息的二次利用不应提升信息原初的隐私风险或给用户带来无法预期的隐私损害。”② 可以说，大数据时代传统的用户信息保护制度中的“目的限定”“信息最小化”原则已受到很大的挑战，特别是对于第三方数据使用的约束急需新的理念和方法。

四、我国 ISP 个人信息保护制度的问题分析

（一）个人信息司法保护的不足——新浪微博诉脉脉案判决的意义评析

近年来，我国公民个人信息权益被侵犯的案件不断增多。司法判决对于个人信息权理论和制度的发展都起到了重要的促进作用。如被称作全国首例“被遗忘权”案的任甲玉诉百度搜索案，有人评论认为，“虽然判决未支持原告提出有关保护其所谓‘被遗忘权’的诉讼请求，但是为‘被遗忘权’在我国现行法律体系下通过

① 李明发，孙昊．论个人信息隐私权的法律保护：以美国《消费者信息隐私权法案》为例［N］．东北农业大学学报（社会科学版），2015（1）：41－48.

② 张敏，马民虎．欧盟数据保护立法改革之发展趋势分析［J］．网络与信息安全学报，2016（2）.

‘一般人格权’加以保护打通了路径，确立了保护的条件和标准，对网络时代个人信息相关利益进行司法保护提供了有益借鉴”①。但是，由于受制度条件、法律传统等诸多因素的限制，当前司法领域对于个人信息权的保护仍存在很多的问题，这就造成当事人提起个人信息权的诉讼，往往以败诉收场。其中的原因错综复杂，有人认为，“由于司法解释的有关规定受制于制定权限，仍未脱离侵权责任的经典模式，即需由权利人证明其已受到损害的事实，而在大部分此类案件中，包括新浪微博诉‘脉脉’案，单个用户的直接损害通常难以证明，这在客观上导致权利人维权难、举证难”②。不过，即便如此，司法审判中通过法律适用加强对于个人信息权的保护仍是一条重要途径。新浪微博诉脉脉案的宣判，也表明了现阶段司法途径在保护用户信息权利方面的价值。该案二审虽是仅仅判定脉脉的行为构成不正当竞争，但是，在这一结论的认定过程中，法官充分考虑了淘友公司对消费者信息权利的侵害因素，事实上，这也是判定其构成不正当竞争的理由之一。更为重要的是，通过该案的审理，司法机关针对数据业者之间数据使用中的问题，提出由数据控制方针对第三方提起诉讼的司法对策，这事实上也拓宽了用户信息保护的思路。可以说，这是大数据时代保护用户信息权利，完善个人信息保护途径的一次重要实践。不过，在当前 ISP 主体责任制度尚不完善的状况下，个人信息保护的司法救济也只是一种权宜之计。若要完全指望通过司法途径督促 ISP 履行其个人信息保护的责任，进而实现个人信息保护的目的，这几乎是不现实的。案件的审理中，法官也呼吁应强化 ISP 的社会责任，加强内部管理和制度建设，二审判决书就指出，“此外，从本案中被上诉人微梦公司的举证情况可以看出，作为拥有上亿用户的大型社交网络平台的运营主体，其网站后台记录却未能保留全部获取/抓取日志，对于是否被爬虫抓取或通过其他手段抓取相关用户信息均存在举证不能的情况，这暴露出被上诉人微梦公司作为大型互联网运营平台对于用户信息保护的责任意识与技术水平十分欠缺，亟待提高。互联网时代，保护用户信息是互联网企业的社会责任”。由此可见，推动 ISP 履行社会责任，完善自身的责任制度，从内部推动其用户信息保护责任的落实，包括建立隐私风险评估等机制，这才是减少类似案件发生，实现用户信息保护的长效机制。除此之外，案件判决书中反复强调 ISP 在数据的加工过程中，需要重视保护用户的知情权，为此，还提出了“用户授权”＋“平台授权”＋“用户授权”的“三重授权”原则。尽管这一原则是对“知情—同意”原则的具体和深化，

① 黄晓宇．全国首例“被遗忘权”案被驳回［J］．公民与法治，2016（14）．

② 苏航．个人信息保护如何突破技术围猎［N］．中国妇女报，2016－05－20．

但它仍然是建立在传统的个人信息保护的观念和制度之上，而无法适应不同场景下用户信息差异化保护的需要。比如说，判决书虽然要求对电话号码、教育背景等隐私信息一定要做到“明示同意”，但大数据应用中涉及海量数据主体，这是否具有可行性？再有，落实这一原则的成本企业是否有能力承担？这些都是落实该原则所要面临的现实困难。大数据时代是“去中心化”的个人信息生态系统，这使得“目的限定”原则、“信息最小化”原则等制度都暴露出极大的缺陷。

（二）ISP个人信息保护的法律制度及其缺陷

2017 年 3 月 15 日通过的《中华人民共和国民法总则》，其中第一百一十一条就规定：“自然人的个人信息受法律保护。任何组织和个人需要获取他人个人信息的，应当依法取得并确保信息安全，不得非法收集、使用、加工、传输他人个人信息，不得非法买卖、提供或者公开他人个人信息。”有媒体在针对该规定出台背景的分析中曾指出，“全国人大法律委员会经研究认为，个人信息权利是公民在现代信息社会享有的重要权利，明确对个人信息的保护对于保护公民的人格尊严，使公民免受非法侵扰，维护正常社会秩序具有现实意义，遂增加上述规定”①。不难发现，立法部门对于个人信息权利性质的认识在不断深化，立法将个人信息权看成一项重要的人格权利，这体现了法律的人文关怀。还有学者提到，个人信息权不仅仅是人格权这种私权，它还是人权，并指出，“欧洲的个人信息保护主要是在人权、基本权利层面来讨论的、对应的，很多的案子是在人权法院审理的，不是在一般的民事法院审理的。现在我们讨论个人信息权利或者是被遗忘权的时候，直接纳入到民法当中来讨论，这违背了最基本的逻辑体系”②。这种对于个人信息权性质的认识，就为通过宪法以及其他公法加强对于个人信息权的保护，提供了理论支撑。另外，《中华人民共和国网络安全法》也已于 2017 年 6 月 1 日正式实施。其中第四章“网络信息安全”部分对于个人信息的使用提出了一些基本要求。第四十一条规定，“网络运营者收集、使用个人信息，应当遵循合法、正当、必要的原则，公开收集、使用规则，明示收集、使用信息的目的、方式和范围，并经被收集者同意。网络运营者不得收集与其提供的服务无关的个人信息，不得违反法律、行政法规的规定和双方的约定收集、使用个人信息，并应当依照法律、行政法规的规定和与用户的约

① 梁晓辉，马海燕．民法总则草案二审稿增加个人信息保护规定［EB/OL］．［2017－06－03］．http：//news.xinhuanet.com/2016－10/31/c_1119820163.html．

② 高富平．个人信息保护的基础理论［EB/OL］．［2017－08－15］．http：//www.sohu.com/a/164850064_455313.

定，处理其保存的个人信息”。可以发现，这条规定依旧确认了用户信息保护制度中的“知情—同意”“目的限定”“信息最小化”使用等原则。而且，该法第四十二条还明确了对于用户信息匿名化的要求。“网络运营者不得泄露、篡改、毁损其收集的个人信息；未经被收集者同意，不得向他人提供个人信息。但是，经过处理无法识别特定个人且不能复原的除外。网络运营者应当采取技术措施和其他必要措施，确保其收集的个人信息安全，防止信息泄露、毁损、丢失。”这实质上还是一种静态的保护用户信息隐私的制度措施。再有，2016 年制定的《数据流通行业自律公约》中特别提到加强企业之间围绕数据使用关系的“规范化”，如第五条规定，“企业对其合法、正当途径采集、获取、生成的数据享有合法权益。不通过非法手段或违背他人意愿侵入、窃取、交易他人享有合法权益的数据，不使用非法获取或来源不明的数据”。值得关注的是，《数据流通行业自律公约》围绕数据处理等数据应用环节提出了多项制度，其中就涉及数据透明、风险评估以及第三方认证和审计监督机制等制度。除此之外，我国还通过《刑法》《消费者权益保护法》《电信和互联网用户个人信息保护规定》以及相关司法解释，如《关于审理利用信息网络侵害人身权益民事纠纷案件适用法律若干问题的规定》等相关法律法规初步确立了个人信息保护的刑事、行政和民事法律责任。总体而言，这些年我国在保护个人信息方面已有了不少的进步。一方面，个人信息权利保护的意识逐步增强，特别是对于个人信息的保护意义的认识，已从过去只重视隐私信息的保护逐步向对人格自由、人格尊严的全面保护转变；另一方面，用户信息权利的内容也在扩充，《网络安全法》就增加了删除权、纠错权等新兴权利。但是，当前个人信息保护法律制度中最突出的问题是，虽然很多法律及规范性文件中都包含了个人信息保护的相关规定，但却无法适应大数据产业发展中对于个人信息保护的需要，相关的制度设计还不够合理。具体而言，主要体现在以下方面：一是，目前仍以“知情—同意”、“目的限定”、信息的不可识别等传统原则应对大数据时代的个人信息保护中出现的问题，而这些原则在解决数据频繁、使用中的个人信息保护问题时，可能难以奏效。“传统的个人信息保护法对于个人信息的界定，一般以‘识别’为核心标准，它是指与个人相关、能够直接或间接识别特定自然人的信息，比如个人的姓名、家庭住址、电话号码等。然而，互联网技术和业务的快速发展，已经将个人信息保护法的适用环境彻底改造。大数据的出现更是进一步模糊了个人信息与非个人信息的边界，企业甚至普通个人越来越容易获得有关个人的大量信息，获取信息以及将信息恢复身份属性的成本也正在急速下降。”① 因此，对于个人信息静态的“区分”，以及建立在这一基础之上的“匿名化”要求，将制约立法对于个人信息权利保护目的的实现。二是，尚未形成推动 ISP 履行社会责任、完善个人信息保护的有效模式和机制。国外个人信息保护制度的革新，以 ISP 主体责任的建构，特别是以其自觉履行隐私风险评估等相关义务为基础，辅之以政府的外部监管，这是治理体系创新的最主要特征。对于大数据时代的用户信息保护而言，如何发挥社会主体，特别是数据业者的能动性和积极性，落实其主体责任，是关系个人信息保护制度成败的关键。三是，相关规定不够具体、明确，可操作性不强。目前已生效的《网络安全法》承担的功能也只能是原则性的，它指出了今后在法律上需要加强用户信息保护这一根本任务，也预示了我国个人信息制度的发展方向，但是，对于如何在实践中真正落实相关权利，特别是针对 ISP 设定更为明确的个人信息保护责任，这些问题都需要逐步地加以解决。由此可见，个人信息保护的法律制度不健全，尤其是缺乏针对 ISP 用户信息使用行为有效的约束机制，这是当下用户信息保护需要破解的最大难题。可以说，这些制度漏洞也是引发新浪微博与脉脉纠纷以及其他类似案件发生的重要原因之一。

五、ISP 个人信息保护制度的完善思路

（一）大数据时代 ISP 个人信息保护的理念及模式创新

当前个人信息保护的治理模式主要有两种类型。“美国采取经营者自律模式与其原有的隐私法律保护比较完备有关，欧洲采用国家（政府）主导的立法模式则与其立法传统有关。”② 我国在针对互联网广告、App 信息、网络游戏出版等网络不同领域的治理过程中，已逐步建立起了公私协力的“共享共治”模式，这是适合国情的，并且是应对各类网络治理问题非常宝贵的经验。因此，对于大数据时代个人信息保护而言，应以“多元共治”理念为基础，重视发挥个人信息保护中政府与社会主体两方面的积极作用，这是完善大数据时代个人信息治理体系的根本思路。而且，要在政府与社会主体之间明确各自的角色定位以及所应承担的责任，从而确保个人信息保护的治理体系能够有效运作。数据业者是承担个人信息保护责任的主

① 王融．大数据时代，个人信息保护面临变革［N］．中国文化报，2015－06－12．

② 张新宝．从隐私到个人信息：利益再衡量的理论与制度安排［J］．中国法学，2015（3）．

体，需要强化自身的内部自律机制，包括完善隐私评估、认证机制等具体制度。而政府的作用在个人信息保护中同样不可或缺，政府是外部的监管者，负责引导各个行业隐私风险评估等标准的制定，展开对ISP主体责任落实情况的监督检查。所以说，为了适应大数据发展新形势下个人信息的保护，需要政府与数据业者之间高效的分工合作。

这里还有一个问题，个人信息保护中实现“多元共治”目标的理论依据究竟何在？公共行政理论中的行政任务民营化理论可以对此问题做出回答，这对于明确个人信息保护中ISP的社会责任，督促其履行针对用户信息的安全管理义务具有重要的意义。行政任务民营化是指，“国家利用或结合民间力量执行行政任务现象”，秩序行政任务民营化与给付行政任务民营化构成了民营化学术讨论的两大重要领域。而“任务部分私人化”（即公私协力）现已成为各国立法及实务最普遍采用的民营化模式[①]。民营化又可分为实质民营化与形式民营化。形式民营化又被称作功能民营化，指的是特定行政事务仍由国家承担且不放弃自身执行的责任，仅在执行阶段借助于私人部门的力量完成既定的行政任务。具体形式包括行政助手、专家参与、行政委托等，它们主要适用于公共权力领域[②]。行政执行任务之所以可以实现公私协力，其依据来源于行政过程理论。行政过程是指达成行政目的的一连串节点的集合，它不仅包括最终结果的行政处罚、行政许可等行政处理环节，也包括计划、信息收集、证据采集、信息披露、监督、反馈等其他多个环节。据此，我们可以根据ISP在个人信息保护中所涉及的具体事项以及对公民权利侵害程度的大小，分别在法律体系中设定适当的注意义务，明确政府对于ISP履行相关责任的要求。比如，ISP责任制度中的隐私风险评估机制主要涉及信息披露等义务履行的方式，属于行政过程理论中行政执行任务的公私协力。不过，这一制度今后需要在行政法规当中做出更明确的规定，以此提升个人信息保护制度的效力。

（二）ISP用户信息保护的制度创新

1. 完善ISP用户信息保护的行政监管制度

对于用户信息保护的行政监管应有统一的机构。美国由联邦贸易委员会（Fedaral Trade Commission，FTC）负责强制执行《消费者信息隐私权法案》，“FTC展开执法行动意味着公司未能严格遵守保护消费者隐私的承诺。此外，在公司未采

① 章志远．行政任务民营化法制研究［M］．北京：中国政法大学出版社，2014：2.

② 同①.

取合理有效措施保护消费者个人信息安全的情况下，FTC 可对该公司采取相关措施。FTC 之所以能够应对技术和市场的改变对保护消费者信息隐私带来的挑战，是因为 FTC 采取了灵活的执法手段：在其管辖权范围内，FTC 有权强制公司遵守共同行为准则"[①]。欧盟的《数据保护通用条例》中很多地方都涉及欧洲数据保护局的角色和职责。比如，第 42 条"认证"中就指出，"基于根据第 58 条第三款监管机构制定的标准或者基于根据第 63 条董事会所制定的标准，认证必须由第 43 条所提到的认证主体进行。如果标准由董事会制定，将由欧洲数据保护局来进行认证"[②]。针对隐私风险评估机制"合规性"的审查和监管，也是监管部门的一项重要任务。而"合规性"是数据业者从制度上规避个人信息处理责任的前提。因此，我国建立针对个人信息保护管理的统一机构确有其必要性。有文章指出，"虽然在遭遇个人信息侵害时，公众可向公安部门、互联网管理部门、工商部门、消协、行业管理部门等多个机构进行投诉举报，但是，投诉的效果并不理想。因此，就有人主张，国家应当成立专门的网络个人信息保护机构，对网络个人信息的收集、处理、利用进行监控和管理，禁止个人或组织非法收集、传播、利用他人的信息"[③]。我们认为应由国家网信办作为统一的个人信息保护的监督执法机关。前面已经提到，如果从人权的角度来看待个人信息权，那么，通过公法加强对其的保护就具有了更多的学理依据。也就是说，从人权的角度考虑，政府应加强对于个人信息权的保护。而从政府层面推动用户信息保护统一标准的制定也已列入日程。2017 年 8 月，有关部门负责人透露，"国家标准化部门正抓紧组织制定《个人信息安全规范》"[④]。2014 年 8 月，中国国务院就已授权重新组建的国家互联网信息办公室负责互联网信息内容管理与监督执法。因此，之后由它统一协调各个部门的个人信息保护的相关管理工作，负责针对个人信息保护问题的监督执法是比较合适的。大数据时代，用户信息的反复利用成为数据业的核心业务之后，政府应对数据使用行为进行重点监管，以便真正有效保障用户的信息权利。对于数据业者的监管而言，主要是引导和督促，尤其是督促 ISP 在数据使用中结合国家个人信息保护的基本要求以及"场景"制定不同的用户信息保护的标准，切实履行其对用户信息保护的主体责任。

---

① 李明发，孙昊．论个人信息隐私权的法律保护：以美国《消费者信息隐私权法案》为例［N］．东北农业大学学报（社会科学版），2015（1）：41－48.

② 一般数据保护法案［EB/OL］．［2017－06－12］．http：//ifls. cupl. edu. cn/info/1014/1270. html.

③ 杜放，罗政．网信办：将制订个人信息保护法律［EB/OL］．［2017－06－01］．http：//tc. people. com. cn/n/2015/0202/c183175－26489151. html.

④ 国家互联网信息办公室有关负责人就《互联网跟帖评论服务管理规定》答记者问［EB/OL］．［2017－08－25］．http：//news. ifeng. com/a/20170825/51756749 _ 0. shtml.

2. 重视ISP用户信息保护的内部制度建设

西方国家的个人信息保护制度已呈现出一种“场景”“风险”导向的建构思路。基于动态化的数据使用“场景”，数据业者应尽快制定相应的用户隐私风险评估机制。隐私风险评估机制在落实ISP的主体责任，推动个人信息保护中数据业者的自治方面扮演着重要的角色。当个人信息保护制度的重心已经从开始阶段的“知情—同意”转移至如何确保用户数据信息使用过程中的透明、安全、可信，并且数据的频繁加工、处理成为一种数据应用的“常态”之后，原先的个人信息保护原则就有了调整的必要性。隐私的风险评估、认证等机制能够更好地落实“知情—同意”“目的限定”“信息最小化”等原则，并且有利于促进数据向第三方流动的规范化。在新浪微博诉脉脉案的二审判决书中，法官也针对该案提出了ISP应加强社会责任，履行保障用户信息安全治理义务的建议。判决书提到ISP应承担的五个方面的治理义务，具体包括：(1) 制定内部数据信息安全管理制度和操作规程，确定网络安全负责人，落实网络数据信息安全保护责任；(2) 采取防范计算机病毒和网络攻击、网络入侵等危害网络数据信息安全行为的技术措施；(3) 采取监测、记录网络运行状态、网络安全事件的技术措施，并按照规定留存相关的网络日志；(4) 采取数据分类、重要数据备份和加密等措施；(5) 制定网络安全事件应急预案，及时处置系统漏洞、计算机病毒、网络攻击、网络入侵等安全风险。显然，这些要求可以说是ISP履行其用户信息保护责任的内容体现，同时也是建构ISP责任制度的重要组成部分。不过，其中的相关内容仍缺乏明确的规定。比如，“制定内部数据信息安全管理制度……落实网络信息安全保护责任”仍旧比较笼统，缺乏可操作性的制度措施。而且，判决书中提出的“数据控制方提起诉讼的权利”“三重授权原则”等制度，仍未将“隐私风险评估”作为制度设计的重点，无法解决数据在二次使用过程中，原初隐私风险增加的问题。而用户隐私风险的增加是新浪微博诉脉脉案争论的焦点问题之一。具体表现在，对于脉脉所使用的“协同过滤算法”是否增加了隐私风险缺乏统一的判断标准。此外，今后还需要以“场景”为核心，从用户主观预期出发不断健全个人信息保护的制度体系，这也是未来用户信息保护制度发展的一大趋势。

三、社交媒体新闻信息传播法治

《互联网新闻信息标题规范管理规定（暂行）》评析

一、“标题党”现象及其危害

2017年年初，闹得沸沸扬扬的“UC震惊部”事件让“标题党”又一次进入了公众的视野。所谓的UC震惊部，就是指阿里巴巴旗下的UC浏览器中的大部分广告软文标题都是以“震惊”开头的。后来网友总结的“标题党”现象，除了“震惊部”，还有“崩溃部”“竟然部”“厉害部”“可怕部”“惊呆部”等等，各种“部”“体”多得举不胜举，这些将各种段子和标题融汇一体的网络标题的手法，俨然成了一种流行、时尚的标题操作新手法。除了在广告软文中大量出现，“标题党”现象业已渗透到新闻的多个领域。2016年12月，政府已陆续公布一批典型案例[①]。

有学者分析指出，网络新闻标题的失范具体表现为：(1)“噱头”性问题突出；(2)误导性标题繁多；(3)“三俗”化趋势严重；(4)网络流行语的反复“套用”等[②]。也有媒体报道指出，“近年来，主流媒体文章标题屡屡被少数网站篡改，严重歪曲文章原意，存在‘正题歪做违反正确导向’‘侮辱调侃突破道德底线’‘无中生有违背新闻真实’‘断章取义歪曲报道原意’‘夸大事实引发社会恐慌’‘格调低俗

---

① 洪文军，徐巍．解放军报：正告标题党，别再干侵权的事了［EB/OL］．［2015-05-19］．http：//www.guancha.cn/Media/2015_05_19_320077.shtml；张伟泽，邓煜．北京市网信办通报多起网络媒体“标题党”违规案例［EB/OL］．［2016-12-06］．http：//news.sohu.com/20161206/n475021967.shtml.

② 张金桐，曹素贞．“读题时代”网络新闻标题的失范与规范［J］．河北经贸大学学报（综合版），2016，16（4）.

败坏社会风俗’等六大乱象”[①]。从这些媒体报道的“乱象”中我们也可以看出，网络新闻标题失范有可能造成对个人、社会或国家利益的不良影响。不过，对于“标题党”的出现，有人也做了另一番解读。从标题创新的角度，有人看到了其进步意义，“标题党本身并不可怕，它只是用一个恰当的标题去匹配它的内容。正是因为一本正经的年代太过漫长，压抑的国人才迎来多元开放的内容时代。只要不是三俗的标题，偶尔‘震惊’一下又何须再震惊？做好内容，‘被点击’永远有希望”[②]。那么，究竟应如何看待“标题党”？“标题党”法律规制的重点究竟是什么？这是需要首先回答清楚的重要问题。

有人认为，“编辑要加强业务素质，让标题不但准确表达新闻，而且远离新闻伦理规范的雷区，不触碰道德伦理的底线，更高层面的要求是不但能将标题制作得准确、生动、简洁，而且能够使标题寓意丰富、文采飞扬”[③]。从学理上，有人将标题好坏的判断标准归纳为“信、达、雅”三字原则。“信”即为准确、不歪曲、不随意增减内容。这是新闻标题应首先达到的标准。“‘达’即在之前基础上发挥出媒介形态特色及自身风格，不拘泥于原文形式的同时将内容或观点阐释清楚。狭义上的‘雅’是指在‘信’和‘达’基础上进行创作，适用到新闻媒体，尤其是网络新闻媒体上，则应有一个广义意义的延伸。新闻媒体的主要任务是生产并发布新闻，应当使用通俗易懂的文字，以适应不同文化程度读者的阅读习惯……该原则作用到网络新闻标题上时，可以从反面入手，即新闻标题不应刻意地夸大和渲染，应当‘淡定’地反映实际的新闻内容。”[④] 可见，对新闻标题的评价具有复杂性，要求其同时做到“信、达、雅”绝非易事。如何处理加强标题创新与规范化之间的平衡是规范面临的难题。不过，在任何情况下，“信”——确保新闻的客观、真实都是最起码的标准，好标题是在客观真实基础上的进一步创新。之所以会产生认识的分歧，其实是对于“标题”认识的着眼点不同，但是，“真实”“客观”是应当达成的基本共识。

此外，从实践中已经可以看到“误导性标题繁多”是标题失范的主要形式之一，因此，《互联网新闻信息标题规范管理规定（暂行）》（以下简称《规定》）着眼于防范虚假、误导性标题侵害公众知情权，将其作为规范的重点。而“信”是对于

---

① 网信办深入整治标题党 网易等5家网站被处罚［EB/OL］.［2017-01-13］. http://news.china.com/domestic/945/20170113/30171463.html.

② “震惊梗”的时代：每个人都希望“被点击”［EB/OL］.［2017-03-03］. http://it.southcn.com/9/2017-03/03/content_166308481.html.

③ 赵炜，李晶．新闻标题伦理规范之管见［J］. 新闻知识，2014（8）.

④ 黄楚新，任芳言．网络“标题党”：成因与对策［J］. 新闻与写作，2015（12）.

标题最基础的要求，所以说，对于误导性标题的防范是法律规范必须要实现的目标。法律手段对于解决虚假报道，特别是误导性标题的问题能够发挥积极的作用。法律上，将“标题党”中虚假宣传造成的“误导”“欺诈”作为规制的重点，是因为它不仅涉及名誉侵权，更主要的是由于标题的误导性还涉及侵害了公众的知情权。从法律与伦理规范所承担的不同功能来看，其解决的问题也会各有侧重，本文主要从知情权保障角度探讨法律法规对“标题党”的规制。

二、“标题党”形成的社会背景探析

有学者总结了网络“标题党”现象屡禁不止的原因，包括：“网络媒体的经营方式及新闻生产流程；网媒片面追求点击率环境下的异化；技术发展改变标题原有功能。”[①] 应该说，“标题党”问题的凸显，与互联网技术发展引发的新闻生产方式的变化是有着紧密联系的。“在网络新闻媒体发展迅速的环境下，商业门户网站在新闻登载过程中存在着‘重技术、轻内容’的现象，一些网络媒体新闻从业人员具备计算机等相关专业技术背景，但未曾受到过正规的新闻学教育，网络新闻从业人员的综合素质亟待提高。网络新闻从业人员作为职业的新闻工作者，必须要掌握新闻学专业基础知识，熟悉新闻理论和新闻业务，熟练掌握新闻标题制作原则和技巧。”[②] 网络媒体“标题党”的井喷，也与受众结构的变化有一定的联系。《2016 年第 38 次中国互联网络发展状况统计报告》显示，截至 2016 年 6 月，中国网民年龄分布中，10～39 岁的网民占比高达 74.7%。互联网的用户越来越呈现出年轻化、多元化趋势——“80 后”、“90 后”甚至“00 后”，逐渐占据了网络话语空间的主要地位。他们对于新闻标题“求新”“求变”的需求，也是引发“标题党”盛行现象的重要原因。娱乐化、戏谑调侃的网络文化对于“标题党”的影响不容小觑，这就容易导致网络媒体无法“淡定”，追逐流行文化成为内容生产的一种新现象。其中一些对于标题制作的影响是积极的，为标题注入了流行元素，但也有一些就突破了客观、真实的“底线”。除了受文化、技术、社会发展方面的影响，市场效益和对于点击率等指标的单一追逐的媒体竞争生态，也是造成“标题党”问题频发的原因。由此不难看出，网络时代“标题党”的成因具有相当的复杂性，对其的治理也不会一蹴而就。

---

① 黄楚新，任芳言．网络“标题党”：成因与对策［J］．新闻与写作，2015（12）．

② 张金桐，曹素贞．“读题时代”网络新闻标题的失范与规范［J］．河北经贸大学学报（综合版），2016，16（4）．

三、误导性标题的规制现状考察

现有的针对“标题党”的规范都有哪些？下面从法律及伦理规范对于如何解决标题虚假的问题，和由此引发的误导以及对公众知情权的侵害方面进行详细阐述。

1. 新闻标题相关的法律法规以及与其他法律的关系

对于虚假信息的法律监管，是保障公众知情权的重要途径。《全国人民代表大会常务委员会关于维护互联网安全的决定》中为了维护国家安全和社会稳定、社会主义市场经济秩序和社会管理秩序，保护个人、法人和其他组织的人身、财产等合法权利，对传播虚假信息的相关行为，比如“利用互联网造谣、诽谤或者发表、传播其他有害信息”“利用互联网销售伪劣产品或者对商品、服务作虚假宣传”“利用互联网侮辱他人或者捏造事实诽谤他人”等都做出了相应的处理规定。《互联网信息服务管理办法》第十五条明确规定了“互联网信息服务提供者不得制作、复制、发布、传播含有下列内容的信息：……（六）散布谣言，扰乱社会秩序，破坏社会稳定的；……（八）侮辱或者诽谤他人，侵害他人合法权益的；……”等禁止在网络上传播的“九不准”内容。自 2017 年 6 月 1 日起施行的新的《互联网新闻信息服务管理规定》，其中第十五条要求，“互联网新闻信息服务提供者转载新闻信息，应当转载中央新闻单位或省、自治区、直辖市直属新闻单位等国家规定范围内的单位发布的新闻信息，注明新闻信息来源、原作者、原标题、编辑真实姓名等，不得歪曲、篡改标题原意和新闻信息内容，并保证新闻信息来源可追溯”。而这一法律文件在第二十四条中也进一步明确了对“歪曲、篡改标题原意和新闻信息内容”等违法行为的处罚措施，“由国家和地方互联网信息办公室依据职责给予警告，责令限期改正；情节严重或拒不改正的，暂停新闻信息更新，处五千元以上三万元以下罚款；构成犯罪的，依法追究刑事责任”。早在 2016 年国家网信办印发的《关于进一步加强管理制止虚假新闻的通知》中就对网络虚假新闻的监管有明确的法律规定。“各网站要落实主体责任，进一步规范包括移动新闻客户端、微博、微信在内的各类网络平台采编发稿流程，建立健全内部管理监督机制。严禁网站不标注或虚假标注新闻来源，严禁道听途说编造新闻或凭猜测想象歪曲事实。各级网信办要切实履行网络内容管理职责，加强监督检查，严肃查处虚假、失实新闻信息。”这是直接针对网络媒体“标题党”问题的法律规范。而针对传统媒体“标题党”问题，其实之前已有了相关法规。可以看出，对于虚假新闻的监管，我国在法律上已都有相关的规定，《规定》发布之前，事实上一些法律规范中已经出现了针对标题虚假问题监管的具体规范。不过，网络的特性使得互联网新闻“标题党”的问题相对于传统媒体时代而言，发生得更频繁，且有愈演愈烈之势。

除了网络信息内容领域的法律法规，“标题党”也可能涉及其他不同的法律规范。“除相关机构、部门进行监管以外，还依托相关行政法规以及司法解释进行约束，利用信息网络实施诽谤、寻衅滋事、敲诈勒索、非法经营等行为都可以找到处理办法。包括损害商业信誉、商品声誉，编造、故意传播虚假恐怖信息等。网络中存在的恶意‘标题党’现象可以牵涉到多种违法违规类别。”① 可见，因虚假标题引发的社会恐慌可能构成寻衅滋事罪等刑法罪名，而由此侵犯他人的名誉权的行为在民事法律中也都有相关的规定。所以说，针对虚假标题治理问题相关法律体系的建构，是应对标题的误导性、保障公众知情权的重要途径。

2. 其他规范之间的关系

除了法律规范，新闻伦理规范也是误导性标题规范体系的重要组成部分，二者相互配合有利于减少虚假标题的产生，以及由此造成的对公众的误导。为了确保新闻标题的真实，防止出现对公众的误导，各家网络媒体都在加紧制定和修正防范此类问题出现的内部操作规范和制度。《凤凰新闻客户端内容编辑及审核制度》中第二章“内容发布标准”的第三条“新闻标题制作”中就要求，“禁止篡改标题，禁止‘标题党’。原则上不得随意改动原标题，如需修改标题，以原文为主，不歪曲事实，不以偏概全”②。搜狐的新闻采编规范中，也有有关“真实原则”与“标题党”的内容，对其的具体阐释是，“标题党是指以引人注目的标题来吸引受众注意力，点击进去发现内容与标题落差很大，是编辑刻意将内容极小一部分放大，甚至夸张、欺骗网友的行为。标题党与新闻真实性原则完全对立，是新闻标题制作需要避免的第一步”③。所以说，在对“标题党”现象的防范中，媒体的自律成为他律的重要补充。当前，针对“标题党”已有不少法律、伦理等相关规范，但“标题党”问题仍然屡禁不止，其主要原因还在于针对“标题党”问题，特别是有关误导性标题的法律规范还比较模糊，不够具体。因此，为了更好地管理“标题党”现象，《规定》出台了。下面就结合《规定》的主要内容，进一步探讨其在加强对误导性标题法律规制中的意义。

---

① 黄楚新，任芳言．网络“标题党”：成因与对策［J］．新闻与写作，2015（12）．

② 张伟泽，邓煜．北京市网信办通报多起网络媒体“标题党”违规案例［EB/OL］．［2016－12－06］．http：//news. sohu. com/20161206/n475021967. shtml.

③ 并指出其具体形式包括虚假夸大、以偏概全、断章取义、偷换概念、模糊不清五种形式。吴晨光．《搜狐新闻采编规范》精选之一：教你如何做标题［EB/OL］．［2015－03－03］．http：//media. sohu. com/20150303/n409304782. shtml.

四、《规定》的主要内容：以法律手段确保新闻“真实性”

《规定》总共包括四个部分，主要体现了以下几方面的内容：

第一，重视标题的舆论导向功能。文件特别是将“重大时政新闻和重大突发事件等重要信息”中的误导性标题作为规制的重点。第一部分“坚持正确导向，加强重点内容把关力度”中指出，“在报道各类新闻，尤其是涉及重大时政新闻和重大突发事件等重要信息时，要通过标题内容传达正确的立场、观点、态度，确保导向正确，恪守新闻伦理，严禁恶意篡改标题炒作或蓄意制造舆论‘热点’”。不难看出，《规定》重点是要解决“重大时政新闻和重大突发事件等重要信息”中的标题导向性问题，即网络媒体中出现的“正题歪做违反正确导向”的问题，而其中误导性标题就是常常出现的问题。

第二，增强了对于认定“标题党”的可操性，体现了通过行政法规确保标题的真实性，进而完善对于公众知情权的保障。知情权最大的威胁就是各种形式造成的标题客观性、真实性的缺失。《规定》第二部分的标题是“坚持真实客观，加强标题制作传播规范管理”。主要涉及四个方面的具体要求：(1)“坚持新闻真实性、客观性原则，按照题文一致、客观准确、重点突出的基本规范，编辑制作新闻信息稿件的标题”。(2)“互联网新闻信息稿件标题的发布应当经过严格的审核校对程序，确保标题不得出现以下情况：1. 歪曲原意、断章取义、以偏概全；2. 偷换概念、虚假夸大、无中生有；3. 低俗、媚俗、暴力、血腥、色情；4. 哗众取宠、攻击、侮辱、玩噱头式的语言；5. 法律法规明确禁止的和明显违反社会公序良俗的其他内容”。(3)“严禁在标题中使用‘网曝’‘网传’等不确定性词汇组织报道或者表述新闻基本要素”。(4)“转载重大时政和重大突发事件新闻信息时，不得违反管理部门的指令要求，擅自修改标题”。其中第一个方面是对于标题客观、真实的原则性要求；第二个方面内容中，对于误导性标题进行了具体描述，使得对其的规制更加明确、清晰、可操作性更强。比如，其中指出误导性标题的形式包括“1. 歪曲原意、断章取义、以偏概全；2. 偷换概念、虚假夸大、无中生有”，而法律对其的规制既具有合理性，又非常具有可行性。此外，第三、四个方面对于防范误导性标题的产生具有重要作用。不过，对于第二个方面中“3. 低俗、媚俗、暴力、血腥、色情；4. 哗众取宠、攻击、侮辱、玩噱头式的语言”这类问题标题，除了法律手段，更主要的是需要依靠社会的力量以及媒体的自律。由此可见，《规定》强调“底线思维”，即将标题的“真实性”问题作为法律保障的重点。

第三，《规定》体现了规制手段一体化，综合治理的应对思路，特别是明确了针对误导性标题的具体制度举措。第三部分“坚持完善基础制度，加强行业自净和自律”中的“健全内容管理制度”体现了对于推动内容监管制度的完善。其中提到了“要将新闻信息标题规范作为重要审核内容，严格落实‘先审后发’等要求。要建立完善多级校对、审核、巡检制度和信息内容安全问责制度，明确编辑制作、审核、再审核、发布等各环节责任，建立责任事故处罚标准，确保要求明确到人”等内容管理的具体制度。除此之外，还提到了其他几种保障制度：“转载其他单位信息稿件时，应当在正文前列显著位置体现来源媒体名称、原稿件标题和原编辑姓名，文章末尾应当标注稿源链接，编辑真实姓名及工作代码。”这几项制度如果落实到位，将对遏制当下网络媒体“标题党”现象，特别是误导性标题的出现产生实质性的效果。

同时，文件中还体现了加强“自律”、动员公众参与等措施。“互联网新闻信息服务单位应当在网站 PC 和移动端首页首屏显著位置开设针对不当标题等内容的公众举报平台，受理举报信息，及时核查处置违反上述规定的行为，并及时将处置结果向社会公开。”“互联网新闻信息服务单位要加大对采编人员的马克思主义新闻观培训教育，坚持正确舆论导向和正面宣传为主的方针，不断强化社会责任。”近年来，网信办也在不断加强网络新闻从业人员的政治意识、专业技能等方面的相关培训。

第四，《规定》还提到了组织保障，以及监管责任的履行方式。“坚持建设与管理并重，加强属地监管责任。”“各地要切实履行属地管理职责，加强监督检查，发现重大‘标题党’问题后注意与有关单位核实，及时处置与留存相关记录，及时帮助整改。”

通过对于《规定》的研究可以发现有几点变化是值得关注的：(1) 体现了从标题发展的规律出发，采取务实的态度，有利于从建设性角度推动标题健康发展的内容。比如，“要坚持新闻真实性、客观性原则，按照题文一致、客观准确、重点突出的基本规范，编辑制作新闻信息稿件的标题。标题内容应满足语义完整、措辞规范、表达客观的要求，充分发挥互联网传播优势，实现灵活多样的呈现方式”。此外，面对“标题党”现象的复杂性，强调在实际的监管过程中也要重视执法的灵活性。“各地要切实履行属地管理职责，加强监督检查，发现重大‘标题党’问题后注意与有关单位核实，及时处置与留存相关记录，及时帮助整改。”(2) 与时俱进，看到了新媒体时代标题发展的趋势，提到“各平台各类型的‘标题党’”，这为今后遇到“标题党”形式的变化时的执法留下空间。还指出“要加大对各平台各类型的‘标题党’内容清理力度，及时采取管理措施，坚决防范为‘标题党’内容提供传播渠道”。今后，针对微信公众号、普通微信号等不同类型平台发布的“标题党”

内容还可以设置更加具体的不同的监管要求，这样可以更细化地规定，也将更具有针对性。

五、对《规定》的评价——对防范误导性标题与加强知情权保障的意义

《规定》的出台对于守住“真实性”这一新闻报道的底线，有着十分重要的意义。《规定》进一步完善了网络新闻标题监管的法律规范，特别是对于误导性标题的监管更加具体。传统媒体时代虽然也同样存在标题造成误导的问题，但是，针对标题的专门性的法律法规，或者对其的行政监管是进入互联网时代之后才出现的。可以说，网络时代的标题出现了许多新的问题，监管制度与过去相比也就会出现很大的不同。而对于《规定》出台的背景，网信办在其所发表文章中也提到了，“近年来，主流媒体文章标题屡屡被少数网站篡改，严重歪曲文章原意”①。所以说，相对而言网络媒体是“标题党”的“重灾区”，也是《规定》想要重点解决问题的领域。《规定》的出台在一定程度上有利于解决网络媒体中“标题党”问题频繁发生而监管制度又不完善的问题。具体而言，《规定》的作用体现在：一方面，《规定》中既有对“标题党”各类具体形态的规定，同时，也有明确的制度用以防范这些问题的出现。这可以说是对于网络媒体中防范“标题党”问题的相关制度的“吸收”，由此，将这些自律规范上升为法律，增加了规范的约束力。另一方面，《规定》中不少内容突出体现了对于误导性标题的监管，这有利于确保新闻的“真实性”，达到守住“底线”的目的。同时，《规定》明确了新闻标题价值导向的问题。总之，由于新闻标题本身具有复杂性，立法所追求的目标既包括促进其有序发展，推动其在形式上不断推陈出新，也还要通过法律进一步明确“真实性”底线。网络时代，“标题党”现象如若不能得到有效遏制，不仅对于个体，甚至对社会和国家利益的损害都将愈来愈大，而且，也会危害到新闻业自身的生存。而确保新闻标题的“真实性”是《规定》必须要实现的重要目标。从这个意义上说，通过法律手段，完善对于问题标题的监管，特别是加强对误导性标题的法律约束，加大对其的惩处，这是极其必要的。事实上，在传统媒体中，防范虚假新闻相关的法律规范是相对比较完善的，即便没有出台针对标题的专门法规，这些针对传统媒体的法律规范对于虚

① 网信办深入整治标题党 网易等5家网站被处罚［EB/OL］.［2017－01－13］. http：//news.china.com/domestic/945/20170113/30171463.html.

假新闻问题的监管都是十分重要的制度保障。而近年来，网络媒体的迅猛发展，却暴露出对其的监管制度的匮乏，完善相关的法律制度就变得极为紧迫。而此次《规定》的出台，就是为了在法律上，对网络媒体和传统媒体“一视同仁”，给予同样的监管标准，特别是对于守住“真实性”这一新闻报道的底线，有着十分重要的意义。

不过，《规定》要在防范“标题党”问题上更好地发挥作用，还需要注意以下几方面的问题：

第一，在理念上，网络内容监管执法要有“谦抑性”，特别是针对“标题党”的治理不能够简单粗暴。由于标题的鉴别本身具有一定的复杂性，对于误导性标题规制的“行政权力”介入要尽量克制，避免权力“失当”造成的“误伤”。行政监管应更多借鉴“软法”思维和手段，以“协商共治”的理念推动执法。无论是对新闻标题真实性还是低俗等问题标题的判断，需要十分严谨，否则处理就可能出现“偏差”。事实上，《规定》中已经体现了这些新的理念。“各地要切实履行属地管理职责，加强监督检查，发现重大‘标题党’问题后注意与有关单位核实，及时处置与留存相关记录，及时帮助整改”。特别是，应当认识到标题除了“信”之外，还应当追求“达”和“雅”，如果将其“简单化”地理解，甚至变成“执法”的目标，就可能违背新闻标题发展的规律，遭受来自公众的质疑。

第二，《规定》中的相关内容还可以细化。比如，对于“转载重大时政和重大突发事件新闻信息时，不得违反管理部门的指令要求，擅自修改标题”这一条，在之前的媒体操作中主要是采用清单的方式，由此界定“重大时政和重大突发事件新闻信息”，这样使得媒体标题制作的预期增强，可以更好地事先防范问题的出现。如有媒体总结出了修改标题的“禁忌”：“1. 涉及中央政治局常委（含前任常委）及其家人的报道，禁止改标题。2. 涉及主管部门的新闻，禁止改标题。……4. 敏感话题如涉及基本政治制度、国家主权、基本国策、历史伤疤等，禁止改标题……”[①] 总之，通过这种方式详细列出改标题的“禁忌”“底线”，特别是采取列出清单的方式能够更好地防范标题问题的发生。除此之外，为了提升行政监管和执法的效率，同时，也保障媒体的表达权，对于相关的处罚措施可以进一步细化。如“情况严重和拒不整改的要及时向上级网信部门报告，依法依规对网站及网站相关责任人进行处罚”，对于该条中什么是“情况严重”的仍需明确、具体的规定。而这样就既能够最大限度地实现公众的知情权，同时也能够保障意见表达的自由。

① 吴晨光.《搜狐新闻采编规范》精选之一：教你如何做标题［EB/OL］. ［2015-03-03］. http://media.sohu.com/20150303/n409304782.shtml.

国家网信办公布
《互联网跟帖评论服务管理规定》

一、互联网跟帖评论服务中存在的问题
及《互联网跟帖评论服务管理规定》出台的背景

2017年8月25日，国家互联网信息办公室公布了《互联网跟帖评论服务管理规定》（以下简称《规定》），这是由行政机关制定的专门针对互联网跟帖评论服务管理的规范性文件。在该文件发布的同时，国家互联网信息办公室还公布了《互联网论坛社区服务管理规定》，这两个文件进一步完善了对于网络内容管理的规范体系，特别是前者，意义重大。近年来，针对互联网跟帖评论服务，国家网信办已连续开展了多项治理活动。2014年11月，国家网信办招集29家全国重点网站负责人参加专题会议，并签署《跟帖评论自律管理承诺书》。此后，全国各地的网络跟帖评论服务提供商按照国家网信办的要求，也都陆续签署了承诺书。2016年6月21日，国家网信办召开全国跟帖评论专项整治视频会议，部署集中治理跟帖评论存在的突出问题。会议上，中央网信办、国家网信办副主任任贤良指出，“跟帖评论是群众在网上发表意见、表达观点、互动交流、舆论监督的重要平台。跟帖评论乱象扰乱信息传播秩序、破坏网络舆论生态，人民群众深恶痛绝，必须下大力气整治”。他还强调，跟帖评论生态治理关键在于落实网站主体责任。网络媒体不能一味追求点击率，要切实担负起应尽的社会责任，健全信息安全管理制度，加强跟帖评论自律管理，兑现对公众做出的庄严承诺，让互联网更好地造福人民。网络跟帖评论在满足公众的意见表达、互动交流、参与公共事务的讨论等方面的需求上发挥着举足轻重的作用。不过，目前在互联网跟帖评论服务的发展过程中也还存在着一些突出

的问题，制约着网络跟帖评论功能的更好发挥。2017 年 8 月，有关负责人在就《规定》答记者问时就指出了网络跟帖评论服务中存在的各种问题："跟帖评论服务丰富了人民群众的网络生活，但同时也出现了传播网络谣言、散布污言秽语、发布违法违规信息等不良现象，扰乱信息传播秩序，破坏网络舆论生态，需要依法加强治理。"① 也有媒体分析认为，地域歧视、仇帝反资、人身攻击、恶搞跟风、虚假民意等不良跟帖评论内容和问题制约着网络信息空间的健康发展②。《规定》的出台，是国家持续推动网络跟帖评论服务管理及自律制度等治理措施的一种延续，表明我国对于网络跟帖评论服务管理的理论、实践都已经更加成熟。《规定》是对之前网络跟帖评论服务治理经验的总结，也代表着今后网络跟帖评论规制体系的发展方向。

二、互联网跟帖评论服务治理的意义

互联网跟帖评论是网络信息内容的重要组成部分，且在网络意见表达、互动交流、舆论动员等诸多方面都发挥着重要的作用。网络跟帖评论服务规制体系建构的重要性，主要体现在以下几个方面：

首先，网络跟帖评论在网络信息内容中占据很大的比例。网络信息内容空间中，跟帖评论相关的信息内容在数量上要远远多于引发跟帖评论的"原始"信息。而且，"跟帖评论服务已经成为各类传播平台的'标配'，新形式新功能不断涌现，日益成为广大网民互动交流、表达意见、舆论监督的重要方式"③。网络跟帖评论服务充分体现了网络的"互动"属性，因此，其所涉及的媒介形态亦非常广泛，几乎成了各大网站的"标配"。一般认为，它是指在门户网站、"两微一端"等各种网络平台上，针对各类信息发表评论意见（包括但不限于语音、文字、图片、音频、视频等）的服务。《规定》第二条对其给出了定义："本规定所称跟帖评论服务，是指互联网站、应用程序、互动传播平台以及其他具有新闻舆论属性和社会动员功能的传播平台，以发帖、回复、留言、'弹幕'等方式，为用户提供发表文字、符号、表情、图片、音视频等信息的服务。"所以说，从该《规定》的影响范围上，也能看出其重要性。

---

① 国家互联网信息办公室有关负责人就《互联网跟帖评论服务管理规定》答记者问［EB/OL］.［2017－08－25］. http：//news. ifeng. com/a/20170825/51756749 _ 0. shtml.

② "专项整治跟帖评论"怎么治？有些确实应该治！［EB/OL］.［2016－06－23］. http：//www. 360doc. com/content/16/0623/11/7872436 _ 570109060. shtml.

③ 国家互联网信息办公室有关负责人就《互联网跟帖评论服务管理规定》答记者问［EB/OL］.［2017－08－25］. http：//news. ifeng. com/a/20170825/51756749 _ 0. shtml.

其次，网络新闻跟帖评论服务在网络新闻内容生产中的竞争优势日益凸显。经过这些年的发展，网络新闻跟帖评论的价值已得到各方的认可。就网络媒体新闻内容的竞争而言，跟帖评论服务还具有可以形成差异化竞争优势的能力。长期以来，网易新闻都将“有态度的新闻”作为其不懈追求的目标，而重视跟帖评论服务是实现这一目标的主要途径之一。网易曾经喊出“无跟帖，不新闻”的口号，将跟帖评论作为新闻产品进行打造。事实上，各家媒体对于新闻的报道，内容大同小异，很难做到差异化，而对于新闻信息的跟帖和评论的媒介“重构”却可以在“内容”上形成明显差异。“门户网站通常均采用不同的编排手段，将网民围绕一篇新闻所发表的诸条评论作以分类。诸如，新浪网在跟帖平台上通过设置了‘最新’‘最早’‘最热’3个排序按钮，供网民自主选择查看不同排序方式下的相应评论。搜狐的跟帖平台则提供了‘原创评论’‘精华评论’‘辩论区’‘全部跟帖’‘发表评论’5个横向的导航模块，让网民可以自主选择不同模块下的相应归类内容。”[①] 由于商业网站在新闻报道的权限上与传统新闻媒体相比存在一定的局限性，而对新闻跟帖评论的编辑是商业网站等非传统媒体平台介入社会重大问题的重要方式。有学者的研究也发现，网络跟帖评论不仅仅是公众的表达，它更是网络服务提供商的“媒介建构”过程。其主要通过建立对新闻跟帖的价值判断标准、平衡新闻跟帖的“首位效应”、寻找和塑造新闻跟帖中的意见领袖等手段，实现通过网络新闻跟帖评论完成对于传统媒体新闻报道的“重新建构”[②]。再有，由于针对新闻跟帖评论数据分析能力的不断提高，使得网络新闻跟帖评论服务商在利用大数据增强与受众的互动性方面拥有更大的优势。因此，今后随着网络内容传播平台形态的不断创新以及日趋多元，对于新闻跟帖评论这一互动功能的开发也将越来越受到网络服务提供商的重视。

再次，网络跟帖评论满足了公众意见表达、互动交流、舆论监督等多种需求。国家网信办负责人答记者问时提到，跟帖评论“日益成为广大网民互动交流、表达意见、舆论监督的重要方式，需要依法促其健康有序发展”。由于网络新闻事件往往能够成为传播热点，引发公众的广泛关注，因此，围绕着网络新闻报道的跟帖评论就成为当前舆论场中公众表达意见的重要形式。有论文就指出，“社会情绪的社会类新闻和时政类新闻报道占很大比重，特别是在一些重大事件或突发事件中，网

---

① 曹丹．从“新闻跟帖”看门户网站的公共性建构［J］．现代视听，2009（10）．

② 胡菡菡．网络新闻评论：媒介建构与公共领域生成：对网易“新闻跟帖”业务的研究［J］．新闻记者，2010（4）．

络新闻后面的跟帖评论也一般都非常‘火爆’”①。这些年，与反腐败、司法工作以及公众生活相关的重大民生问题等都是网民跟帖讨论较多的话题。在许多社会公共事件中，网络跟帖评论服务弥补了现有制度内意见表达渠道有限的问题，有利于增强公共政策议题上不同群体的话语权。“目前，‘产业工人’‘农业劳动者’等社会弱势阶层是常常被有意无意地‘排除在政治决策过程之外’的‘一些社会群体’，他们逐渐对那种试图把少数人的局部团体或组织利益当成全社会所有成员的整体利益来装潢兜售并奉行一种单一性价值观的做法逐渐失去了认同，开始学会运用网络新闻跟帖等传播策略和话语政治来表达和彰显其社会抗争和维权信心。”② 由此可见，网络跟帖评论代表的民间立场和社会表达，是当前推动社会内部精英阶层以及中、低阶层参与权、表达权均等化发展的一个重要途径。除此之外，它还有利于促进不同于官方舆论场的民间舆论场的发育和成长。通过公共事件中各方针对社会问题的深入讨论，最终推动相关问题在法律或社会道德框架下得到合理解决，由此推动社会走向整合与协调发展。相反，如若对公众的跟帖评论等社会表达以及舆论的批评和监督熟视无睹，就有可能造成官方与民间的制度性断裂。通过对于公共事件网民跟帖评论内容的个案研究，可以看出，跟帖评论服务发挥了积极的作用。在这些公共事件当中，网民期待在既有制度框架内解决现实问题，也就是说，在法律的框架和道德标准下，对问题展开讨论，呼吁政府相关部门尽快采取行动。有研究者分析指出，“通行观点对于网民的指责多称其为非理性和仇官、仇富、仇视公权力及职能部门。但从网民评论的表现观之，非但没有非理性的盲目仇视，还将既有的制度框架和国家及党中央的政策作为甄别、解决事情的标杆。关注社会公正、呼吁体制内解决，始终是网民认知社会问题的文化底色，不会加以违逆，乃至失去理性”③。因此，《规定》着眼于促进网络跟帖评论的健康发展，进一步完善相关制度，促进网络跟帖评论在公众表达、舆论监督方面积极功能的更好发挥，这就满足了社会发展的需要。

最后，随着媒介传播的日新月异，网络空间中对各类不良和非法信息内容治理的形势愈发严峻，这也凸显了制定跟帖评论服务监管规范的价值。随着互联网技术的快速发展，各种具有新闻舆论属性和社会动员功能的传播平台也层出不穷，这些平台的互动性也更强，跟帖评论等互动形式也越来越丰富，从发帖、回

---

① 赵平喜．网络新闻跟帖场域中价值观的“社会表达”：一种新媒介生活方式的展开 [J]．哈尔滨工业大学学报（社会科学版），2016 (18).

② 同①.

③ 李良荣，傅盛裕．网民新闻评论呈现社会主流价值观：以近半年来两起“跨省”事件的论坛跟帖为例 [J]．新闻记者，2011 (6)．

复、留言到“弹幕”等方式不一而足，这对于公众参与社会事务、发表意见提供了极大的便利，同时，也便于凝聚社会共识、推动社会的改革发展。不过，由于网络跟帖评论与新闻信息服务生态的日趋复杂化，不良、违法内容等扰乱信息传播秩序、误导舆论的问题依旧严重，对于网络跟帖评论服务治理的难度也有所增加。

三、《规定》的内容及其主要特点

《规定》制定的依据是2017年6月1日起实施的《网络安全法》，它是对于《网络安全法》相关要求在跟帖评论领域的一次具体落实。《网络安全法》第十二条第二款规定：“任何个人和组织使用网络应当遵守宪法法律，遵守公共秩序，尊重社会公德，不得危害网络安全，不得利用网络从事危害国家安全、荣誉和利益，煽动颠覆国家政权、推翻社会主义制度，煽动分裂国家、破坏国家统一，宣扬恐怖主义、极端主义，宣扬民族仇恨、民族歧视，传播暴力、淫秽色情信息，编造、传播虚假信息扰乱经济秩序和社会秩序，以及侵害他人名誉、隐私、知识产权和其他合法权益等活动。”可见，该法律对于网络上禁止传播的信息内容做出了全面的规定。《规定》共有十三条，分别对文件制定的目的、依据、适用范围、监管主体、跟帖评论服务提供者主体责任、用户自律、不得干扰舆论等方面做出了要求。其中第五条至第八条主要规定了跟帖评论服务提供者、跟帖评论服务使用者各自的权利和义务，这是该文件的重点。大体上说，《规定》主要涉及加强网络跟帖评论服务的管理和保障公民合法权益两方面的内容，下面就对此问题以及该文件的特点展开详细的阐述。

(一)《规定》的主要内容解析

1. 强化网络跟帖评论服务商的主体责任

国家网信办负责人在答记者问时提到，该规范性文件对于加强网络跟帖评论服务商的主体责任主要规定了八个方面的内容。一是落实实名制要求。《规定》第五条第一款明确网站要严格按照“后台实名、前台自愿”原则，对注册用户进行真实身份信息认证，不得向未认证真实身份信息的用户提供跟帖评论服务。这体现了对于《网络安全法》中“实名制”要求的落实。二是建立用户信息保护制度。《规定》第五条第二款规定，“建立健全用户信息保护制度，收集、使用用户个人信息应当遵循合法、正当、必要的原则，公开收集、使用规则，明示收集、使用信息的目的、方式和范围，并经被收集者同意”。对此规定，国家网信办负责人补充指出，“《网络安全法》第四十条、四十一条、四十二条、四十三条、四十四条、四十五条对用户信息保护制度做了规定，国家标准化部门正抓紧组织制定《个人信息安全规范》，因此本《规定》仅对此做了原则性表述”。可见，这一原则性的规定，现阶段还需要与网络跟帖评论服务商自己制定具体的管理制度相结合，并且，等到国家相关具体指导规范出台之后要再对用户信息保护制度进行修改、完善。《规定》前瞻性地对用户信息保护问题在制度上做出“顶层设计”，有利于减少网络服务提供商侵害用户信息权利现象的发生①。三是明确新闻信息跟帖评论服务需要建立先审后发制度。《规定》第五条第三款要求，“对新闻信息提供跟帖评论服务的，应当建立先审后发制度”。国家网信办负责人对此所做的解释是，“《网络安全法》规定网络运营者应当加强对其用户发布信息的管理。建立先审后发制度，目的在于推动网站负起管理责任，当好跟帖评论的‘把关人’，维护跟帖评论良好生态”。显然，这条规定对于加强新闻跟帖评论信息的管理，特别是遏制网络不良和非法内容的传播具有重要的意义。对网络跟帖评论中不良内容的“把关”是网络跟帖评论服务商的一项重要工作，但是，这一责任的落实目前仍面临不少的困难。“由于新闻跟帖涉及的重大新闻事件多，是审核组内部控制的重点所在。审核组一般采取通用的技术手段如关键词过滤进行第一轮自动删帖，但是网民会通过空格、同声字等方式应对自动删帖，审核组成员还需要进行人工删帖，其主要办法是对帖子的题材进行浏览和过滤，一名网管每天都要浏览一到二万条帖子，其中三分之一是新闻跟帖。”② 显然，面对海量的新闻跟帖评论，其内容审核的具体制度还需要进一步的细化和完善。四是加强“弹幕”管理。从媒介传播最新的发展形态出发思考网络跟帖评论的规制问题，这体现了《规定》的务实与创新性，拓展了对于网络跟帖评论形态的固有认识，也体现了《规定》的制定对于传播规律有着较为深入的理解，这也是文件的亮点之一。该文件第五条第四款规定，“提供‘弹幕’方式跟帖评论服务的，应当在同一平台和页面同时提供与之对应的静态版信息内容”。“弹幕”被认为是媒介新宠，正日益成为网民尤其是年轻网民网上交流的重要方式。而且，它是一种直接且实时的信息评价方式，具有极强的互动性。视频在传播过程中，加入了大量的“弹幕”，由此也就重构了受众对于视频内容的认知。然而，在这一过程中，网民的

① 相较于《腾讯新闻评论服务协议及管理条例》和文汇网《跟帖评论自律管理承诺书》等媒体的承诺书，《规定》在加强用户信息保护等诸多方面都体现了前瞻性。

② 胡菡菡．网络新闻评论：媒介建构与公共领域生成：对网易“新闻跟帖”业务的研究［J］．新闻记者，2010（4）．

娱乐、恶搞、戏谑往往有可能走向极端，甚至引发不良、非法内容的传播。因此，此次将“弹幕”作为跟帖评论的形式之一，并且纳入管理体系也有其必要性。除此之外，《规定》第五条第五、六、七、八款为确保网络跟帖评论服务提供商主体责任的落实，还分别要求建立信息安全管理、技术保障措施、队伍建设以及配合有关主管部门依法开展监督检查工作等保障制度或措施。

2. 重视网络跟帖评论服务发展中对于公民权益的保护

网络空间中包括网络跟帖评论服务管理制度的漏洞等造成了公众使用相关网络服务时其合法权利被侵害的风险。近年来，随着网络技术及其服务的不断发展，针对网络空间监管和治理的法律法规也日渐完善。我们距离“网络不是法外之地”的网络治理的战略目标也越来越近。《网络安全法》正式实施之后，网络空间内容管理的法治化进程也进入了“快车道”。而网络不良信息的传播、用户信息安全风险加大等问题的存在仍严重侵害着公民的合法权益，因此，这就对政府在此类“公共产品”的服务中更加积极、主动的作为提出了要求。而《规定》的出台是政府“兑现对公众作出的庄严承诺，让互联网更好造福人民”的具体体现。《规定》把对公民合法权益的保护作为重点内容之一。国家网信办负责人表示该文件从五个方面加强了对于公民合法权益的保护。一是规定了个人信息保护的要求，《规定》要求跟帖评论服务提供者要依法履行用户信息保护义务，建立健全用户信息保护制度。二是禁止跟帖评论服务提供者及其从业人员非法牟利，明确要求不得为谋取不正当利益或基于错误价值取向有选择地删除、推荐跟帖评论，不得通过利用软件、雇用商业机构及人员等方式散布信息。三是强化信息安全保护，要求跟帖评论服务提供者加强技术保障，及时发现存在的安全缺陷、漏洞等风险，并采取补救措施。四是建立举报监督制度，要求跟帖评论服务提供者建立健全违法信息公众投诉举报制度，及时受理和处置公众投诉举报。同时，规定国家和省、自治区、直辖市互联网信息办公室建立互联网跟帖评论服务提供者的信用档案和失信黑名单管理制度，加强对互联网跟帖评论服务提供者的管理监督和失信惩戒。由此可见，在网络跟帖评论制度建设的过程中，完善用户信息保护的相关制度，建立举报监督制度以及信用档案、失信黑名单管理制度，这些都体现了在新媒体时代，针对网络跟帖评论发展中的相关问题，政府通过制度的完善，不断拓展公民权益保护的措施和途径，由此降低用户信息权、名誉权、隐私权等合法权益遭受侵害的风险。值得注意的是，《规定》第七条第一款规定，“跟帖评论服务提供者及其从业人员不得为谋取不正当利益或基于错误价值取向，采取有选择地删除、推荐跟帖评论等方式干预舆论”。紧接着，在该条第二款中规定，“跟帖评论服务提供者和用户不得利用软件、雇佣商业机构及人员等方式散布信息，干扰跟帖评论正常秩序，误导公众舆论”。这一条主要针对的是当前在网络跟帖评论信息传播中出现的操纵舆论、“黑公关”等现象，对它们提出了明确的监管要求，从而将这类干扰正常舆论的现象纳入法治化的监管之中，也有利于更好地保障公众的知情权和表达权。从第一款的规定来看，由于网络跟帖评论服务提供商在与用户的关系中属于相对强势的一方，其有可能利用自身的优势对用户的意见表达自由进行不当的限制。这也是当前网络跟帖评论管理制度所应重点解决的问题。《规定》出台之后，在法律上进一步保障了用户的参与权和表达权，将有利于用户依法维护意见表达、监督、批评的合法权利。第二款主要是针对新兴的各种破坏网络舆论生态的方式，明确了对其应加强管理的要求。网络跟帖评论服务管理制度的建构，其根本目的在于促进“意见市场”的健康发展，使网络虚拟空间在服务社会发展中发挥更大的作用。但是，现实中网络跟帖评论服务并未能够发挥其应有的价值。特别是由于出于商业利益或其他私人利益的考量，一些人通过利用软件或者雇用商业机构及人员等手段在网络上散布信息，干扰跟帖评论的正常秩序，扭曲了正常的“意见市场”。这种组织化、大规模的非法舆论动员是互联网时代良性信息传播秩序和舆论生态建构的“毒瘤”。比如，《孤芳不自赏》的官方微博曾成为“水军”的讨债现场，由此暴露出网络空间“水军”问题的严重性。当前，各种刷分、刷评论、制造虚假流量等“非法公关”活动严重扭曲了正常的舆论生态，破坏了“口碑”市场及其积极功能的发挥。曾有报道指出，“网络水军是这样一批人：他们数量众多，成千上万，受雇于网络公关公司，在网上通过发布大量水贴来造势。或是营造一种全民关注的假象，或是刷分、刷评论提高口碑，或是通过碰瓷、抹黑竞争对手来获取利益”[①]。所以说，治理“网络水军”是维护网络跟帖评论秩序以及保障网络舆论良好生态所必须攻克的“难题”，《规定》对于这类行为的规制，既体现了政府部门破解这类问题的勇气，也有利于保障公众的知情权。

（二）《规定》的主要特点

1. 加强对于网络跟帖评论的管理，使网络规范体系更加健全

《规定》中不仅明确了网络跟帖评论服务提供商的主体责任，完善了用户信息保护、防止干扰舆论等相关制度，还通过对制裁、惩罚措施的明确规定，健全了网

① 曾于里．因为水军，我们看到的可能是一个假的世界［EB/OL］．［2017-02-24］．http：//www. infzm. com/content/123171.

络跟帖评论的管理体系。《规定》第五条第五款要求跟帖评论服务提供者要建立健全跟帖评论审核管理、实时巡查、应急处置等信息安全管理制度，及时发现和处置违法信息，并向有关主管部门报告。而且，《规定》第八条还进一步明确要求，“跟帖评论服务提供者对发布违反法律法规和国家有关规定的信息内容的，应当及时采取警示、拒绝发布、删除信息、限制功能、暂停更新直至关闭账号等措施，并保存相关记录”。实践中，网络服务提供商在针对不良、非法内容的管理过程中，也往往会采取警示、删除等相关措施，但是，这些措施大多是仅仅停留在内部规范层面，此次《规定》对其做出了更为明确的规定，这有利于提高规范的效力和公信力。而且第八条，明确了这些处理措施的先后顺序，这在一定程度上也就加强了对于网络跟帖评论服务提供商处罚权力的限制。“警示、拒绝发布、删除信息、限制功能、暂停更新直至关闭账号”这些措施能够直接限制用户的参与和表达，因此，对这类措施的使用应有更为严格的程序，特别是需要在法律上做出更详细的规定，以免造成对公众合法权利的不当侵害。总体看来，《规定》的出台完善了网络跟帖评论的管理制度，强化了对网络跟帖评论信息传播的监管。

2. 从传播规律出发，着眼于传播的新形态，体现了跟帖评论管理的前瞻性

《规定》首次将“弹幕”形态纳入网络跟帖评论服务进行管理，这是该文件的一大亮点。近年来，“弹幕”这一传播形态兴起，成为“媒介新宠”，它体现了互联网文化的草根性、参与性等特征，是媒介融合发展的最新“产物”。当前，人们对于“弹幕”传播的影响力和优势逐步开始认可，作为新兴视频社群，人们对其发展给予了很大的期待。但与此同时，对“弹幕”上不良、非法信息管理的难度却也在增加。有论文就建议，“尝试建立对弹幕视频/电影的专业化监管机制。可以通过引入‘人工过滤机制’，对一些重要视频/电影在放映时进行弹幕监管，将一些敏感词汇、有害信息进行人工过滤”[①]。此次《规定》不仅将“弹幕”作为网络跟帖评论的一种形式，要求对其进行管理，而且，还提出了具体的管理措施，要求“提供‘弹幕’方式跟帖评论服务的，应当在同一平台和页面同时提供与之对应的静态版信息内容”。显然，相较于稍纵即逝、铺天盖地的视频“弹幕”，要求网络服务提供商需要提供对应的“静态版信息内容”，可以增强“弹幕”监管的可行性。

3. 在网络内容管理的方式、方法上不断创新

一是，完善了自律制度。《规定》第六条规定，“跟帖评论服务提供者应当与注册用户签订服务协议，明确跟帖评论的服务与管理细则，履行互联网相关法律法规

① 李天语．媒介新宠：“弹幕视频”传播形态之初探［R］．江苏省传媒学科研究生论坛，2014.

告知义务，有针对性地开展文明上网教育。跟帖评论服务使用者应当严格自律，承诺遵守法律法规、尊重公序良俗，不得发布法律法规和国家有关规定禁止的信息内容”。可以说，自律制度的建立能够从根源上减少网络不良跟帖评论信息的传播。二是，探索了网络内容监管的信用管理制度。《规定》对于网络跟帖评论服务提供者和使用者都提出要建立信用管理制度。第九条第一款规定，“跟帖评论服务提供者应当建立用户分级管理制度，对用户的跟帖评论行为开展信用评估，根据信用等级确定服务范围及功能，对严重失信的用户应列入黑名单，停止对列入黑名单的用户提供服务，并禁止其通过重新注册等方式使用跟帖评论服务”。用户分级管理和信用“黑名单”制度体现了对于网络内容监管方式的不断探索，有利于增强管理的效能。

四、网络跟帖评论管理制度展望

对于今后网络跟帖评论管理制度的发展而言，一方面，从公民权利保障的角度来看，其保障公众参与、表达权的功能将得到更好发展。另一方面，从监管的角度来看，治理体系更加健全，他律与自律相结合，各项制度将愈发完善，网络跟帖评论信息传播的规范体系将更加科学、合理。

1. 网络跟帖评论管理制度促进公众参与权、表达权的权利保障功能将不断得到强化

中共十七大提出，要保障公民“四权”的实现，即“知情权、参与权、表达权、监督权”。互联网的发展以及传播形式的多样化，在“人人都是麦克风”的时代，为“四权”的更好实现创造了更加有利的条件。网络跟帖评论的良性发展，对于减小现有正式意见表达渠道的局限性、弥合阶层分化、协调社会发展、凝聚社会价值观等都有着重要价值。特别是，网络新闻跟帖评论制度的建构有利于激发公众参与公共生活的热情，培养现代社会所需要的批判性思维。“批判性思维要求我们不轻信别人的观点，也肯定各种观点都有为自己争辩的权利，将批判性思维运用到网络新闻评论中，使得每个人都敢于提出对新闻事件中的疑惑，敢于对别人的观点提出质疑，敢于为自己的观点辩护。这样，各种观点交流集散，增强了新闻事件的影响力，促进了大众所关注问题的解决”①。可以说，网络跟帖评论服务是锻炼现代公民民主意识、批判思维、参与能力的重要“场所”之一。从这个意义上说，要促

① 赵文晶，贺婧．论网络新闻评论中的批判性思维［J］．中国出版，2012（14）．

进网络跟帖评论的发展就必须加强对其法治化管理的水平，这样才能够使得网络空间中公众的参与、表达权得到更好的保障。因此，今后网络跟帖评论规范的发展将逐步增强其在保障参与权、表达权方面的作用，进而更好地发挥其在社会政治、经济、文化发展中的重要作用。

2. 网络内容的治理体系趋于完善，治理手段更加多元

一是，法律体系更加完善。对于网络内容的审查，《规定》第五条第三、第七款分别规定，“（三）对新闻信息提供跟帖评论服务的，应当建立先审后发制度”，“（七）配备与服务规模相适应的审核编辑队伍，提高审核编辑人员专业素养”。不过，《规定》第十二条还特别提出，“互联网跟帖评论服务提供者违反本规定的，由有关部门依照相关法律法规处理”。而且，《规定》也并未对法律责任做出详细的规定，对此，国家网信办负责人在答记者问时指出，“《网络安全法》以及其他相关法律法规，对违反《规定》的法律责任进行了具体表述。《规定》秉持简便原则，在条文中明确了‘由有关部门依照相关法律法规处理’的原则，对具体处理措施不再赘述”。由此可见，对于网络跟帖评论内容的审核与认定，还需要依据其他相关法律法规。国家网信办曾经在针对网络跟帖评论的专项整治中提到，集中清理跟帖评论中违反“九不准”、触犯“七条底线”的违法违规有害信息。“七条底线”具体是指法律法规底线、社会主义制度底线、国家利益底线、公民合法权益底线、社会公共秩序底线、道德风尚底线和信息真实性底线。不过，针对网络内容审核的法律体系建设应更进一步加强，使得网络跟帖评论制度在落实过程中内容审核标准更加明确。网络内容的“把关”在实践中仍会遇到一些问题，有研究就指出，“与此相类似，为了回避行政干预，网络媒体在处理一些敏感问题时，方式是尽量‘搞大’，在事件尚未引起有关方面注意时给予充分的支持。一旦事件影响扩大到全国范围，各种干预反而不易发生。相关方面在舆论压力下，会对事件进行处理，并给出‘盖棺定论’”①。而当前相关内容审核规范的模糊性、监管标准的不统一是导致类似问题出现的主要原因。所以说，从网络内容管理的角度来看，网络跟帖评论管理制度将随着政府法治化治理能力和水平的提高，更加精细化。

二是，网络跟帖评论的治理需要激发网民的自律。网络跟帖评论空间的法治化建设最终受益者是普通网民。因此，网民应为创造健康、有序的网络言论秩序贡献自己的力量。有论者就提出，“广大网民在网络新闻跟帖评论或留言，行使自己的

---

① 胡菡菡．网络新闻评论：媒介建构与公共领域生成：对网易“新闻跟帖”业务的研究［J］．新闻记者，2010（4）．

网络话语权和公众参与权、表达权的时候，要捍卫一定的价值底线，守住社会的基本价值观念，担当网络传媒作为当下我国媒介化社会公共空间的新闻信息使者、舆情民意代表和国家政策宣传等多重角色，努力增加网络新闻的信息含量，提升网络新闻跟帖的价值和影响力”①。可以说，网民既是网络跟帖评论制度的受益者，同时也是这一制度重要的实施者，网络跟帖评论空间质量的高低与网民息息相关。因此，为了调动网民理性发言的积极性，创造文明、健康的舆论生态，还应建立引导网民理性跟帖评论的保障机制。比如，网络媒体通过将意见领袖的新闻跟帖评论安排在首页或者评论的最前面等措施，采取正面激励的方法，就能够鼓励网民发表有价值的言论，促进言论空间的更好表达。有人还提出“疏堵结合”的建议，“而所谓的‘疏’就是加强网络教育，倡导阳光跟帖。可以说，在互联网的世界中，每个网民都需要遵守法律，恪守道德。但是，如何才能够做到呢？一个重要的措施就是加强网络教育，倡导阳光跟帖的行为。……同时，也必须能够通过树立标杆和旗帜，以典型和榜样的力量来影响一批人，来感染一批人，懂得其中的基本脉络，从而形成一股网络风清气正的风气”②。

三是，多元化的治理手段中技术手段的重要性将不断上升。由于互联网的媒介及其传播形态在不断发展，因此，对其治理的措施也要不断创新。《规定》提到了针对用户的“应当建立用户分级管理制度”，并要求“根据信用等级确定服务范围及功能，对严重失信的用户应列入黑名单”。然而，无论是用户分级管理制度还是失信黑名单制度都还需要网络服务提供商具备科学、有效的用户鉴别能力。同时，对于用户违法跟帖评论内容的鉴别，既需要依靠人工审核，更离不开技术手段的支持，否则，内容审核的目标将很难实现。特别是针对“弹幕”等不断出现的新兴传播形态，更应不断提高技术识别的水平，发动公众参与不良跟帖评论内容的治理③。所以说，随着智能化时代的到来，对于网络信息内容的治理需要“人机结合”，特别是离不开技术手段的优化和不断创新。

---

① 赵平喜．网络新闻跟帖场域中价值观的“社会表达”：一种新媒介生活方式的展开［J］．哈尔滨工业大学学报（社会科学版），2016（18）．

② 淮左．整治跟帖评论要“堵”更要“疏”［EB/OL］．［2016－06－22］．http：//www.wenming.cn/wmpl_pd/msss/201606/t20160622_3462513.shtml．

③ 有论文指出“例如在湖南卫视的金鹰节晚会直播时，后台的弹幕维护站就是通过‘关键词自行过滤＋大型团队人工审核＋15 秒延时播出视频与弹幕’的模式进行精准监管；还可以通过引入对弹幕的‘泛审查制度’，即让观影受众本身进行监管，例如可以在视频网站的弹幕池中设置黑名单功能，受众觉得不妥的弹幕即可以右键拖入黑名单”。李天语．媒介新宠：“弹幕视频”传播形态之初探［R］．江苏省传媒学科研究生论坛，2014．

网络新闻信息监管制度的现状及其演变趋势
——从北京市网信办责令腾讯、新浪、搜狐等网站关停违规自采栏目谈起

据媒体2017年3月3日报道，北京市网信办责令腾讯、新浪、搜狐、网易、凤凰等网站关停违规自采栏目。这些违规而被关停的栏目中，就包括新浪的“军情观察室”“国际派”，腾讯的“腾讯思享会”等。腾讯正在对“今日话题”栏目严格整改。这些网站被要求进行整改、关停相关栏目的原因是，“存在大量擅自采编发布互联网新闻信息、超出互联网信息服务资质核准范围开展相关业务等行为”[①]。而做出上述处罚的法律依据主要是2005年版《互联网新闻信息服务管理规定》第十六条规定的“不得登载自行采编的新闻信息”，还有《互联网信息服务管理办法》第十一条规定的“互联网信息服务提供者应当按照许可或者备案的项目提供服务，不得超出经许可或者备案的项目提供服务”。在此之前，2016年7月，多家网站因内容违规，部分栏目被叫停。新浪已关停“极客新闻”栏目；搜狐已关停“新闻当事人”“弧度”“点击今日”等栏目；网易已关停“回声”“路标”等栏目；凤凰已关停“严肃报道”栏目。由此可以看出，近年来，国家加强了对于网络新闻内容违规行为的监管，凸显了对于无论是传统媒体还是网络上新闻信息的全面、一体化的监管思路。

一、网络新闻信息法服务监管的现状

目前，我国对于互联网新闻信息的管理实行行政许可审批制，从市场准入和内容两方面强化对新闻信息内容产生和传播的限制。在市场准入方面，截至2015年年底，共有249家单位获得互联网新闻信息服务许可，此外，约有14家中央新闻

---

① 新浪网、网易网等8家网站限期整改情况［EB/OL］.［2017－03－16］. http：//www. cac. gov. cn/2017－03/16/c _ 1120640440. htm.

单位网站、近 3 000 家地方新闻单位网站备案①。网络新闻信息监管法律制度的走向受到政策、传播规律等因素的影响。

1. 从新闻信息服务的角色定位来看，在网络新闻媒体与传统新闻媒体的监管上“统一标准”具有必然性

在社会转型时期，我国的媒体扮演三重角色——党的喉舌、市场竞争主体以及社会公器。但在很多时候，这三种角色的扮演过程却是失衡的。“但到目前为止，我国的新闻规范体系中仍然明确强调新闻媒体的喉舌角色期望，有限地默许新闻媒体的市场竞争主体的角色期望，忽视新闻媒体的社会公器角色期望，这就形成了我国新闻媒体的角色期望模糊的格局。”② 有论者提到，对于包括商业网站在内所有媒体的角色期望或者要求在一些方面都是一致的。“一些在市场中成长起来的非党报体制的新闻媒体虽然更多时候是被赋予市场竞争主体的角色期望，但从目前的新闻体制上来看，它们也依然要被赋予喉舌的角色期望，至少要与党和政府的需求相一致。”而且，社会公器角色应是所有类型媒体都应当坚守的底线。“其中社会公器的角色期望是其他两种角色期望的基础，也就是说，尽管党报体制的新闻媒体强调喉舌的角色期望，而市场化的新闻媒体强调市场竞争主体的角色期望，但它们的职业行为的底线不能违背社会公器的角色期望要求。”③ 由此可见，在社会转型时期，媒体价值目标是多元的，而且，多种价值之间需要平衡发展。其中，“党管媒体”是我国互联网内容监管法律的一项基本原则和重要内容。2008 年 6 月 20 日，胡锦涛总书记在人民日报社考察时的讲话指出：“必须坚持党性原则，牢牢把握正确舆论导向。”“党管媒体”的内涵可具体阐释为，“在社会主义初级阶段，中国网络媒体作为一项社会主义现代化的事业，担负着传播正确的思想观念、道德传统和文化式样的重要使命，是中国共产党宣传马克思主义、列宁主义、毛泽东思想、邓小平理论、‘三个代表’重要思想和科学发展观的全新舆论阵地”④。“党管媒体”是社会主义建设中对我国媒体舆论导向及意识形态安全的要求。习近平总书记曾经讲过，传媒改革需要坚持“四个不能变”的基本要求，即“无论什么情况下，党和人民喉舌的性质不能变，党管媒体不能变，党管干部不能变，正确的舆论导向不能变”⑤。由于传媒担负着文化传承以及“以正确的舆论引导人”的特殊使

① 袁玮．互联网新闻信息服务发展现状与管理的有关建议［J］．世界电信，2016（2）．

② 周俊．试析新闻失范行为中的角色期待与角色领悟［J］．国际新闻界，2008（12）．

③ 周俊．试析新闻失范行为中的角色期待与角色领悟［J］．国际新闻界，2008（12）．

④ 陈华．互联网站从事登载新闻业务的十年历程回顾与信息服务法治管理路径［J］．北京社会科学，2011（2）．

⑤ 习近平．2003 年 7 月 18 日在文化体制改革和文化大省建设座谈会上的讲话［M］//习近平．干在实处，走在前列：推进浙江新发展的思考与实践．北京：中共中央党校出版社，2006：327．

命，因此，发展也必须“要与党和政府的需求相一致”，这也是对市场类新兴媒体的一项重要要求。可以说，与从事网络新闻信息服务活动相关的所有法律法规，都会体现对于这一基本原则和精神的贯彻落实。不管媒介或传播形态如何变化，“党管媒体”的基本原则和要求都将始终保持不变。所以说，此次北京市网信办责令腾讯、新浪、搜狐、网易、凤凰等网站关停违规自采栏目，还有针对其他网络新闻信息服务形态的执法活动，其目标都是确保新闻信息监管“标准”的内外一致性。

2. 网络新闻信息形态的变化，使得监管制度具有滞后性，法律的调控具有渐进性

这些年，我国针对网络新闻信息服务的监管制度已陆续发生了很大的变化。1997年出台的《利用互联网络开展对外宣传暂行规定》明确，“可以入网”的“新闻宣传单位”限于“对外发行的新闻报刊和其他对外出版物（包括文字印刷品和音像品）”，此时非新闻报刊被排除在外。而且，新闻宣传单位入网实行事前审批制，审批部门为国新办。此后，专门针对网络新闻信息的监管法律出台于2000年，在其中许可制得到了延续。2000年11月6日，国新办、信息产业部联合颁布部门规章《互联网站从事登载新闻业务管理暂行规定》，其管理对象为“从事登载新闻业务的网站”，不再限于体制内的“各新闻宣传单位”，商业网站也被纳入管理范围。由此开始即确立了网络新闻信息服务针对不同管理对象的分类管理模式。也就是说，针对新闻单位与非新闻单位的网站设定了不同监管标准。而非新闻单位又被分成了“综合性非新闻单位网站”和“非新闻单位建立的其他互联网站”，对于它们的监管制度又有差异。从这里可以看出，技术导致的新闻传播形态的变化是网络新闻信息中的一个重要“变量”，它造成监管对象之间的差别，而监管政策只能“与时俱进”。这成为我国网络新闻信息监管制度变迁的主要特征之一。2005年9月25日，国新办、信息产业部联合发布《互联网新闻信息服务管理规定》，其中将管理对象的分类做了调整，对“新闻单位设立的只登载本单位已刊登播发新闻的”，实行较为宽松的备案制；对“新闻单位设立的登载超出本单位已刊登播发新闻的”（可简称为“新闻网站”）和“非新闻单位设立的提供转载新闻信息等时政类信息服务的”（可简称为“综合性商业网站”）两类主体，实行审批制①。由此可见，针对媒介形态的变化设置许可或在行政监管制度上加以“区别对待”面临的最大问题是由于设置许可的“对象”本身会发生变化，进而就会造成监管政策的不稳定。与传统媒体不同，报纸、广播电视的形态能够保持

① 有学者认为，其中涉及的第一类管理对象，在现实中已越来越少见。为了赢得受众，应对竞争，其登载的新闻信息往往会不限于本新闻单位，已不能适用这种管理要求。张文祥，周妍．对20年来我国互联网新闻信息管理制度的考察［J］．新闻记者，2014（4）．

相对的稳定性和持续性，而互联网新技术下的媒介及传播形态则是变动的，而且，这种“动态”聚集形成的影响力和重要性也都已经超越了“静态”的媒介本身。这就直接导致过去针对管理对象的监管制度发生了很大变化。2017 年版的《互联网新闻信息服务管理规定》（以下简称《规定》）将管理对象扩大到所有新媒体类型，并且更加强调根据其服务的内容进行差异化管理，这是十分明显的变化。《规定》第五条指出，“通过互联网站、应用程序、论坛、博客、微博客、公众账号、即时通信工具、网络直播等形式向社会公众提供互联网新闻信息服务，应当取得互联网新闻信息服务许可，禁止未经许可或超越许可范围开展互联网新闻信息服务活动”。而且，还首次提出“前款所称互联网新闻信息服务，包括互联网新闻信息采编发布服务、转载服务、传播平台服务”。《规定》围绕平台所具有的不同服务功能分别设定了相应的责任和义务。可以看出，所有的新媒体服务平台都被纳入了监管范围，而且，针对网络新闻信息服务的监管，主要是根据管理对象以及服务内容的差别，建立了许可制等多种监管制度，这是我国当前网络新闻信息监管制度的又一重要特征。表 1 对于主要的网络新闻信息服务的监管规范做了比较，以此揭示其演变的规律。

表 1　　　　主要网络新闻监管规范内容的变化趋势考察

法规名称	发布时间	规制对象	服务内容	特征
《互联网站从事登载新闻业务管理暂行规定》	2000 年 11 月	“各新闻宣传单位”（其他新闻单位不单独建立新闻网站，经批准可以在中央新闻单位或者省、自治区、直辖市直属新闻单位建立的新闻网站建立新闻网页从事登载新闻业务），“非新闻单位”（综合性非新闻单位网站）	通过许可审批制规定了登载新闻（包括互联网发布和转载新闻），对其服务内容没有详细规定	以许可制的管理方式为主，对于服务内容没有规定。此时互联网形态相对单一，管理方式也比较简单
《互联网新闻信息服务管理规定》	2005 年 9 月	第一类，新闻单位设立的登载超出本单位已刊登播发的新闻信息、提供时政类电子公告服务、向公众发送时政类通讯信息的互联网新闻信息服务单位；第二类，非新闻单位设立的转载新闻信息、提供时政类电子公告服务、向公众发送时政类通讯信息的互联网新闻信息服务单位；第三类，新闻单位设立的登载本单位已刊登播发的新闻信息的互联网新闻信息的互联网新闻信息服务单位	主要是与政府许可、审批相关的内容及其监管；服务过程的监管较少提及（尚未将服务内容作为监管重点）	对于规制对象媒体的范围设定较为有限，对于自媒体的规制不够；服务内容仅包括发布、转载

续前表

法规名称	发布时间	规制对象	服务内容	特征
《互联网新闻信息服务管理规定》	2017年5月	许可制方面主要分了新闻单位（包括）和其他单位；但是，服务过程的监管，引入了新的分类，提出了互联网新闻信息采编发布服务、转载服务、传播平台服务的分类，分别对互联网新闻信息服务提供者与平台服务提供者就其服务内容监管设置不同要求	对于服务内容、如何运作等做出了要求，特别是规定了“互联网新闻信息传播平台服务”服务过程中的义务	考虑媒体的舆论动员能力，即更重视所有媒体形式中的影响力因素

通过比较可以发现，监管政策与时俱进，逐步丰富管理的方式，从以许可制为主到针对服务内容的过程监管，这一制度演变的背后主要是网络新闻信息的媒介及传播形态的变化，这就使得监管制度也越来越复杂。未来网络新闻信息监管制度的发展趋势将会是，管理方式更加多元，除了许可制之外，还会更加重视事中、事后监管制度的完善。一方面，对所有形态的新闻信息的监管制度将愈发完善。在服务主体许可和服务内容的监管上，前者增加了对服务平台（除了发布、转载）的许可，而且，随着对于网络新闻信息服务主体及其服务特性认识的变化，规范内容将会从过去以许可制为主，转向“许可制＋服务内容”的监管模式（以前新闻的发布、转载服务相对简单，没有对其在许可之外设置更多的约束，即许可可以解决问题，但是，后来监管范围扩大到了服务平台，此时，规范的内容也就扩充了）。另一方面，更看重“动态”的新闻信息的监管。今后，针对不同服务过程的监管将更加明确、具体。

3. 网络传播虚假新闻问题突出，监管难度大

网络传播虚假新闻的现象有愈演愈烈之势，这对于社会的危害是非常严重的。有媒体报道称，新浪、搜狐、网易、凤凰因传播虚假新闻报道被责令限期整改。近期凤凰网在从事互联网新闻信息服务中多次出现重大责任事故，发布传播虚假新闻如《长沙起火大巴目击者称不明物被2次点燃抛向前座》《邓新华：东北经济差是因为东北人观念落后?》等，篡改标题歪曲新闻原意如《外媒：浙江现巨型导弹预警雷达基地直接对准台湾》，这些虚假新闻都破坏了正常的网络传播秩序，造成了较为恶劣的社会影响。之所以出现大量的虚假新闻，就与这些网络媒体没有建立起像传统媒体那样保障新闻生产真实性的各项制度不无关系。可以说，虚假新闻的产生与网络内容管理制度的不健全有着直接的关系。针对虚假

新闻这一网络新闻领域的“顽疾”，法律应及时做出回应，这是确保“社会公器”的必然要求。网络新闻信息相关的行政法规，弥补了民事、刑事等法律法规在规制虚假新闻问题上的不足，由此既可以看出虚假新闻控制的难度，同时，也体现出国家对此问题的重视。

二、网络新闻信息监管制度发展中的主要障碍

下面对网络新闻规制在媒介内容以及行政审批管理中面临的突出问题展开分析，揭示网络新闻信息监管面临的主要障碍。

1. 媒介技术及传播形态的变化是网络新闻信息监管的挑战之一

如今在全媒体、融媒体环境下，所有新媒体平台在服务过程中都可能涉及新闻信息相关，监管部门对此的认识也越来越清晰。媒介技术及传播形态变化所带来的复杂性是当前网络新闻信息服务监管面临的突出问题。有人指出，“专门为提供时政类信息而设置信息平台，与信息平台提供了时政类信息，是有较大差异的，因为既然是信息平台，就很难完全避免时政类新闻信息（包括评论）”[①]。还有学者指出，“互联网时代的新闻报道者也同样是‘有你有我’，而不是延续过去由传统媒体垄断新闻生产的格局。因此，与其把商业网站和网民排除在新闻传播之外，不如顺应网络传播趋势，把他们纳入新闻传播之内”[②]。那么，究竟该如何应对这一技术发展带来的挑战？

新版《规定》在破解这一难题方面做了很多的探索。除了针对管理对象在许可制方面有不同的要求之外，更重视健全从“服务内容”角度完善相关的管理制度。从加强服务过程监管责任的角度，《规定》在加强互联网新闻信息服务提供者主体责任方面，明确了多项制度：一是明确了总编辑及从业人员管理制度，要求总编辑对互联网新闻信息内容负总责，要求从业人员依法取得相应资质。二是规定了信息安全管理制度、实名制登记、平台用户管理等日常运营的要求，明确了互联网新闻信息服务提供者常态化的运行规范。三是强调了转载规范，要求互联网新闻信息服务提供者转载符合规定的稿源，注明转载相关信息，不得歪曲、篡改原意，并遵守著作权相关法律法规的规定。四是强化了违法信息处置的规定，根据《网络安全法》的规定，要求互联网新闻信息服务提供者对违法信息立即停止传输，采取消除

① 魏世军．互联网新闻信息服务监管问题研究［J］．湖北社会科学，2014（9）．

② 张文祥，周妍．对20年来我国互联网新闻信息管理制度的考察［J］．新闻记者，2014（4）．

等处置措施，防止信息扩散，保存有关记录，并向有关主管部门报告[①]。这是对于过去以“许可制”为主的监管制度的重要补充。不过，这些要求仍可进一步地细化，增强其针对性。比如，对于开展不同的互联网新闻信息服务——互联网新闻信息采编发布服务、转载服务、传播平台服务，在责任的差异化要求方面，仍可进一步精细化，使得监管制度更加具有针对性，这样《规范》的可操作性就会更强。特别是，“传播平台服务”其本身包含的形态十分广泛，如果适用相同的责任标准就可能会出现问题。有人指出，“对于提供新闻信息来源的服务，应通过许可的强制方式加强管理，并对其资质审查、相关人员配置、内容管理等提出严格要求；对于仅传播新闻信息的服务，可以通过采取备案等约束性措施进行管理，同时要求其在传播新闻信息的过程中保证新闻信息的完整性；对于提供新闻信息交流平台的服务，也可采取备案等措施对其进行约束性管理，完善服务标准和规范，要求平台采取有效措施确保内容合法，并对平台用户进行自律性管理”[②]。事实上，近年来，针对不同类型服务主体的差异化监管制度也在逐步完善，义务也在不断地细化。此次新版《规定》中对于提供“平台服务”的主体，对其义务规定的内容更加完善，主要涉及落实实名制要求、保密义务以及保障公众表达权等义务。第十三条要求，“互联网新闻信息服务提供者为用户提供互联网新闻信息传播平台服务，应当按照《中华人民共和国网络安全法》的规定，要求用户提供真实身份信息。用户不提供真实身份信息的，互联网新闻信息服务提供者不得为其提供相关服务。互联网新闻信息服务提供者对用户身份信息和日志信息负有保密的义务，不得泄露、篡改、毁损，不得出售或非法向他人提供。互联网新闻信息服务提供者及其从业人员不得通过采编、发布、转载、删除新闻信息，干预新闻信息呈现或搜索结果等手段谋取不正当利益”。由此可见，未来网络新闻信息管理制度建构的路径，主要是针对不同主体实施分类监管，通过“既统一要求，又分类管理”的原则，较好地实现不同平台新闻内容生产的监管目标。

不过，针对媒体融合、传播内容融合等传播形态的变化，如何落实新闻信息监管的价值目标仍然是值得继续思考的问题。有人指出，“在互联网领域出现许多融合形态的新业务，如支付宝、墨迹天气等典型的商业应用增加社交、信息发布功能，支付宝甚至采用过阅后即焚技术；一些用户量较大的 App 提供信息发布平台完全不是难事，它们为打造超级平台不断聚合新功能，如通过交友、同城话题等板

① 促进互联网新闻信息服务健康有序发展：国家网信办就新的《互联网新闻信息服务管理规定》答记者问［EB/OL］.［2017－05－04］. http：//news. sina. com. cn/c/2017－05－04/doc－ifyeycte8533787. shtml.

② 袁玮．互联网新闻信息服务发展现状与管理的有关建议［J］. 世界电信，2016（2）.

块聚集人气、分享信息……”[①]。这些媒介形态都可能成为新闻信息的传播平台，而这些平台的功能、属性又各不相同，差异较大，需要在结合平台自身特点和传播规律的基础上，制定出更具针对性的具体对策。互联网新闻信息服务的传播过程包含服务主体、服务内容、服务方式、服务对象、服务产生的影响力等五个要素。“从服务具体形态来看，互联网新闻信息服务的五个要素是不同的，具有各自特点，可以进行分类”。除了服务对象、服务范围，其他几个要素对于监管制度的意义更为重大。有研究指出，“对互联网新闻信息服务进行分类应重点考虑服务主体和服务方式因素，并将社会动员能力等新闻信息影响力作为辅助因素一并纳入考虑范围”[②]。因此，网络新闻信息服务的监管，需要根据媒介形态、技术及传播功能的变化及时做出调整。

2. 对于许可制及其他行政手段在网络新闻信息监管方面局限性的思考

行政法规在针对传统媒体时代的新闻内容监管方面一直都扮演着非常重要的角色，如《报刊管理条例》《广播电视条例》等。其中许可制是这类行政法规中的一项重要制度。这可以说是针对新闻信息传播的事前监管，它与事中、事后的监管共同构成了媒体新闻信息的监管体系。很多国家针对网络内容的监管借鉴原有媒体监管的制度和经验，这基本上是通行的做法。“经过20年的探索，目前我国已形成一套复杂的互联网信息管理制度，先后出台了包括《互联网信息服务管理办法》《互联网站从事登载新闻业务管理暂行规定》《互联网新闻信息服务管理规定》等在内的多项法律法规，总体上延续并移植了对传统媒体新闻宣传工作的管理思路和做法。”[③] 这既可以弥补随着新技术发展出现的监管漏洞，同时，也是对已有制度“资源”的再次开发、利用。在网络新闻监管的经验中最为重要的就是网络内容的行政监管模式，其中网络新闻传播的许可制是一项重要制度。

另外，近些年来，新闻信息内容监管的程序法也日趋完善。《互联网新闻信息服务单位约谈工作规定》（即“约谈十条”）、《互联网信息内容管理行政执法程序规定》、《互联网新闻信息服务许可管理实施细则》（以下简称《细则》）的出台，体现出对于网络新闻信息的监管在实体法、程序法方面法治化治理水平都在逐步提升。特别是《细则》的出台，其作为对《规定》的补充，使得相关规定更加明确，一方面提高了监管的效率；另一方面，由于降低了法律的模糊性，也加强了对权力的限制。但是，从网络新闻信息法治化监管的体系来看，除了许可制方面应加强程序的

① 魏世军．互联网新闻信息服务监管问题研究［J］．湖北社会科学，2014（9）．

② 袁玮．互联网新闻信息服务发展现状与管理的有关建议［J］．世界电信，2016（2）．

③ 同②．

法治化之外，对于行政权力的事中监管、事后监管也都应逐步完善相关的程序法要求，以程序法律的完善保障媒体从事网络新闻传播的权利。不过，许可制本身具有滞后性、对权利的限制不够灵活等诸多的局限。有人指出，“由于行政许可现状呈现异常复杂的状态，理论把握上还有某些缺陷，因此立法中一时不太明显的疏漏和矛盾在实施中会很快凸现”①。网络新闻信息的传播形态处于不断变化之中，而法律要求一定的稳定和确定性，在这种情况下，许可制下行政权力介入的“合理性”往往面临很大的考验。为了降低行政手段对媒体传播权利造成“误伤”的风险，应更多地采取协商共治的方式处理，以尽可能地规避行政监管的弊端。

三、对网络新闻信息治理体系完善的建议

1. 在“治理”理念下，动员社会主体共同参与

近年来，新兴媒体层出不穷、功能繁多，要想及时有效地达成针对新闻信息的管理目标，实现媒体新闻服务的多元价值，就需要依靠社会主体的力量，发挥其主动性，这样才可能有效弥补制度漏洞。“治理”是现代社会政府处理复杂社会问题、解决“低效率”问题的重要理念。网络内容的发展中，不同类型的信息日益融合，包括有关政治、经济、军事、外交等社会公共事务的报道、评论。另外，有关社会突发事件的报道、评论等新闻信息的相互融合现象日益突出，表现形式会愈发多样化，并且在某个信息平台上与其他信息“你中有我，我中有你”融合出现的现象会越来越普遍。随着网络技术的迅猛发展和商业模式的更新，App 用户的数量爆发，信息的生产传播更便捷，转载的时政新闻极易附着违规或不良的涉及时政的评论，所以，监管难度就更大。在这种情况之下，针对新闻信息“爆发”或“出口”的监管，由于新闻信息的“突发性”以及变动不居，就使得行政监管法规面临“僵化”“滞后”等难以适用的问题。新规将具有“新闻舆论”“社会动员”功能的信息平台作为监管重点，体现了适应新形势的监管政策的不断调整和完善。如《规定》第十七条第二款规定，“互联网新闻信息服务提供者应用新技术、调整增设具有新闻舆论属性或社会动员能力的应用功能，应当报国家或省、自治区、直辖市互联网信息办公室进行互联网新闻信息服务安全评估”。而监管范围扩大，就更加需要在治理理念上，注重动员社会公众的参与，夯实网络新闻信息治理的社会基础。面对突发事件中的新闻信息传播，通过技术手段及时了解网络新闻信息的传播状况，及时引

① 邵艳．对我国行政许可制度的法律思考［J］．黑龙江省政法管理干部学院学报，2010（5）．

导新闻信息，占据新闻信息传播的主动权，做好舆论引导。这个过程中，需要政府与社会力量的相互配合，才会达到新闻信息治理的最佳效果。《互联网信息服务管理办法》（以下简称《办法》）完善了针对网络新闻信息服务的事中监管的制度，包括违法信息备案、报告、记录等义务，还规定了如实名制等事中监管的措施。这些事中监管的制度、举措是网络新闻信息治理体系的重要组成部分。不过，网络新闻信息服务“事中”“事后”的治理中要特别重视发挥社会公众的参与作用，社会公众的参与可以大大提升网络新闻信息治理的效果，更好地实现治理的价值目标。

值得注意的一点是，今天的媒介监管的重点应该是从“静态”走向“动态”。随着自媒体形式的多样化，在“人人都有麦克风”时代，传播进入了“碎片化”“去中心化”的阶段，此时，媒介作为“渠道”的重要性在下降，相反，那些平时处于“边缘”的传播平台很可能在某一次“事件”中扮演主流媒介的角色。比如，针对重大司法案件的微博直播，司法机关的微博在特定时期其影响力瞬间会超过其他传统媒体，成为“网红”。有人指出，“如社会影响面广泛的重大案件在审理关键阶段，公民起诉状等司法文书经由网络传播引发重大网络公共事件，客观上已具备了发布时政类新闻信息的特征”①。由此可见，“动态”的影响力在传播要素中的重要性在不断上升。在此情况下，新闻信息传播的多样化及其影响力的难以预测性都增加了监管的难度，“预警”制度就变得非常重要。再有，还有人指出，“尤其是围绕热点公共事件的评论性、‘学术思考’类文章的原创、转发，比单纯的时政类新闻报道更隐蔽，通过即时通信工具的群组和朋友圈传播又有一定的私密性，使得现行立法设立的新闻信息的编辑、审核制度，甚至时政类新闻信息采编权等规定实际上已被突破，加之主流社交工具的高黏性和病毒式传播特点，极易形成新闻舆论引导上的重大隐患”②。因此，对于网络新闻信息的治理，需要不断适应网络内容融合等传播发展的新趋势，适应传播规律，依靠各方面的力量，群策群力共同应对。

2. 综合运用各种手段，多管齐下，发挥协同效应

治理内容、对象的复杂性决定了针对互联网内容的监管制度需要及时调整，更加多元。一是做到法律体系内部的协调一致。比如，网络新闻信息传播过程中出现的虚假信息所造成的危害可能是多方面的，从这些危害后果出发加强法律的应对也是十分重要的。一方面，通过在新的《办法》中以行政许可为主，建立起的多项制度，对减少网络新闻信息的违法现象的发生能够发挥积极的作用。但另一方面，维

① 魏世军．互联网新闻信息服务监管问题研究［J］．湖北社会科学，2014（9）．

② 同①．

护网络新闻信息传播秩序，遏制不良网络新闻信息的传播，还需要现有相关法律的配合，比如，网络虚假信息传播可能侵犯名誉权，也可能触犯寻衅滋事等罪名，与网络新闻信息传播相关的民事、刑事等法律的有效实施，对于网络新闻信息的法治化传播及良好秩序的形成都是十分重要的。通过完善网络新闻信息规制的法律体系，由此健全违法网络新闻规制的各项制度。尤其是在行政法领域，网络新闻信息服务的监管，除了许可制，还需要重视事中、事后监管制度的完善。二是积极发展非诉讼制度。除了正式的司法途径，其他替代性的纠纷解决方式的发展对于化解由网络新闻信息传播引发的冲突、纠纷也有着重要的意义。三是法律、道德手段相互配合。近年来，网络发展的自律性组织也在逐步完善，其在协调纠纷解决方面，也能够发挥积极作用。如记协的新闻道德委员会、互联网协会等自律组织在纠纷的调解等参与网络新闻信息治理方面的价值是值得进一步探索的课题。

《微博社区娱乐信息管理规定》解析

一、自媒体时代不良内容治理的形势日益严峻

自媒体时代，媒介传播渠道愈发丰富，在传播越来越便捷的同时，却也出现了信息内容质量下降，有害内容屡见不鲜的问题。自媒体的发展对于内容具有很强的依赖性，内容是媒体流量的主要来源。随着传播条件和技术的提升，自媒体数量迅猛增长，自媒体的内容问题也变得愈来愈突出。《2017 年自媒体发展趋势报告》指出自媒体的价值及其今后的发展前景：（1）自媒体正成为传播内容的最大原创来源；（2）自媒体正在成为优秀传媒人才聚集的平台；（3）自媒体正在从个体单位变化为多元的新型媒介组织；（4）自媒体正在成为社会关系的新型聚合渠道①。近年来，自媒体经历了从内容爆发式井喷到回归理性，从“人人都是自媒体”到“内容创业泡沫”的不同阶段。自媒体对于各大网络平台而言，既为其赢得了飞速发展的机会，但也使其处于不良或者非法信息传播的困扰之中。《2016 中国自媒体行业白皮书》显示，因为技术难度小、准入门槛低、规范约束少等“先天劣势”，自媒体行业发展中的泡沫逐渐浮现：一些账号执迷于博取关注而导致低俗内容泛滥，鲜有亮眼之作；一些公号写手化身“剪刀手”“搬运工”，内容创作沦为“流水线生产”；一些自媒体人一切向“钱”看，导致软文盛行、流量造假②。2017 年 7 月 18 日，搜狐、网易、凤凰、腾讯、百度、今日头条、一点资讯等七大商业网站就因自媒体平

---

① 2017 年自媒体发展趋势报告［EB/OL］．［2016－11－21］．http：//www.sohu.com/a/119521935_190049.

② 国家网信办亮出“尚方宝剑”严厉整治自媒体行业［N］．燕赵都市报，2017－05－22.

台“乱象”被约谈，所涉及的八大乱象主要是：“曲解政策，违背正确导向；无中生有，散布虚假信息；颠倒是非，歪曲党史国史；格调低俗，突破道德底线；惊悚诱导，标题党现象泛滥；抄袭盗图，版权意识淡薄；炫富享乐，宣扬扭曲价值观；题无禁区，挑战公序良俗”。此后，被约谈的媒体迅速采取行动，先后发布了整改的情况。比如，今日头条透露，截至2017年7月26日，共封禁51个违规账号，并声明称：“我们将认真落实《互联网新闻信息服务管理规定》，进一步强化主体责任，细化工作机制，同时更新推出头条号操作规范，在主管部门指导下，与业界、社会共建良好传播秩序。”腾讯通报称，企鹅号违规账号处罚总量达到305个，其中封停账号198个，停止发文账号107个，并呼吁：“企鹅号作者能够引以为戒，加强对内容的把关，共同维护一个内容健康、秩序良好的自媒体平台。”① 由此可以看出，自媒体上的不良内容始终困扰着自媒体行业的健康发展，其在经历前期快速的成长之后，今后若要持续发展，就需要更加完善的制度保障，特别是要建立起对于不良信息内容有效管理的治理体系。

二、自媒体上的娱乐信息及其传播中的问题

2017年6月7日下午，北京市网信办依法约谈微博、今日头条、腾讯、一点资讯、优酷、网易、百度等网站，责令网站切实履行主体责任，加强用户账号管理，积极传播社会主义核心价值观，营造健康向上主流舆论环境，采取有效措施遏制渲染演艺明星绯闻隐私、炒作明星炫富享乐、低俗媚俗之风等问题。紧接着，微博、今日头条、腾讯、一点资讯、优酷、网易、百度等网站依据相关法律法规、网站内容管理规定及用户协议关闭了“风行工作室官微”“全明星探”“中国第一狗仔卓伟”“名侦探赵五儿”“长春国贸”“娱乐圈揭秘”等一批违规娱乐自媒体账号。这可以说是一次针对自媒体上追星炒作低俗媚俗之风的专项治理活动。在微博发布的《关于关闭炒作低俗追星账号的公告》中有一段话解释了针对娱乐信息以及“低俗追星账号”进行整治的必要性：一是，对于保障娱乐信息的有序、健康发展有其重要意义。《公告》称，“微博中的明星群体及其粉丝是微博生态的重要组成部分。微博为明星与粉丝的互动提供了前所未有的高参与感平台。这一生态和平台的健康发展不需要急功近利的炒作，更要摒弃低俗媚俗和造谣诽谤”。二是，这直接关系到

① 北京网信办整治自媒体乱象　内容平台封停千余违规账号［EB/OL］.［2017－08－01］. http://news.xinhuanet.com/zgjx/2017－08/01/c_136490356.htm.

包括明星在内的公众人物的合法权利。《公告》称，“微博一贯重视对包括明星在内的公众人物的权利保护，既关注他们在微博平台的体验，也支持公众人物通过法律手段进行维权。整个互联网也是一个不可分割的生态系统”。最后，《公告》还进一步指出了该领域此类问题的普遍性与严重性。“低俗追星内容产生和存在有相当程度的原因是不同平台之间激烈竞争的结果。而重赏之下必有勇夫的模式显然在娱乐资讯领域已经出现了偏差。维护整个娱乐产业生态的健康发展，也需要不同平台各自承担起主体责任，在低俗追星账号的问题上，微博作为传播渠道加强治理，同时也希望各内容生产平台运营策略有所调整。所以，微博坚决支持遏制追星炒作低俗媚俗之风，并将这次整治行动作为娱乐资讯领域健康发展的契机。同时也希望加强分策施治的治网方针，有主有次解决低俗追星等问题。”① 此后不久，进入 8 月，北京网信办又召开“遏制追星炒作低俗媚俗之风”工作推进会，指导微博制定并发布《微博社区娱乐信息管理规定》（以下简称《规定》），推动专项行动制度化、常态化。这是网络服务提供商专门针对其自媒体平台娱乐信息内容管理制定的首个规范性文件，它进一步明确了微博社区与自媒体平台使用者围绕娱乐信息内容传播活动各方之间的权利义务关系，进而也细化了网络服务平台的管理义务。值得注意的是，该文件既不同于以往针对自媒体内容管理的行政法规，也与由行业协会制定的自律性文件存在差异，它是由政府部门指导单个网络服务提供商制定的内部管理文件。

三、《规定》的主要特征

《规定》主要有三大特征，下面就对这些特征逐一进行阐释。

一是，针对不同对象建立了差异化的管理制度，而且，还将娱乐自媒体账号作为重点管理对象。

《规定》第二、第三条明确了文件适用的范围。第二条规定，“本规定所称娱乐信息是指有关影视戏剧演艺演出制作宣传发布评论及相关演出演职从业人员的信息”。并在第三条紧接着就指出，“娱乐资讯机构账号、演艺人员实名账号、娱乐自媒体账号在发布娱乐信息内容时应遵守本规定的各项要求”。从第三条中可以看出，《规定》的管理对象包括娱乐资讯机构账号、演艺人员实名账号、娱乐自媒体账号

① 低俗追星账号被关 网友质疑治标未治本炒作媚俗之风不停［EB/OL］.［2017－06－08］. http：// news. youth. cn/jsxw/201706/t20170608 _ 10009673. htm.

三类，据此分别对这三类主体应当履行的义务又都做出了详细的规定。三类主体需要遵守的共同义务，主要包括："在发布传播有关娱乐追星的信息内容时，均应遵守本规定内容，确保正确导向，正面宣传为主，促进形成积极健康、向上向善的网络文化"，"在发布传播有关娱乐追星的信息内容时，应杜绝违法侵权、低俗媚俗内容"。不过，文件的要点在于，它对三类主体还特别提出了差异化的要求，而且，将娱乐自媒体账号作为管理的重点。针对娱乐信息内容差异化的管理，具体体现在以下方面：首先，是针对娱乐资讯机构账号的管理，指出"应遵守有关法律法规要求和对应主管部门的政策指导和管理"。而且，《规定》的第四条还明确规定，"娱乐资讯机构账号包括新闻媒体机构和商业网站媒体在微博平台上开设的机构认证账号"。由此可以看出，《规定》将新闻媒体的娱乐资讯账号也纳入其管理范围之中，将二者关系明确化，体现了网络服务提供商责任的强化以及权力的扩大。而《微博举报投诉操作细则》对此所做的规定是，"用户认为媒体账号发布假消息假新闻的，可向新闻主管部门和网信部门进行举报"。从这一条规定中可以看出，网络服务提供商并无直接认定娱乐新闻等新闻内容是否违法或者有害的权力。除了这一条，《规定》第九条的内容引发了媒体的广泛关注。"以跟踪、蹲守、偷拍等作为噱头，以组织化公司化为形式，进行低俗炒作渲染的，一经发现直接予以关闭或删除内容。"这一条没有明确实施上述行为的主体，但相对于娱乐资讯机构账号，这条影响更大的应该是娱乐自媒体账号。从这条处罚措施的力度上也能看出该文件加强娱乐信息内容管理的意图。其次，针对娱乐内容传播中的另一个重要主体"演艺人员实名账号"也有专门规定。第五条规定，"演艺人员实名账号主要是指各类演员从艺人员在微博平台上开设的账号，微博鼓励此类账号前台认证，做到后台实名"。第十一条要求，"演艺人员实名账号在发布有关娱乐信息时应避免以绯闻丑闻、纠纷冲突进行恶意炒作"。最后，虽然《规定》针对不同主体分别提出了差异化的要求，但是，由于娱乐自媒体账号出现的问题最多，管理的任务也更艰巨，因此，其也是文件治理的重点。有报道指出，2017 年 6 月 8 日至 9 日，"关爱八卦成长协会""毒舌电影""金融八卦女""深扒娱乐圈"等近 30 个账号被封。《规定》第六条就规定，"娱乐自媒体账号是指在娱乐领域有一定影响力，并按照关于自媒体的管理规定进行认证和管理的账号"。针对此类账号还应采取特殊的管理手段。第十四条要求，"娱乐自媒体账号应按照微博关于自媒体的管理规定进行认证，然后根据本规定进行单独的登记备案和管理。微博建立娱乐自媒体账号的实名认证信息、违规记录管理台账"。第十五条中还进一步规定，"对于娱乐自媒体账号的违规行为，除按照《微博社区公约》、《微博社区举报投诉细则》有关的程序进行处置外，凡涉及造谣诽谤、低俗媚俗、追星炒作的，首先在管理台账记录在案，并根据违规次数和严重程度加重处罚”。

二是，通过制度完善，强化了微博的主体责任。

早在2014年8月，由国家网信办发布的《即时通信工具公众信息服务发展管理暂行规定》就对网络服务提供商的管理义务做出了具体的规定，对违反协议约定的即时通信工具服务使用者，即时通信工具服务提供者应当视情节严重程度采取警示、限制发布、暂停更新直至关闭账号等措施，并保存有关记录，履行向有关主管部门报告的义务。2017年6月起实施的修订后的《互联网新闻信息服务管理规定》将论坛、微博客、公众账号、网络直播等新兴自媒体形式全都纳入监管范围之中。这些法律上的规定，为因特网服务提供者（ISP）加强自媒体上娱乐信息内容传播的管理提供了法律依据。《规定》则通过多项制度凸显了网络服务提供商对于娱乐信息内容管理的主体责任。首先，在账号申请、准入阶段加强管理，提高管理标准。比如，《规定》中提出，“演艺人员实名账号主要是指各类演员从艺人员在微博平台上开设的账号，微博鼓励此类账号前台认证，做到后台实名”。特别是对于娱乐自媒体账号的注册许可的要求更高，它们需要进行单独的登记备案和管理。第十四条要求，“娱乐自媒体账号应按照微博关于自媒体的管理规定进行认证，然后根据本规定进行单独的登记备案和管理”。其次，对于娱乐自媒体账号的日常管理也更加严格，要求“微博建立娱乐自媒体账号的实名认证信息、违规记录管理台账”。再次，针对娱乐自媒体账号制定了特殊的处罚措施。《规定》第十五条的内容是，“对于娱乐自媒体账号的违规行为，除按照《微博社区公约》、《微博社区举报投诉细则》有关的程序进行处置外，凡涉及造谣诽谤、低俗媚俗、追星炒作的，首先在管理台账记录在案，并根据违规次数和严重程度加重处罚”。除此之外，还将原先主要由行政执法部门使用的约谈制度也运用于《规定》的处理措施中。比如，第十六条规定，“微博为管理娱乐信息建立约谈制度，约谈分为管理政策宣讲性约谈和违规行为警示性约谈。被约谈对象包括娱乐资讯机构账号的负责人、使用人，演艺人员实名账号的使用人、娱乐自媒体认证账号的负责人、使用人，还包括账号运营MCN机构、明星经纪人等”。同时，还规定了约谈制度的实施程序及承担的相应后果。第十七条还要求，“进行管理政策宣讲性约谈时，微博将提前通知约谈时间、地点、事由。被约谈对象不及时出席约谈，致使管理政策传达不到位的，由被约谈对象承担责任”。第十八条规定，“进行违规行为宣讲性约谈时，微博将提前通知约谈时间、地点、事由。被约谈对象不及时出席约谈、约谈后未改正违规行为、未及时提出整改措施、整改措施落实不到位的，将依照本规定从重处罚”。由此可见，

《规定》的出台有利于增强娱乐信息传播的规范性。而且，从“被约谈对象不及时出席约谈，致使管理政策传达不到位的，由被约谈对象承担责任”的这一规定可以看出，约谈不仅是一种处理措施，而且有利于界定网络服务提供商与平台使用主体之间的责任。

三是，为促进娱乐信息的发展，加强对于明星等公众人物合法权利的保护。

《规定》第十三条要求，“对于包括明星在内的知名人物提出异议和批评是用户言论自由的范畴，但是任何没有基本事实根据完全以哗众取宠博取曝光为目的所发布的言论，将会被认定为不实信息和网络谣言”。微博还在其发布的《关于关闭炒作低俗追星账号的公告》中提出，“微博一贯重视对包括明星在内的公众人物的权利保护，既关注他们在微博平台的体验，也支持公众人物通过法律手段进行维权。整个互联网也是一个不可分割的生态系统”。该条使得娱乐明星等公众人物除法律渠道之外，获得了更多的维护自身权益的途径。

四、《规定》对于娱乐信息内容治理的意义评析

《规定》从法律依据、制定目的、内容发布、行为准则、违规处罚等多个方面对娱乐资讯机构、演艺人员、娱乐自媒体等账号运营主体进行了规范，加强了对于娱乐信息传播的管理。上面重点分析了《规定》的主要内容及其特征，接下来对于《规定》维护娱乐信息内容传播秩序及其对于自媒体内容治理体系建构的意义，从治理模式、对象及制度实践三方面展开探讨。

1.《规定》是自媒体乃至网络内容治理模式的一次创造性的实践

网络内容的治理越来越离不开各类不同主体的共同参与。现阶段，无论是在网络内容的治理还是网络信息安全的维护中，政府通过制定法律法规加强网络内容的管理这一模式仍扮演着十分重要的角色。《中华人民共和国网络安全法》《互联网信息服务管理办法》《互联网新闻信息服务管理规定》《即时通信工具公众信息服务发展管理暂行规定》等相关法律法规都对法律所禁止在自媒体上传播的内容做出了规定。但是，网络平台本身具有相当的复杂性，网络服务使用者在网络平台上的内容传播活动又千差万别，这些都增加了网络内容治理中法律法规在实践中实施的难度。为了确保网络内容管理相关的法律法规得到更好的实施效果，还需要相关自律制度的配合。自律制度因其具有较强的针对性、可操作性以及灵活性等特点，因此，在网络内容的治理中一直都扮演着非常重要的角色。2017 年 6 月 30 日，中国网络视听节目服务协会对外发布的《网络视听节目内容审核通则》，就是一部由行

业组织制定的自律性文件。与以往在政策、法律与具体领域的实际问题衔接、转化过程中，一般都是由行业协会等组织扮演“中介”角色，而在《规定》的制定过程中扮演“中介”角色的却是一家网络服务提供商。《规定》是在北京市网信办的指导下由微博制定和发布的，这一模式在过去确是不多见的。这就使得“政府”与“社会”链接的途径、方式更加多元化，它有利于推动网络内容治理问题的更好解决。而且，通过“个案”的实验，在积累一定经验，运作比较成熟之后再将其上升为行业的自律规范，这种做法会更为稳妥。从这个意义上来说，《规定》的出台，对于自媒体乃至网络上内容治理模式的创新具有一定的启示意义。

2.《规定》明确了娱乐信息的管理对象与范畴，有利于促进娱乐信息传播活动的健康发展

娱乐信息作为一种特殊的内容，不仅数量不少，而且对于人们社会生活的影响也相当大。特别是，随着互联网技术的发展，娱乐信息的传播更加便利，这一方面丰富了人们的文化生活，但另一方面，由于种种原因，娱乐信息发展中也出现了政治、价值、审美导向方面的问题。有人指出，娱乐新闻传播现存的问题主要包括：娱乐新闻的狭隘化以及娱乐新闻的低俗化。后者主要体现为：（1）虚假新闻泛滥；（2）侵犯个人隐私；（3）炒作盛行。其三大危害主要包括：（1）对人们思想观念的危害；（2）对人们日常行为的危害；（3）对社会风气的危害①。不应忽视的是，娱乐信息不仅仅具有消遣娱乐的功能，还应担负一定的社会责任。也就是说，应当重视娱乐新闻的社会价值，避免对其功能的“狭隘化”认识。正如研究者所提到的，“它是使人快乐、供人消遣的新闻，也可以理解为关于快乐有趣活动的新闻。它不单单是指娱乐圈的新闻，也应包括对党和政府的文艺方针政策的宣传，包括社会主义市场经济下文艺体制改革方面的信息，作家、艺术家的创作和生活等方面的信息，关于群众文艺活动的信息以及中外文艺交流方面的信息等”②。与娱乐信息的发展速度相比，进入自媒体时代之后，我们的治理体系的发展比较滞后，特别是针对娱乐信息传播的专门规范还较为少见。2016 年 8 月国家新闻出版广电总局下发《关于进一步加强社会类、娱乐类新闻节目管理的通知》，其中对娱乐类新闻节目管理做出了专门的规定：“要牢牢坚持导向管理全流程、全覆盖，把正确舆论导向贯穿到社会类、娱乐类新闻采编制播各个环节，覆盖到广播、电视、新媒体各类传播平台，层层把关、人人负责，确保万无一失。社会类、娱乐类新闻要大力弘扬中华优

① 丁红．论娱乐新闻的舆论引导［J］．郑州轻工业学院学报（社会科学版），2011，12（5）.

② 田华，何纯．娱乐新闻中的媒体责任边缘化及其纠正［J］．新闻界，2017（5）.

秀传统文化，倡导自强不息、敬业乐群、扶正扬善、扶危济困、孝老爱亲等优秀思想和传统美德，涵养道德情操；不得恶搞优秀传统、亵渎文化经典、调侃崇高精神和追捧西方生活方式。”对娱乐新闻信息的传播资质管理等方面也进一步强调了相关要求，如“广播电视娱乐类新闻实施制播分离要严格把关、规范管理。对违反规定的广播电视节目制作机构和播出机构，将视情节轻重，采取通报批评、停播、吊销节目制作资质等处罚措施”等等。不过，该文件中对于自媒体上娱乐信息传播的规范和要求仍比较欠缺。而此次《规定》的制定，坚持“分策施治的治网方针，有主有次解决低俗追星等问题”，在推动娱乐信息规范体系的建设方面就具有重要的意义。“分策施治”，是指将管理对象分为娱乐资讯机构账号、演艺人员实名账号、娱乐自媒体认证账号，并分别规定了不同的管理要求。“有主有次”，是指在针对自媒体娱乐信息传播问题的应对中突出重点。娱乐信息传播中涉及的“组织化公司化为形式，进行低俗炒作渲染”“没有基本事实根据完全以哗众取宠博取曝光明星隐私”都是此类信息传播中存在的较为突出的问题，而《规定》对这些问题都有所涉及。比如，第九条提出，“以跟踪、蹲守、偷拍等作为噱头，以组织化公司化为形式，进行低俗炒作渲染的，一经发现直接予以关闭或删除内容”。第十三条提出，“对于包括明星在内的知名人物提出异议和批评是用户言论自由的范畴，但是任何没有基本事实根据完全以哗众取宠博取曝光为目的所发布的言论，将会被认定为不实信息和网络谣言”。此外，“有主有次”还体现在相对于其他两类账号，《规定》对对于娱乐自媒体认证账号设计了更为全面、严格的制度以加强管理。

3.《规定》通过对制度的完善，强化了网络服务商的主体责任，有利于增强娱乐信息内容传播秩序的规范化

《规定》通过各项制度强化了微博社区的管理责任和权限。其中，许多制度不仅仅是对于已有相关制度的简单复制，而是开创性的应用。首先，鼓励演艺人员实名账号前台认证，做到后台实名。这一条规定，实质上与新浪微博已有的“热点事件当事人”的认证制度相类似。“热点事件当事人”的认证规范就包括：“热点事件发生后，以热点事件当事人身份出现并发布内容的账号，站方会要求该账号在24小时内进行身份认证，逾期不能提供身份证明材料的，站方将予以禁言并标注，直至其提供身份证明材料，经站方核实后，方可恢复正常使用……”[①] 这一制度的目的是，“确保热点当事人身份和微博内容的真实性，规避冒充、谣言等异常情况的

① 新浪微博对“热点事件当事人”认证做出规范［EB/OL］.［2017－07－27］. http：//news. sina. com. cn/c/2017－07－27/doc－ifyinwmp0241828. shtml.

出现”。而通过对该制度的“借鉴”——演艺人员前台认证，可以更好地保障娱乐信息的发布秩序。其次，对于凡涉及造谣诽谤、低俗媚俗、追星炒作的娱乐自媒体账号，要求“首先在管理台账记录在案，并根据违规次数和严重程度加重处罚”。该条还建立了娱乐信息管理的“违规记录管理台账”制度。由于微博采取信用积分制度约束用户行为，如果用户的信用积分低于某个特定数值，页面将显示“低信用”图标，积分为零则将会被删除账号。今后，如果将“违规记录管理台账”与微博的信用积分制度相结合，再通过“加重处罚”等措施，将能够对娱乐自媒体账号产生较强的约束力。再次，将约谈制度引入娱乐信息传播的治理体系之中，而且，对其做了调整以更好地适应娱乐信息管理的需要。《规定》指出，“被约谈对象包括娱乐资讯机构账号的负责人、使用人，演艺人员实名账号的使用人、娱乐自媒体认证账号的负责人、使用人，还包括账号运营 MCN 机构、明星经纪人等”，“被约谈对象不及时出席约谈，致使管理政策传达不到位的，由被约谈对象承担责任”。这些与约谈有关的规定都体现了对这一制度在自律规范中的创造性的应用和实践。

五、自媒体时代对娱乐信息内容管理制度的优化

1.《规定》与微博内容管理的其他内部规范应相互衔接，以增强其体系性

《规定》是以《微博社区公约》《微博社区举报投诉细则》为辅助和补充的，它们只有相互配合才能发挥作用。《规定》赋予微博社区在认定有害内容实体方面的权利。比如，第八条规定，“娱乐资讯机构账号、演艺人员实名账号、娱乐自媒体认证账号在发布传播有关娱乐追星的信息内容时，应杜绝违法侵权、低俗媚俗内容”。第十五条特别提出，“对于娱乐自媒体账号的违规行为，除按照《微博社区公约》、《微博社区举报投诉细则》有关的程序进行处置外，凡涉及造谣诽谤、低俗媚俗、追星炒作的，首先在管理台账记录在案，并根据违规次数和严重程度加重处罚”。其中“违法侵权、低俗媚俗内容”“造谣诽谤、低俗媚俗、追星炒作”等都涉及对于违规内容的认定标准问题。对于“低俗媚俗内容”而言，《微博举报投诉操作细则》《微博社区公约》并无直接的规定，只是在“违法信息”部分有“淫秽色情信息”的规定。《微博社区公约》第二十三条规定，“微博在属地公安机关的管理下并根据相关法律法规实施对违法信息的管理。针对违法信息的日常管理，微博将根据主管部门的要求对包含违法信息的内容和账号进行依法处置并公示”。第二十四条规定，“违法信息的界定呈现、处置原则、处置方式、处置结果规定于《微博举报投诉操作细则》”。《微博举报投诉操作细则》对于违法信息等各类不准传播内

容的认定与处理程序、处罚问题等都做了详细的规定。比如，其中规定："淫秽色情信息"，主要表现为：1. 淫秽：具体描绘性行为或露骨宣扬色情的诲淫性信息。2. 色情：（1）以现行法律法规为依据，有关规定中明确禁止的露点图片、视频，以及直接表现性行为文字、音频内容；（2）发布非色情类内容，但是通过暴露身体等引诱性的图片、音视频，将用户引导至其它第三方平台，进行线上线下的色情服务交易；（3）通过'发福利'、'套图'等特定引申义的文字描述，将用户引导至其它第三方平台，进行线上线下的色情服务交易。"不过，对于"低俗媚俗内容"是否可以依据此处对于"淫秽色情信息"的规定来处理？对此问题并未做出明确的规定。而对于"追星炒作"在《微博举报投诉操作细则》《微博社区公约》更是难以找到与之对应的规定。同时，《微博社区公约》第三条规定，"微博社区公约在所有微博社区规则中效力最高，其他社区规则如有与本公约规定相冲突矛盾的，皆以本公约为准"。这一条主要是为了解决微博内部规范之间的效力问题。因此，《规定》在涉及上述内容时应尽可能地明确、具体，特别是要注意它与《微博社区公约》等内部管理规范之间的衔接问题。此外，《微博举报投诉操作细则》《微博社区公约》作为配套性的规范，也应该及时做出修改、调整以适应新的变化和要求。

《微博举报投诉操作细则》对于"造谣诽谤"行为的处理能够起到一定的补充作用。其中指出，"人身攻击包括侮辱、诽谤、肖像篡改。因诽谤需要确认具体法律事实和法律关系，故主要通过下线投诉流程完成。人身攻击，主要表现为：1. 侮辱：以侮辱性言论伤害他人。2. 诽谤：刻意捏造信息破坏他人名誉。误解不适用本条规定"。而且，还规定了人身攻击行为的处置程序以及相应的责任："（三）人身攻击处置程序。1. 追溯期：自违规发生的 3 个月内。2. 发现方式：站方通过主动发现和接受用户举报两种方式发现用户纠纷类违规。完成真实身份验证的用户可通过微博页面上的'举报'功能，对涉嫌违规的行为进行举报。非认证用户按照《人身权益纠纷投诉处理流程公示》中所规定的办法进行投诉。3. 受理条件：遵循当事人意愿原则，当事人举报才受理。但在以下 2 种情况非当事人举报也会受理……5. 受理方式：（1）行为明显违规，由站方根据本规定直接处理，并建立卷宗公示结果。（2）线上举报流程无法核实判断处理的，按照《人身权益纠纷投诉流程》处理。"也有对于人身攻击的处理办法："（四）人身攻击处置结果：1. 删除诽谤信息呈现的微博、评论。2. 删除侮辱信息呈现的微博、评论，并同时扣除信用积分 2 分，1 分。3. 删除肖像篡改信息呈现的微博、评论或账号信息，并同时扣除信用积分 2 分，1 分。4. 发布人身攻击信息情节恶劣、后果严重或以人身攻击为目的存在的账号，同时采取禁言直至关闭账号的措施。"

由此可见，《微博举报投诉操作细则》《微博社区公约》与《规定》的相互配合，能够在遏制“造谣诽谤”、“不实信息”等方面发挥积极的作用。特别是微博通过信用积分等处置措施，可以弥补现有法律规范处理违法信息的不足，还能更好地发挥保障娱乐信息传播秩序的作用。但是，对于“低俗媚俗、追星炒作”等内容的界定，还需要在《规定》以及上述文件中做出更加具体明确的界定，做好规范文件之间的衔接，由此，也更易于规范得到有效实施。

2. 完善对于制裁措施的规定，重视对公众表达权利的保障

《微博社区公约》中规定了微博社区的制裁措施。比如，第十四条指出，“违规处理包括：内容处理和账号处理。内容处理包括：删除、屏蔽、禁止被转发、禁止被评论、限制展示、标注等。账号处理包括：禁止发布微博和评论、禁止被关注、禁止修改账号信息等，限制访问直至关闭、注销账号”。由此可见，对“内容”和“账号”的管理构成了微博平台对违规娱乐信息内容进行管理的主要手段。此外，此次《规定》中还增设了约谈、“违规记录管理台账”等新的制度与处理措施，而这些相对于《微博社区公约》中已有的处置措施而言，都是新增的内容。无论是完善针对有害内容的认定标准，还是对处理程序更为具体、明确的规定，都是为了更好地保障公众表达权利的需要。这些实体性“内容审查”标准，或者是处置措施，因其关系公众言论表达的权利，因此，无论是对“内容”还是“账号”的处理都应当非常慎重，特别是要重视加强对此类权力的监督。总之，今后包括微博在内的ISP在内容管理的过程中，需要更加注重法治思维和法治手段的运用，不断提升治理体系的法治化水平。

自媒体内容管理制度创新与网络治理的新境界
——公众账号和互联网群组信息管理规范解读

为了坚持正确导向，弘扬社会主义核心价值观，培育积极健康的网络文化，维护良好网络生态，国家互联网信息办公室正式发布了《互联网用户公众账号信息服务管理规定》和《互联网群组信息服务管理规定》。这两则文件同时于 2017 年 10 月 8 日正式施行。近年来，公众账号类型的自媒体发布平台发展迅速，成为深受广大网民喜爱的资讯获取形式之一。同时，随着互联网技术进一步与社会生活融合，互联网群组的形式也越发多样，规模总数也在不断攀升。而这两个文件的发布，将会对于媒介融合时代的技术和信息内容服务的创新发展产生深远的影响。截至 2017 年 6 月，我国网民规模达到 7.51 亿，手机网民规模达 7.24 亿，手机上网比例持续提升。无论是在 PC 还是移动端，公众账号、互联网群组这两类网络信息服务都是自媒体的主要信息服务形态，它们具有使用人数多、频率高等特点，同时，此类信息服务在自媒体上也易产生不良信息的传播，由此造成严重的社会危害。因此，针对公众账号、互联网群组信息服务出台的这两个规范性文件就具有十分重要的意义。

一、《互联网用户公众账号信息服务管理规定》与网络治理的新境界

《互联网用户公众账号信息服务管理规定》总共有十八条，包括对互联网用户公众账号信息服务提供者及使用者各自的责任界定、账号处理、行业自律、公众监督、行政监管及违法处置等条款，它对于规范网络传播秩序、维护良好网络生态具有重要的作用。文件第二条首先对于互联网用户公众账号信息服务及其相关主体的

概念做了界定。文件提到，互联网用户公众账号信息服务，是指通过互联网站、应用程序等网络平台以注册用户公众账号形式，向社会公众发布文字、图片、音视频等信息的服务。互联网用户公众账号信息服务提供者，是指提供互联网用户公众账号注册使用服务的网络平台。互联网用户公众账号信息服务使用者，是指注册使用或运营互联网用户公众账号提供信息发布服务的机构或个人。而且，该文件首次针对公众账号信息服务中涉及的各方权利义务关系进行了专门的规定。总体看来，《互联网用户公众账号信息服务管理规定》具有以下一些鲜明的特色：

第一，明确了在互联网用户公众账号信息服务管理过程中，国家和地方网信部门、用户公众账号服务提供者（也称平台方）各方应承担的责任，特别是对于平台方的责任做出了详细的规定。具体而言，作为该文件所重点针对的互联网用户公众账号服务提供者应当落实的信息内容安全管理主体责任主要包括：首先，相对于国家、地方网信部门，平台方应承担的责任，涉及第五、第八、第十、第十三、第十六条等。比如，第五条第一款规定，“互联网用户公众账号信息服务提供者应当落实信息内容安全管理主体责任，配备与服务规模相适应的专业人员和技术能力，设立总编辑等信息内容安全负责人岗位，建立健全用户注册、信息审核、应急处置、安全防护等管理制度”。其次，要求制定和公开管理规则和平台公约，主要是明确平台和用户的权利义务。比如，第六条规定，“互联网用户公众账号信息服务提供者应当按照‘后台实名、前台自愿’的原则，对使用者进行基于组织机构代码、身份证件号码、移动电话号码等真实身份信息认证。使用者不提供真实身份信息的，不得为其提供信息发布服务。互联网用户公众账号信息服务提供者应当建立互联网用户公众账号信息服务使用者信用等级管理体系，根据信用等级提供相应服务”。还有该文件中的第七、第九、第十二条等都规定了平台与用户的权利义务，这部分在整个文件中所占的比重最大。再次，文件同时还明确了互联网用户公众账号信息服务提供者的管理和处置权限。第十一条第二款规定，“互联网用户公众账号信息服务提供者应加强对本平台公众账号的监测管理，发现有发布、传播违法信息的，应当立即采取消除等处置措施，防止传播扩散，保存有关记录，并向有关主管部门报告”。

第二，与时俱进，创新管理手段，建立了多项管理制度。文件中提到了多项制度，包括：其一，要求公众账号使用者实名认证，并针对其建立信用等级管理体系。第六条第二款明确提出，“互联网用户公众账号信息服务提供者应当建立互联网用户公众账号信息服务使用者信用等级管理体系，根据信用等级提供相应服务”。其二，建立互联网公众账号使用者的审核、分级分类管理等制度。第七条对此做出了详细的规定。具体而言，文件第七条的一、二、三款内容分别对公众账号审核、分级分类管理以及账号数量等提出了具体的管理要求：第一款规定，“互联网用户公众账号信息服务提供者应当对使用者的账号信息、服务资质、服务范围等信息进行审核，分类加注标识，并向所在地省、自治区、直辖市互联网信息办公室分类备案”；第二款要求，“互联网用户公众账号信息服务提供者应当根据用户公众账号的注册主体、发布内容、账号订阅数、文章阅读量等建立数据库，对互联网用户公众账号实行分级分类管理，制定具体管理制度并向国家或省、自治区、直辖市互联网信息办公室备案”；第三款规定，“互联网用户公众账号信息服务提供者应当对同一主体在同一平台注册公众账号的数量合理设定上限；对同一主体在同一平台注册多个账号，或以集团、公司、联盟等形式运营多个账号的使用者，应要求其提供注册主体、业务范围、账号清单等基本信息，并向所在地省、自治区、直辖市互联网信息办公室备案”。此外，还有一项重要的制度是针对对用户公众账号留言、跟帖、评论等互动环节完善相关的管理制度。文件第十二条规定，“互联网用户公众账号信息服务提供者开发上线公众账号留言、跟帖、评论等互动功能，应当按有关规定进行安全评估。互联网用户公众账号信息服务提供者应当按照分级分类管理原则，对使用者开设的用户公众账号的留言、跟帖、评论等进行监督管理，并向使用者提供管理权限，为其对互动环节实施管理提供支持。互联网用户公众账号信息服务使用者应当对用户公众账号留言、跟帖、评论等互动环节进行实时管理。对管理不力、出现法律法规和国家有关规定禁止的信息内容的，互联网用户公众账号信息服务提供者应当依据用户协议限制或取消其留言、跟帖、评论等互动功能”。由此可见，对于公众账号信息服务的管理相较于过去对网络内容监管的规范性文件更加具体、全面。

第三，积极实践互联网多元共治的理念，扩大参与主体的范围。比如，第十四条规定，“鼓励互联网行业组织指导推动互联网用户公众账号信息服务提供者、使用者制定行业公约，加强行业自律，履行社会责任”，“鼓励互联网行业组织建立多方参与的权威专业调解机制，协调解决行业纠纷”。

第四，重视倡导性规范发挥积极引导功能。除了强制性规范，此次文件中也采用了倡导性规范，以此推动和鼓励互联网公众账号信息服务的不断发展。第四条规定，“互联网用户公众账号信息服务提供者和使用者，应当坚持正确导向，弘扬社会主义核心价值观，培育积极健康的网络文化，维护良好网络生态。鼓励各级党政机关、企事业单位和人民团体注册使用互联网用户公众账号发布政务信息或公共服务信息，服务经济社会发展，满足公众信息需求。互联网用户公众账号信息服务提供者应当配合党政机关、企事业单位和人民团体提升政务信息发布和公共服务水平，提供必要的技术支撑和信息安全保障”。由此可见，该文件较好地平衡了监管与发展之间的关系。对此，国家网信办相关负责人在针对该文件答记者问时就曾说道，“当前，政务新媒体快速发展，在发布政务信息、引导网上舆论、提供公共服务、创新社会治理等方面发挥了积极作用。《规定》按照建设好、利用好、管理好的思路，鼓励各级党政机关、企事业单位和人民团体注册使用互联网用户公众账号发布政务信息或公共服务信息，服务经济社会发展，满足公众信息需求；同时也要求互联网用户公众账号信息服务提供者为之提供必要的技术支撑和信息安全保障”①。

二、《互联网群组信息服务管理规定》与网络内容管理的制度创新

《互联网群组信息服务管理规定》中提到，互联网群组是指互联网用户通过互联网站、移动互联网应用程序等建立的，用于群体在线交流信息的网络空间。如微信群、QQ群、微博群、贴吧群、陌陌群、支付宝群聊等各类互联网群组。而且，这一文件还指出，所称互联网群组信息服务提供者，是指提供互联网群组信息服务的平台（也称平台方）。所称互联网群组信息服务使用者，包括群组建立者、管理者和成员。

针对互联网群组数量迅猛增长的态势以及其中不良信息传播等“乱象”频发的问题，该文件从多个方面完善了互联网群组信息服务的管理制度。首先明确规定了互联网群组信息服务提供者，即平台方的管理义务。比如，第五条规定，“互联网群组信息服务提供者应当落实信息内容安全管理主体责任，配备与服务规模相适应的专业人员和技术能力，建立健全用户注册、信息审核、应急处置、安全防护等管理制度。互联网群组信息服务提供者应当制定并公开管理规则和平台公约，与使用者签订服务协议，明确双方权利义务”。并且，在第六至第八条这三条中又分别提出了“后台实名、前台自愿”原则以及分级分类管理、审核验证原则等多项具体管理制度。比如第七条要求，“互联网群组信息服务提供者应当根据互联网群组的性质类别、成员规模、活跃程度等实行分级分类管理，制定具体管理制度并向国家或省、自治区、直辖市互联网信息办公室备案，依法规范群组信息传播秩序。互联网

① 国家互联网信息办公室有关负责人就《互联网用户公众账号信息服务管理规定》答记者问［EB/OL］.［2017-09-07］. http://news.china.com/news100/11038989/20170907/31313594.html.

群组信息服务提供者应当建立互联网群组信息服务使用者信用等级管理体系，根据信用等级提供相应服务”。第八条规定，“互联网群组信息服务提供者应当根据自身服务规模和管理能力，合理设定群组成员人数和个人建立群数、参加群数上限。互联网群组信息服务提供者应设置和显示唯一群组识别编码，对成员达到一定规模的群组要设置群信息页面，注明群组名称、人数、类别等基本信息。互联网群组信息服务提供者应根据群组规模类别，分级审核群组建立者真实身份、信用等级等建群资质，完善建群、入群等审核验证功能，并标注群组建立者、管理者及成员群内身份信息”。可以看出，文件细化了对于互联网群组的管理措施，由此增强了规范的可操作性。

其次，文件既要求互联网群组建立者、管理者应当依据法律法规、用户协议和平台公约履行其群组的管理责任，同时提到其应促进互联网群组中各方理性、文明地互动交流。第九条规定，“互联网群组建立者、管理者应当履行群组管理责任，依据法律法规、用户协议和平台公约，规范群组网络行为和信息发布，构建文明有序的网络群体空间。互联网群组成员在参与群组信息交流时，应当遵守法律法规，文明互动、理性表达。互联网群组信息服务提供者应为群组建立者、管理者进行群组管理提供必要功能权限”。

再次，还进一步明确了平台方的处罚权限等保障措施。文件第十一、第十二、第十三条等都对此做出了规定。比如，第十一条就详细地规定多种处理措施，指出“互联网群组信息服务提供者应当对违反法律法规和国家有关规定的互联网群组，依法依约采取警示整改、暂停发布、关闭群组等处置措施，保存有关记录，并向有关主管部门报告。互联网群组信息服务提供者应当对违反法律法规和国家有关规定的群组建立者、管理者等使用者，依法依约采取降低信用等级、暂停管理权限、取消建群资格等管理措施，保存有关记录，并向有关主管部门报告。互联网群组信息服务提供者应当建立黑名单管理制度，对违法违约情节严重的群组及建立者、管理者和成员纳入黑名单，限制群组服务功能，保存有关记录，并向有关主管部门报告”。

总之，《互联网群组信息服务管理规定》通过制度创新，加强了对网络群组信息传播活动的管理。不仅明确要求落实“健全用户注册、信息审核、应急处置、安全防护”等管理制度，还提到应建立信用等级管理体系、合理设定群组规模、实施分级分类管理等多项具体制度。这些制度的建立强化了互联网群组信息服务提供者对信息内容安全管理的主体责任。不难发现，在落实主体责任、建立信用等级管理体系、分级分类管理以及健全信息安全等管理制度方面，该文件与《互联网用户公众账号信息服务管理规定》有许多相似之处。这也体现出，在自媒体迅猛发展的新时代，互联网信息内容的管理制度在朝着社会化、法治化、精细化的更高治理水平迈进。由此也可以看出，在网络内容管理的制度建设方面，法治化治理的认识和经验都日趋成熟。不过，由于这两份文件涉及不少新的制度，尚待实际的检验，因此，今后还需要根据规范性文件实施的效果，不断提升规范的科学性。

三、公众账号监管规范的出台有利于促进新闻信息服务的规范化

《互联网用户公众账号信息服务管理规定》第八条要求，“依法取得互联网新闻信息采编发布资质的互联网新闻信息服务提供者，可以通过开设的用户公众账号采编发布新闻信息”。这条进一步深化和强调了互联网用户公众账号信息服务提供者开展新闻信息服务所需资质的相关要求。对此，网络法研究者朱巍表示，这是对国家网信办5月发布的一号令《互联网新闻信息服务管理规定》的一个重申，他指出，“公众号作为传播很广的传媒载体，当然要符合网信办一号令的规定，所以其发布新闻信息之前必须要看有没有资质”①。而之所以该文件要再一次专门强调通过开设的用户公众账号从事采编发布新闻信息的，必须是依法取得互联网新闻信息采编发布资质的互联网新闻信息服务提供者，也是为了适应网络空间中新闻信息内容传播出现的新变化。如今，随着信息传播技术的飞速发展以及互联网信息传播平台的迅猛增长，各类主体在不同平台上通过注册公众账号进行信息传播的现象也变得越来越普遍，而在此背景下，互联网平台通过对于公众账号的再次“加工”“整合”，以实现其提升自身在新闻舆论场中的传播力、引导力和影响力的目的，也变得极为常见。当前，这类利用公众账号开展互联网用户公众账号信息服务的网络平台已十分普遍，而且，通过对于公众号相关新闻信息的“二次传播”，其自身的新闻舆论影响力也是越来越大。基于这一考虑，该文件的适用范围也就比较广泛，国家网信办相关负责人就指出，“在各类社交网站和客户端开设的用户公众账号，如腾讯微信公众号、新浪微博账号；百度的百家号、网易的网易号、今日头条的头条号、腾讯的企鹅号、一点资讯的一点号等；在花椒、映客等直播平台和秒拍、快手等短视频平台开设的用户公众账号；在知乎、分答等互动平台开设的对公众答复的用户公众账号等，均在本规定适用范围之内”②。这些社交网站或者客户端，它们都

① 冯烁．国家互联网信息办公室发布互联网群组、公众账号管理规定［EB/OL］．［2017－09－08］．http：//china.cnr.cn/NewsFeeds/20170908/t20170908_523941077.shtml.

② 李亚红，王思北．国家网信办：加强对互联网公众号发布内容的监测管理［EB/OL］．［2017－09－08］．http：//www.xinhuanet.com/politics/2017－09/07/c_1121626010.htm.

不仅仅是提供公众账号的注册，为公众提供了更多的传播渠道；更为重要的是，通过对公众账号信息内容的“二次传播”，以实现自身的传播目的和社会影响力。也就是说，通过对“公众号”的再次传播，能够使得商业类网站在一定程度上改变其在新闻信息传播过程中与传统媒体相比在“传播权利”方面的劣势。不过，技术的赋权，很有可能引发新闻信息传播活动的“失序”或者“混乱”，甚至是造成非法、不良新闻信息内容的传播等问题，进而导致网络空间中新闻信息内容品质降低，从而影响公众的社会生活。而此次文件中重申了对于通过公众账号从事网络新闻信息服务主体的资质要求，这有利于加强对于新闻信息内容传播的管理，维护新闻信息传播的良好秩序。

四、“谁建群谁负责”“谁管理谁负责”该如何理解?

关于《互联网群组信息服务管理规定》的新闻报道中，有不少媒体在标题中提到该文件的作用是明确规定了群组“谁建群谁负责”原则①。然而，对这一问题的理解其实并不简单。“谁建群谁负责”“谁管理谁负责”并不是准确的术语表达，其内涵还需要进一步的解读。与媒体所说“谁建群谁负责”“谁管理谁负责”相关的是《互联网群组信息服务管理规定》第九条的规定：“互联网群组建立者、管理者应当履行群组管理责任，依据法律法规、用户协议和平台公约，规范群组网络行为和信息发布，构建文明有序的网络群体空间。”

“谁建群谁负责”“谁管理谁负责”究竟该如何理解？著名传媒法学家魏永征认为其中需要弄清楚的问题包括：首先，这里存在着有待分清两个“群组管理责任”的主体的问题。建立者和管理者如何定义、如何产生、如何分工、如何分担责任，都还有待于明确，而且由谁来明确，也还有待于明确。其次，什么责任？通常说来，责任有法律责任、纪律责任、社会责任、道义责任、领导责任种种区分，其中法律责任，又有刑事责任、行政责任和民事责任（连带责任、替代责任等责任形态），这也有待于明确。而且谁有权明确，同样也有待于明确。再次，建群者和管理者如何管理？迄今为止，群组是没有删帖功能的。他们不能删帖，也无法叫发帖者删帖，那不是眼睁睁坐等处罚吗？再说，判断内容是否违法，有的显然可见，有的就很难。比如谣言，如何分辨，如何区分造谣和传谣，如何分担举证责任，都是

① 互联网新规开始施行　明确规定群组“谁建群谁负责”[EB/OL]. [2017－10－09]. http: //news. xinhuanet. com/yuqing/2017－10/09/c _ 129717051. htm.

相当复杂的问题，普通的群主能够做得到吗？再如“敏感”信息，至今也没有官方定义，你说敏感，我说并不敏感，各人感觉不同，“如鱼饮水，冷暖自知”，要群主如何判断呢？最后，归责原则：是过错责任，还是故意（明知和放任）责任，还是不管怎样都要负责的无过错责任？如果是过错责任，认定过错（过失）的标准是什么？魏永征认为，“谁建群谁负责”“谁管理谁负责”，一般说说，还则罢了，如要确切理解，还是要请网友们阅读文件原文，不要妄作解人，歪曲为“群友犯错，处罚群主”，更不要举几个情况各有不同的案例，来证明所谓“群主责任”，造成思想混乱，这对于建立风正气清的网络空间，并没有好处①。

面对“谁建群谁负责”“谁管理谁负责”这一引发热议的问题，中国民法学研究会副会长、中国政法大学教授王卫国在接受中国之声采访时表示，群成员“犯事儿”群主担责一说实为误读。他认为这个规定主要是要求群主对群中发布的信息承担起必要的管理责任。“群主应该监督群内上传的信息，防止有人利用你管理下的互联网群组传播危害国家安全、诽谤他人、危害公共秩序的言论或者从事传销等违法活动。”② 但群主的管理责任不同于违法行为人的法律责任。所以说，该条规定并不是说对于成员引发的任何法律后果，群主都要承担相应的连带责任。这也并非该文件的原意。他指出，“群主有管理之责，但不是简单连坐。根据我国的法律，群主只有在群内违法信息造成了严重的危害后果并且自己有故意或者过失的情况下，才会被追究相应的法律责任”。那么，究竟群主应承担怎样的管理责任呢？对此，他认为，“群主的管理责任既包括服务群内成员的义务，也包括维护公共秩序的义务。一般来说，在违反后一种义务的情况下，例如对群内成员的违法信息没有及时清除，则可能被行政主管部门要求整改，或者因整改不力而被叫停群组服务”③。也可以这么说，群主应承担的法律责任包括两种情形：要么是现有相关的法律法规中已有规定的责任或者是用户协议和平台公约中双方约定的权利义务；要么就是在法律上重新做出明确规定的责任，而且，这一种情况还需要遵循严格的法律程序。这也就是前面已经提到的文件第九条规定的含义。只是一些媒体将其误读了，简单地以“谁建群谁负责”“谁管理谁负责”加以概括。不过，目前来看，对群主的管理责任的法律规定，也还仍旧不够具体、明确，这需要今后逐步完善相关的法律规定。

---

① 魏永征．正确解读“群主责任”：真的是“谁建群谁负责，谁管理谁负责”么［EB/OL］．［2017-09-13］．http：//opinion.caixin.com/2017-09-13/101144594.html.

② 周小白．群成员“犯事儿”群主担责系误读 但需承担管理责任［EB/OL］．［2017-09-20］．http：//www.techweb.com.cn/internet/2017-09-20/2586617.shtml.

③ 同②.

四、网络商业信息传播环境建设

影视营销中的“网络水军”问题探析

——以《孤芳不自赏》“网络水军”讨薪事件为例

“网络水军”的存在已有了相当长的时间，而在影视营销中“网络水军”的社会影响更大。从 2017 年 2 月 20 日开始，《孤芳不自赏》官方微博的博文下评论区开始出现大批“水军”讨薪留言，将该剧中的“网络水军”再次推向舆论风口。此前，该剧在豆瓣、知乎、微博等多个平台上就引发了抠图、替身、主演轧戏、演员享天价片酬等多个话题的讨论。面对“网络水军”讨薪，《孤芳不自赏》出品方负责人则否认了通过购买“水军”修复形象。然而，在影视作品上映前的宣传过程中，遭遇“水军”，却也并非个案。《王的盛宴》被认为是第一部公开承认使用“网络水军”的电影。事实上，除了商业推广领域，在社会、政治等热点事件中也时常可以看到“网络水军”的身影。

一、对“网络水军”内涵的探讨——“网络水军”再认识

1. “网络水军”与非法网络公关的共同点都是传播虚假信息

电影推广中对于“网络水军”的操作化定义是：“（1）他们是参与电影推广的网络用户；（2）这些网络用户参与推广的方式由其与制片方的协议约定；（3）他们依约从事的行为是在特定网络媒介上发布特定内容，并为此接受对价。”① “网络水军”类似于网络公关，目的都是提升企业或品牌的形象。但是，“网络水军”使用的手段却是违法的，所以是一种非法网络公关。“网络水军”的行为，包括刷流量、

---

① 崔明逊．“网络水军”的法律分析与综合治理：以参与电影推广的“水军”为例［J］．北京电子科技学院学报，2013，21（1）．

刷积分、删帖、发表虚假评论等。有论者指出，“网络水军”正在“逐步从单一的发帖者演化为集‘灌水’、‘打手’和‘删帖’于一身的‘新水军’，网站编辑的‘水军化’趋势显现，地方商业网站论坛编辑尤甚”[①]。可见，“网络水军”是一种非法网络公关行为，其本质是传播虚假信息，是一种商业欺诈，是一种“话语权的出卖”行为，且呈现出一种愈演愈烈的发展态势。

2. 对“网络水军”的治理不同于对网络舆情的治理

当前，对于“网络水军”在网络舆情中扮演的角色及其作用，各方的认识还存在分歧。有人从“网络水军”的影响力和作用的角度展开研究，认为“网络水军”并不能产生太大的影响作用。其理由包括：“网络水军”的社会议程设置能力弱、发生作用的范围和领域有限、仅能起到社会告知等浅层次的传播效果等。由此认为“网络水军在舆情传播中的有限影响力”[②]。还有人认为，“对网络水军的报道，多有夸张成分，也有隐瞒的信息。在商业功能上，它的本领、能量被放大了。实际上，即使最牛的网络水军组织，也不可能‘攻陷’任何一家有公信力、影响力的大型网站”[③]。总之，不少论者从“网络水军”对于社会议题、事件“简单粗暴”的参与方式，舆论动员的成功概率等方面进行分析，再结合对网络自净能力的认识，认为对于“网络水军”的影响力大可不必高估。因此，从应对策略上来看，也就会将“网络水军”几乎等同于一般的网络舆情进行处置。“……网络水军无法在社会主流场域和话题议程设置方面成大气候，从本质上来讲，相较于所有网民，网络水军数量上是微乎其微的，网民对社会主流事件的关注引起民意啸聚时，网络水军表现出的力量是卑微的，换句话说，在大众麦克风时代，网络的无影灯效应更加凸显，网民会像拼图游戏一般构建‘社会真实’，社会真实会呈现出马克思所说的‘有机运动’一般呈现出来，信息真空会在最短时间内被UGC（用户原创内容）及时填补，网络水军毫无时机可乘。”[④] 这种观点主要是从“网络水军”的舆论动员的“机制”、一般性“效果”角度得出的结论和认识，但是，“网络水军”的危害性更多地体现在其“动机”方面并体现为潜在的“杀伤力”。“网络水军”不仅是有组织的影响舆论，更主要的是它是一种传播虚假信息的行为。而这一点也是非法网络公关的本质所在。“网络水军”出现比较频繁的场合，无论是针对竞争对手的打压，还是“造星”活动，炮制各种网红，都可以看成一种非法公关活动。这与网络中正常的舆情

---

① 王洁非．电影网络营销中“水军现象”及其治理［J］．中国出版，2016（12）：38－40.

② 李彪，郑满宁．微博时代网络水军在网络舆情传播中的影响效力研究［J］．国际新闻界，2012（10）．

③ 黎明．不必高估网络水军的能量［N］．东方早报，2010－09－13.

④ 李彪，郑满宁．微博时代网络水军在网络舆情传播中的影响效力研究［J］．国际新闻界，2012（10）．

事件不同，而且，非法公关虽然数量不多，但由于其组织、结构化的运作机制，再加上其在实践中积累的丰富传播技巧，一旦活动成功对于社会的危害是相当严重的。在社会事件中，如“罗一笑事件”中“网络水军”的参与，使得公众的善意和情感遭受损害。再比如，“三鹿事件”中，“网络水军”虽不起主要的作用，也不能承担最主要的责任，却促成了后来相当长一段时期内我国乳制品产业的低迷。因此，对于“网络水军”的危害不能简单从其有效扰乱舆论的概率来认识，更不能在应对策略上，依照一般舆情的治理思路来简单处理。有人总结了微博营销中“网络水军”的表现及其危害：（1）倒卖粉丝营造虚假繁荣；（2）刷屏转发引发逆反情绪；（3）恶意攻击透支企业信用；（4）抢注官博造成信息混乱[①]。不难看出，“网络水军”在舆情生态中，扮演着“破坏者”的角色，干扰正常的舆论，侵害公众的知情权。商业、社会、政治等各个领域都需要健康的网络舆论生态，在互联网时代，网络舆论能够发挥过去传统媒体所担负的“警报”“瞭望”等各种功能。而“网络水军”直接威胁着社会正常“舆论生态”的形成，有组织地干扰舆论的“生产”过程，进而也就会使得现代社会对“舆论”的各种应用有可能失去原本的意义。比如，网络舆情“指针”的偏斜，使得舆情的预警就可能不再准确或者保障社会有序运转的各种功能无法很好地发挥。因此，为了促进和保障良好网络舆论的形成、发挥其应有的价值，对于“网络水军”加强监管，通过各方途径提升对其的有效治理，这是十分必要的。

二、影视营销中的“网络水军”

“网络水军”可能出现在娱乐事件、社会事件、商业事件、时事类事件（新闻事件）中。而最常见的就是出现在商业事件中。它往往是通过动员舆论的方式参与针对其他企业的不正当竞争。至于影视营销中“网络水军”的发展轨迹，有人总结指出，“‘水军’渗透影视业的大致脉络是：2011 年前后混迹于豆瓣；2012 年后在微博中‘大放异彩’；2014 年后微信公众号成为‘新渠道’；2015 年后广泛涉足视频网站。‘水军’利用各大平台‘入侵’影视业的历程，基本上是中国互联网发展史的一个缩影”[②]。由此可见，“网络水军”随着互联网的发展，几乎是“无孔不入”，对于网络发展的影响巨大。影视营销中“网络水军”产生的背景是：随着

① 张筱筠，连娜．网络水军：微博营销中的“灰色阴影”[J]．新闻界，2012（1）．

② 鲁伟．影视数据繁荣背后的疯狂水军：200 万能刷百亿流量［J］．财经，2017（9）．

“粉丝经济”时代的到来，影视剧的评分数、评论数、点击量等数据逐渐变成业内吸金的“通用货币”，它们在影视作品市场价值实现中所起的作用也就越来越大，因此，流量、数据造假就有可能成为影响影视产业发展的重要因素。当前，各大平台上相关指标的作用往往体现在，“影院排片的时候会参考这个评分多安排片”，另外，这些指标还可以让投资人获得更好的回报等等。巨大的利益诱惑导致影视营销中的“网络水军”现象愈演愈烈，这种现象的存在，也影响着我国影视产业的快速发展。因此，商业领域“网络水军”通过误导舆论、诋毁其他竞争对手获取不法利益的行为理当成为互联网法律规制的重点。有学者在对该行为违法性的分析中，指出“招募网络水军，付费购买特定意思的表达或特定等级的评价，将由此生成的信息通过网络用于影片宣传，即构成电影经营者的商业广告行为。据此，该等行为可适用《广告法》规范”①。为保障消费者的利益，《广告法》要求广告信息具有可识别性。“如果经营者炮制电影评价信息，故意将捏造的情况用于宣传，则构成发布虚假广告行为；如果经营者假借网络用户的发言，使经其操控的信息混杂在真实自主的言论中，则违反了广告应具有可识别性的规定；广告使用数据、统计资料、调查结果、引用语等应当真实、准确并表明出处，因此即使经营者收集好评用于广告宣传，也应当依法履行告知义务。”② 除了可以运用《广告法》对影视营销中的误导性宣传进行追责之外，也可以运用《反不正当竞争法》对“网络水军”的相关行为追责。下面就对其治理问题展开详细的讨论。

三、对影视营销中“网络水军”的治理对策

1. 理念上，要从舆情治理体系的角度，认识“网络水军”规制的意义，建立有针对性的规章制度

由于网络信息具有复杂性，“网络水军”在不同事件中的作用也有所不同，因此，需要提出更具针对性的治理对策。时政类网络事件中，目前舆情预警系统相对完善，各种制度保证了政府部门可以及时回应舆论热点，虚假消息一般都难以生存。而且，这些年对于该类事件中“网络水军”的打击力度不断增大，甚至通过寻衅滋事等刑事法律对其加以惩处，该领域“网络水军”的治理已经取得了一定的成效。对于社会事件而言，近年来操纵、利用社会事件，进行“舆论动员”，从而造

① 崔明逊．“网络水军”的法律分析与综合治理：以参与电影推广的“水军”为例［J］．北京电子科技学院学报，2013，21（1）．

② 同①．

成社会信用透支等损害公共利益的事件并不少见，其后果也相当严重。这一领域规制“网络水军”的立法相对滞后，需要尽快完善。因此，要针对不同领域的“网络水军”，采取相应的治理对策。而目前看来，商业事件中的“网络水军”的问题最为突出，迫切需要加强立法。特别是在影视营销中，“网络水军”使得关于影视剧的各种评论出现“失真”，误导公众的判断。而且，虚假影视评论会给消费者造成“先入为主”的印象，使得影视作品本身具有的各种价值、功能就有可能被削弱。此外，如果在舆论场上影视剧的“真实”舆情得不到呈现，那么，不仅让公众失去了接触好作品的机会，也可能使得制作方与消费者之间的良好互动关系受到破坏。从长远来看，影视剧舆情生态的恶化，会阻碍中国电影产业的发展。因此，就需要从舆情生态系统的角度，重新思考和认识“网络水军”对于舆情生态的负面影响及其治理的思路。

2. 以行政监管为重点，健全相关的法律规范，完善主体责任

由于不同事件中，非法公关或“网络水军”对于舆情及事件发展的影响存在差异，因此，建构统一的舆情法缺乏现实的基础。对于不同领域“网络水军”的规制，主要还是依靠相关领域与保障正常的信息秩序有关的制度对其加以规范。影视营销中出现“网络水军”的现象，破坏了商业言论自由表达。有人认为，“网络水军”是一种“话语权的出卖”。2015 年 9 月起实施的新《广告法》对于广告代言人的限制更为严格。其中第六十二条有如下规定：“（三）违反本法第三十八条第一款规定，为其未使用过的商品或者未接受过的服务作推荐、证明的；（四）明知或者应知广告虚假仍在广告中对商品、服务作推荐、证明的。”广告代言人有以上情形之一的，由工商行政管理部门没收违法所得，并处违法所得一倍以上二倍以下的罚款。本质上，影视营销中“网络水军”扮演的角色与广告代言人类似，对其“出卖话语权”的行为，也应当做出相应的要求。“网络水军”既可能发布“好评”，也可能发表“差评”，但无论何种评价，都会影响影视剧舆情的客观、真实的呈现。有论者提出，“针对网上的虚假评论行为，立法保护表现为不均衡的特点。现有的法律保护措施针对恶意差评行为的保护力度较大，而针对虚假好评行为的调整力度较弱”[①]。而且，对“网络水军”“出卖话语权”发布“好评”行为的规制，也应借鉴广告代言人的相关监管制度，保障评论和表达的真实性。有学者还对商业言论中的“网络水军”从广告代言人制度角度做了深入探讨。“如果将网上虚假评论行为定义

① 常宝莲．自媒体网站上虚假客户评论法律规制的困境与克服：基于美国的经验及启示［J］．河南财经政法大学学报，2014（6）．

为虚假广告行为，则要遵循联邦贸易委员会发布的《关于在广告中使用代言和客户意见书指南》，该指南中不仅规定了博客、网络水军等虚假代言者代言关系披露义务和发布信息内容的真实保障义务，而且还详细规定了广告刊登者、经营者所应当承担的义务和责任。"[①] 可以说，通过《广告法》加强影视营销中针对"网络水军"的政府行政监管是遏制该现象频发的主要途径之一。

此外，2017 年 8 月 25 日，国家互联网信息办公室公布了《互联网跟帖评论服务管理规定》，其中第七条第二款中规定，"跟帖评论服务提供者和用户不得利用软件、雇佣商业机构及人员等方式散布信息，干扰跟帖评论正常秩序，误导公众舆论"。该行政法规的出台，将有利于加强对于"网络水军"的监管。有论者指出，"网络水军的协同治理应遵循政府主导、多元协同的治理范式，政府在多元治理主体中扮演领航者的角色，作为元治理者发挥主导性作用，承担协调、管理等主要责任"[②]。2016 年《互联网广告管理暂行办法》实施以来，将"通过网站、网页、互联网应用程序等互联网媒介，以文字、图片、音频、视频或者其他形式，直接或者间接地推销商品或者服务的商业广告"都纳入行政监管的范畴，也就是说，所有以推销为目的的信息传播活动都被纳入互联网广告行政监管的范畴。因此，这也为将影视营销中"网络水军"发布"好评"的行为纳入监管提供了更为完善的法律依据。再有，在司法适用中，针对"网络水军"的规制也还面临一些问题。有人指出，"'水军'人数众多，每个人在一起网络造势活动中的作用非常小，只有将每个人的作用聚合，然后产生放大效应，才能达到追求的效果或目的。因此，如果'水军'在网络上对某一企业或产品、个人进行毁谤或实施侵权活动，最终只能追究策划者、组织者的刑事或民事责任，而对于其他大部分发帖者，则无法对其进行追责"[③]。但是，由于不同事件中"网络水军"的构成及其发挥的作用各有不同，因此，可以将在舆情发酵过程中起主要作用的意见领袖作为法律规制的重点，可对其依照广告代言人的相关规范或者是相关行政法规进行追责。最后，近年来影视剧造假现象愈演愈烈的问题以及数据流量造假等现象已引发行业的关注。2016 年 11 月通过的《中华人民共和国电影产业促进法》第五十一条规定，"电影发行企业、电影院等有制造虚假交易、虚报瞒报销售收入等行为，扰乱电影市场秩序的，由县级以上人民政府电影主管部门责令改正，没收违法所得，处五万元以上五十万元以下

---

① 常宝莲．自媒体网站上虚假客户评论法律规制的困境与克服：基于美国的经验及启示［J］．河南财经政法大学学报，2014（6）．

② 周云倩．网络水军协同治理的考察与分析［J］．中国出版，2013（4）．

③ 罗利．监管"网络水军"需要解决四个法律难题［N］．检察日报，2011－08－19．

的罚款；违法所得五十万元以上的，处违法所得一倍以上五倍以下的罚款。情节严重的，责令停业整顿；情节特别严重的，由原发证机关吊销许可证”。不过，该法律对于电影推广中的非法网络公关，特别是“网络水军”刷流量、发布虚假评论等行为并未做出明确的规定，这需要今后逐步地加以完善。行政监管方式在遏制影视营销过程中的“网络水军”问题方面有着自身的优势，它相较于民事、刑事等法律更具有效率，执法成本也更低。同时，与行业自律相比，行政监管在执法“力度”方面，也更强，可以更加有效地应对“网络水军”对于影视剧舆论秩序的干扰。因此，应以行政法律法规为主，完善对于“网络水军”的法律规范体系。不过，在对影视营销中“网络水军”的治理中，自律手段也不可或缺。2017 年 8 月，北京网信办又召开“遏制追星炒作低俗媚俗之风”工作推进会，指导微博制定并发布《微博社区娱乐信息管理规定》，该自律规范的发布，对于规范影视剧宣传中各个主体的行为将会起到积极的作用。总之，在加强对于影视剧“网络水军”的管理过程中，还需要保障消费者商业言论的表达权。影视营销中对“网络水军”的规制与保障商业言论表达自由是法律规制目标的两个方面，不可偏废。

3. 建立舆情预警机制，影视剧制作方及时介入引导舆论走向

“网络水军”的介入一般都会有一定的“时间节点”或出现在某些“特殊时刻”。此时，作为事件相关主体，应当提前做好应急准备。对于影视剧评价，每个人可能并不相同，从不同的角度出发，就可能会产生不同的看法。但是，“网络水军”却是基于一己私利，为了经济利益发布虚假信息，诋毁其他竞争者。影视剧的制作方，如若发现“网络水军”应及时对相关信息做出回应，澄清事实，说明真相，如果单纯依靠事后追责可能并非最好的途径，因为这样有可能出现较大的损失。因此，在影视剧宣传中，事前设置话题，主动引导舆论的关注就非常重要。因为影视剧作为 IP 是含有很多“话题”的“传播元”，它既可以为自己所用，也可以为其他人所用。制作方主动利用影视 IP，可以达到扩大品牌知名度、美誉度的效果，但同时，IP 作为稀缺的传播资源，也会成为社会各方借力的“传播元”，进而造成舆情发展的复杂化。此时，事前建立起传播计划，特别是在影视剧宣传之前建立系统的危机公关应急预案，这是非常重要的。通过建立自己的“网络正规军”，主动出击，是互联网时代制片方维护自身形象的重要途径。而不能在遇到负面舆情时，就试图借助“网络水军”，以暴制暴，这反而会引火烧身，造成更大的损失。这也正是《孤芳不自赏》讨薪事件留给我们的教训和思考。有论者指出，“……靠水军得到的粉丝和转发，并不能为企业带来真正的关注和实际的效益。企业应该以用户乐于接受、乐于参与的形式，让用户积极加入到主动转发评论的分享行列中

来，实现品牌营销信息的精准到达和产品销售的高效转化”[①]。通过用户和影片方共同营造健康的影视舆论，制作方还也可以从中获得反馈意见，不断提升影视作品的质量。因此，影视剧制作方应不断提升影视作品的质量，打造精品，同时，通过正当的网络营销手段进行影视剧的宣传推广。万一遇到“水军”，不仅要积极开展网络公关，还要依靠有关部门依法打击“网络水军”破坏商业言论秩序的违法行为，推动影视剧健康舆论生态的形成。

4. 完善技术手段，综合施策

大数据条件下，应对影视营销中的“网络水军”现象，及时发现、鉴别虚假评论、恶意刷屏等“网络水军”的活动，离不开技术手段。只有依靠技术手段，才能够做到对于“网络水军”的动态实时监控，进而对其做出疏导和管控。技术手段在对“网络水军”的事前、事中、事后的监管过程中都扮演着极其重要的角色，有其独特的优势。有人就建议，“作为协同治理的有效技术支撑，治理主体可以利用计算机软件和网络技术进行舆情监测和数据采集，甄别真实与虚假的网络舆论热点，及时了解网络水军的动向并加以把控，还可以依托先期的技术处理和后期的操作对水军的发端追根溯源，实行犯罪追查”[②]。此外，网络服务提供商通过技术手段还能及时掌握“网络水军”干扰影视剧舆情的状况，及时采取措施。“技术治理工具还可通过软件升级和技术攻关，不断加以调整和完善补充。加大防控、监测技术的研发力度，可以保证网络公共领域的健康发展，阻断网络水军的传播链条。譬如，对于异常的话题帖，可以通过封号和封 IP 等屏蔽方式限制发帖回帖，及时追踪并保留相应服务器数据待查。”[③] 影视营销利用“网络水军”主要还是为了在相关网络平台上获得更好的指标，因此，网络服务提供商自身需要不断完善其评分机制，引导网络评价朝着理性表达的方向发展。一套科学、公正的网络评分机制是网络平台持续发展的必要条件，这在一定程度上也会压缩“网络水军”的生存空间。总之，“网络水军”问题的有效治理需多管齐下、综合施策。

① 张筱筠，连娜．网络水军：微博营销中的“灰色阴影”[J]．新闻界，2012 (1).

② 周云倩．网络水军协同治理的考察与分析 [J]．中国出版，2013 (4)：34－37.

③ 同②.

大数据时代广告传播中的新问题及其治理
——由 2017 年“两会”政协委员的品牌安全提案引发的思考

一、问题的提出

习近平总书记在第二届世界互联网大会上提出了“共享共治”的互联网治理主张。“十二五”时期，全国广告经营额年均增长 17.6%，截至 2015 年底，全国广告经营额 5 973 亿元，比 2010 年增长了 1.5 倍，已跃升为世界第二大广告市场。不过，与此同时，包括互联网广告治理在内的网络信息内容的治理也日益成为当今世界各国所共同面临的难题。2014 年 2 月 27 日，随着中央网络安全和信息化领导小组的正式成立，中央网信办的工作迈上了新的台阶。2014 年 10 月 24 日，中央网信办举办“学习宣传党的十八届四中全会精神　全面推进网络空间法治化”座谈会之后，互联网广告的监管在国家层面进入了快车道。第十二届全国人大常委会第十四次会议修订通过的新《广告法》，历经两次向社会公开征求意见，三次审议，在 2015 年 4 月 24 日通过人大常委会表决，于 2015 年 9 月 1 日起正式实施。2016 年 7 月 4 日，国家工商行政管理总局令第 87 号，即《互联网广告管理暂行办法》向外界公布。《互联网广告暂行办法》是我国第一部互联网广告管理的行政法规。此外，2015 年 3 月 11 日，由中国广告协会网络互动分会主持、在互动广告标准委员会统筹下制定的中国第一部规范移动互联网广告的行业标准《中国移动互联网标准》也正式发布。但是，不可否认的是，移动互联网时代的各类广告问题目前还是处于“井喷”阶段，已经引发社会的广泛关注。2017 年 1 月 24 日，因认为凤凰网“劫持流量”，今日头条起诉索赔 2 000 万元，该案体现了大数据时代媒体之间的利益纷争。2017 年“两会”期间，全国政协委员向全国政协提交关于强化互联网搜索广告监管的建议，呼吁应加强对互联网广告的监管，提出“发展第三方互联网广告安全验证机制”。对此，何帮喜委员提出了五项具体建议：（1）必须从战略高度定义互联网广告安全，建立第三方安全验证与阻断经费赞助机制，明确责任部门。（2）鼓励第三方验证广告的可见性与虚假流量，建立广告可见性标准，并发展以广告可见性为主的广告结算方式。（3）建立完备的第三方广告安全技术验证机制。（4）大力扶持互联网广告安全验证企业，鼓励技术创新和产业化。（5）在各行业互联网媒介采买中融入第三方互联网广告安全验证的规划和验收[①]。

二、国内互联网广告的问题及其治理历程

对广告的治理问题，根据学者们的研究，大体上可以分成两大类：一类是，聚焦于传统互联网广告发展及其治理问题；另外一类是，近年来，随着程序化购买、原生广告、网络直播成为广告发展的新热点，对这方面的研究紧跟界定动态，日渐成为广告研究的热点。第一类问题，主要是对于传统互联网广告问题的研究，比如虚假广告、垃圾邮件、竞价排名等。虚假广告是广告问题最为突出的领域，也是学者们探讨广告治理所主要涉及的问题。有学者认为，网络虚假广告主要表现有虚假宣传、关键词误导和隐性广告等[②]。这是从广告形式层面进行的分析。还有从虚假广告的实质方面进行的思考，比如主张“网络虚假广告就是广告主体为牟取不正当利益，发布网络广告对商品或服务的主要内容进行虚假的或引人误解的宣传，导致或足以导致消费者被误导，从而做出错误判断的网络广告”[③]。新修订的《中华人民共和国广告法》对虚假广告的界定与后者比较接近，指出“广告以虚假或者引人误解的内容欺骗、误导消费者的，构成虚假广告”。而对于虚假广告认识上的分歧会造成对其规制的范围、手段等方面的差异。杨立新等人认为，“我国虚假广告责任的归责原则，实行过错责任原则和无过错责任原则的二元化体系，构成虚假广告责任须具备虚假广告行为、消费者损害事实、因果关系和过错要件”[④]。从对虚假广告的讨论中可以看出，对于广告的治理，制度层面始终是以内容作为重点，并由此出发建构广告的治理体系，这从对于垃圾邮件、竞价排名等广告问题的治理中都能够

① 何帮喜．发展第三方互联网广告安全验证机制［EB/OL］．［2017－03－13］．http：//lz.zgzx.com.cn/2017－03/13/content_8829320.htm.

② 黄瑚，邹军，徐剑．网络传播法规与道德教程［M］．上海：复旦大学出版社，2006：198.

③ 于林洋，孙学华．关于“虚假广告”与“虚假宣传”关系的法律思考［J］．山西高等学校社会科学学报，2004（6）.

④ 杨立新，韩煦．我国虚假广告责任的演进及责任承担［J］．法律适用，2016（11）.

看到。垃圾邮件是一种十分常见的广告问题，垃圾邮件造成的广告侵扰，侵犯受众安宁权。戴维的研究就指出，“实践中许多网络广告并不是建立在互动性与个性化的基础之上的。网络广告与用户的关联性低，弹出式广告、漂浮广告、垃圾邮件等网络广告形式均体现出不同程度的侵犯性，有些网络广告甚至将关闭按钮设置为进一步点击的链接，导致广告无法关闭，信息被强制推送；另一方面，缺乏互动性与针对性的生动性，虽集图、文、声、像为一体，但由于提供的是用户不需要的信息，不仅不能提升网络广告的价值，反而强化了广告的侵犯性”①。此外，广告中的竞价排名问题也十分常见。李明伟通过对于搜索广告的研究指出，“当务之急规范竞价排名的主要法律措施，包括搜索引擎服务商必须依法申请广告发布资质，必须依法履行广告审查责任，必须遵守法律所要求的广告与非广告内容清晰区分的原则”②。也有人从更宽泛的视角展开对搜索广告的研究，认为“搜索服务平台的治理，单靠搜索服务提供者一方是根本不够的，毕竟，搜索也只是以社会不同主体所生产的海量信息为客观条件。网络空间信息内容质量的高低可以说从根本上决定着搜索结果价值的大小”③。与广告内容相关的问题广告，除了虚假广告，还有植入式广告。植入式广告的一个突出问题是，它可能引发广告的可识别性与广告信息的隐蔽性之间的冲突。李剑指出，“通过对广告披露的方式、程度进行相应的规定，健全广告信息披露制度，从而抑制植入式广告的负面效果”④。

除了第一类对传统广告问题的治理，近年来，程序化购买、原生广告、网络直播等前沿领域的新兴广告治理问题也日益突出，并且成为研究的热点。所谓程序化购买主要是指让合适的广告通过合适的屏幕，在合适的时间找到合适的人。它是移动互联网时代一种全新的广告运作模式。预计到2019年，市场规模将达451.0亿元。移动程序化购买持续保持高增长，已成为程序化购买市场增长的主要动力，预计在未来三年内，移动程序化购买仍将维持较高增速，且增速将显著高于整体市场。展示广告包括原生广告和投放在流行社交媒体上的广告，其中包括富媒体和视频类网络展示广告，还包括横幅和其他类的展示广告。2016年美国网络展示广告支出将首次超过搜索广告支出。包括视频广告、赞助广告、富媒体和横幅广告在内的展示广告将占网络广告支出的47.9%，达到321.7亿美元。2013年被称为中国的程序化购买元年。对于程序化购买，许正林等人的研究论文指出，“2014年的广告领

① 戴维．基于受众视角对网络广告传播问题的检视与反思 [J]．新闻界，2011（6）．

② 李明伟．论搜索引擎竞价排名的广告属性及其法律规范 [J]．新闻与传播研究，2009（6）．

③ 杨秀．互联网信息搜索服务监管的法治化 [J]．现代广告，2016（12）．

④ 李剑．植入式广告的法律规制研究 [J]．法学家，2011（3）．

域正在向数字媒体转型，而今年数字营销中一个显著的变化就是程序化购买正在以一个迅猛的速度发展，其作为数字营销圈的创新热点也在2014年的广告节中首次登上舞台，目前程序化购买正在颠覆着整个广告行业”①。而进入2015年，许正林等人撰写的文章又就已经对程序化购买发展中出现的问题表示担忧，并且进行了冷静的思考。“当前我国数字广告产业中数据孤岛现象严重影响了大数据的质量，大数据的流动与交易，成为产业发展的迫切要求。数据虚假和侵犯用户隐私的问题，影响了程序化广告投放效果，同时也会损害用户体验，不利于数字广告产业的健康发展。”而且文章还提出建议，“急需政府部门和互联网行业协会出台相关的法律法规和行业自律规则，加强数据流量反作弊软件的开发，鼓励发展第三方的数据监测机构，建立用户隐私保护的法律法规制度和行业自律机制。国内DSP公司泥沙俱下，缺乏统一规范的广告效果评价标准，专业价值受到广告主的质疑，因而DSP行业迫切需要出台广告程序化购买的行业标准，规范数字广告公司的代理行为，从而营造良好的产业生态”②。2015年以后，已经有越来越多的人开始关注程序化购买发展中出现的各类问题。有人总结了大数据时代程序化购买中存在的五大问题，包括“欺诈、造假、品牌安全、隐私安全、利益层面产生的‘暗箱’”③。还有人重点关注大数据时代在营销传播伦理方面存在的信任、隐私和服务三大问题④。同时，大数据广告中对于版权的保护已引发行业的关注⑤。除此之外，原生广告引发的伦理冲突等也是新兴的热点问题。原生广告是利用大数据技术根据适当的时间地点，为受众提供相匹配的内容，而此内容一定是适合此种平台的浏览环境时，此广告才被称为原生广告。针对原生广告发展中出现的问题，有人指出，“作为新兴的广告模式，原生广告凭借其强传播性、强渗透性、强适用性和强内容性等特性具备了强大的活力，但在大数据时代，原生广告的进一步发展必将引发用户信息保护与利用‘失范’冲突、广告本质与隐匿性冲突、品牌新闻与新闻伦理冲突等一系列的矛盾问题”⑥。

三、国外互联网广告的治理与研究状况

国外对于广告治理问题的研究，往往是从商业言论自由角度展开对相关问题的

① 许正林，闫秀．2014年广告学术研究综述［J］．中国广告，2015（4）．

② 许正林，石娜．2015年中国广告学术研究的八大视点［J］．中国广告，2016（4）．

③ 贺磊．大数据时代下程序化购买广告中的伦理问题研究［D］．广州：暨南大学，2016．

④ 吴娜，石青辉．大数据背景下的营销伦理问题研究［J］．湖南商学院学报，2015（1）．

⑤ 马晓明．网络广告联盟的版权侵权责任分析［J］．中国版权，2016（6）．

⑥ 闫济民．大数据时代原生广告伦理困境及发展出路［J］．新闻世界，2015（12）．

探讨，关注的核心问题是政府对于广告监管权力的边界①。1938 年，联邦贸易委员会（FTC）被授权对“不公平和欺骗性广告”进行监管②。通过对虚假广告，特别是对不同类型的广告，比如烟、酒、食品、药品、儿童等涉及公共利益领域的广告监管权力的严格设定，建构起了广告监管的制度体系。在美国，除了 FTC，联邦通信委员会（FCC）、食品和药品监管局等机构都有权对相关的广告问题展开监管。值得注意的是，美国除了从联邦到地方的各类行政部门可以对广告进行监管，各类自律性组织也是广告治理体系中极其重要的组成部分。行业自律性组织被认为是广告业最有效的管理者。广告行业在 1971 年创建了国家广告评审委员会（NARC-no）。这个组织是四大贸易组织之间的战略联盟——由 AAAA（美国广告代理协会），ANA（国家广告商协会），AAF（美国广告联合会）和 Better Business Bureau（更好商业理事会）共同组成。而这些自律性机构在广告问题的解决中扮演着重要的角色。相较于诉讼程序而言，这类自律性组织在纠纷解决方面具有效率高、成本低、反应快等诸多的优势③。

进入移动互联网广告时代，这些自律性组织的作用更是不容小觑。广告行业联盟组织响应联邦贸易委员会呼吁，更有力更有效地实行在线行为广告业务的自律，最大的媒体和营销行业协会（IAB，4A，AAF，ANA）联合数字广告联盟，实行在线行为广告的自我监管计划。2010 年 7 月，该计划推出了“保证平台”Evidon InForm，该平台为消费者提供了有关其网络浏览习惯收集和使用等个人数据的更多控制权。直接营销协会和电子零售协会等组织也对其成员制定了相关要求，其中包括要求真诚的广告，并在联邦、州和地方政府之间保护他们的利益。互动广告局（The Interactive Advertising Bureau，IAB）是由 500 多家主流的媒体和数据公司组成的，它们占了美国全部在线广告收入的 80%左右，而这一机构在互联网广告的发展及其规范化运作方面发挥了重要的作用。它组织制定了广告标准、创意指南以及数据工作组、游戏广告、互动电视等领域的多个文件，并积极影响国会、联邦政府等部门中与在线广告相关的立法、公共政策的出台。此外，为保障大数据时代程序化购买等新兴广告的健康、有序发展，美国发行稽查局（Audit Bureau of Circulations，ABC）将广告欺诈等问题作为约束和治理的重点。ABC 不断提供和发布独立的第三方评估数据，包括媒体阅读量、用户网络行为等相关数据。可以说，随着

① Samantha Graff，Tamara Piety. The New First Amendment and Its Implications for Combating Obesity [R]. Through Regulation of Advertising Advances in Communication Research to Reduce Childhood Obesity (2013).

② Jon P. Nelson，Advertising Bans in the United States [M]. Social Science Electronic Publishing，2004.

③ 孟茹．美国在线行为广告的自律规制研究 [J]. 新闻界，2016 (10).

大数据技术在广告领域的广泛应用，用户信息权缺乏保护、广告欺诈、广告透明性不足等新的问题在不断增加，它们也逐渐成为广告治理的重点问题，而行业协会等自律组织在其中发挥着越来越重要的作用。

与英美法系的广告治理“轻规制、重自律”、更加注重发挥社会组织的作用有所不同，在大陆法系国家，政府监管的角色与作用在广告治理中更受重视。“法国作为大陆法系国家，一直采取政府主导的广告规制，其网络广告规制对我国的广告规制乃至法律调整和立法完善都有着特殊的借鉴意义。”① 法国有着完备严格的广告规章制度，面对互联网所带来的挑战，法国政府从20世纪末就开始了对网络广告规制问题的探索，通过对现行广告法律法规进行调整和立法完善，使之适用于网络广告。通过比较不同法系国家在广告治理模式上的差异，可以为国内广告治理寻找可借鉴的“图景”。

从行业发展动态来看，广告治理，特别是新兴广告的治理问题已成为世界性的难题，亟待行业、研究机构的攻关。首先，作为技术型的广告服务公司，谷歌于2017年4月遭受品牌安全问题的困扰，起因是奔驰汽车、迪士尼和《卫报》的广告内容，出现在恐怖组织ISIS以及纳粹支持者于YouTube上传的内容旁边。这些广告主都是谷歌广告程序化购买平台DoubleClick AdX的客户。这一问题的出现导致电信公司AT&T和Verizon、医药公司GSK、百事可乐、沃尔玛、强生等广告主全部暂停在谷歌视频分享平台YouTube上的广告投放。品牌安全问题的出现，其主要原因在于新的广告形态中广告主已经丧失了对于广告环境的控制能力。为了应对危机，谷歌启动危机公关，公开致歉并承诺改进。首席商务官Philipp Schindler表示谷歌将对允许播出的内容制定更加严格的标准，防止仇恨性、冒犯性和诽谤性视频出现。此外，WPP集团创始人苏铭天在2015品牌安全峰会上说道，“广告主在追求广告效果时，不能以牺牲品牌安全为前提。WPP集团始终不遗余力地在联合品牌安全技术供应商为广告主搭建一个品牌安全的广告环境。现在的趋势是，传统电视也走向了程序化广告投放，WPP集团下的Kantar Media也将会推出传统电视广告的品牌安全解决方案”②。再有，传统广告代理服务机构也正在遭遇来自新兴广告问题的困扰。2016年9月，有媒体披露日本广告巨擘电通广告深陷造假丑闻。该丑闻源于电通所宣称的效果广告，在数据透明性、投放效果等方面遭遇广告主的质疑。最后，在广告主方面，面对品牌安全、流量欺诈、数据的第三方监测缺失等

---

① 朱一．法国网络广告规制研究［J］．广告大观（理论版），2011（1）．

② RTBchina．全球四大广告传媒集团发声：品牌安全（Brand Safety）是程序化广告的成功关键［R］．2015-06-10．

问题，全球最大广告主之一的宝洁也已经开始向“黑暗营销”宣战。宝洁率先对于广告服务机构在广告的可见性、第三方验证、透明的代理合同以及TAG（Trustworthy Accountability Group）认证四个方面提出了详细的要求①。

四、大数据时代互联网广告治理的重点及其应对策略

1. 模式创新，走向多元共治

如何既能够保障广告发展的需要，又能够满足公众的利益，由此出发规划设计不同主体之间利益共存的路径与模式，这是大数据时代广告治理所要思考的问题。而当前广告治理模式的创新需要综合考虑以下两大背景，思考新时期广告治理的对策：第一，原有广告监管模式已表现出其与技术、社会的时代之间的不适应。一方面，原有监管模式的逻辑是针对“内容、途径”的重点监管，这是传统媒体广告的监管思路，而大数据时代出现的“内容—关系—服务”三位一体广告形态的变化，也引发了新的问题——不只是广告的“内容”会出问题，而是广告的问题从“终端”的呈现，走向了整个广告运作的全过程。比如，前期的数据收集、数据使用等不同的阶段，其中的问题包括侵害个人信息权（以侵犯隐私权为重点），还有数据欺诈（诚信问题）、品牌安全等。这就是需要对广告生态进行治理的根源所在，广告全产业链的问题已经取代局部问题成为广告治理所面临的新形势。另一方面，新时期的广告治理，各方关系中虽有博弈，而更多的却是各方日渐成为一种新的“共同体”，需要建构责任、安全、利益的“共享共担”机制，这也是广告“生态”的另一层含义。因此，需要加强广告治理生态系统的建设。应对新时期的广告问题，首先需要进行理念的转型。也就是说，将过去针对广告“内容”的治理与广告其他部分的治理相互整合（包括流量欺诈、品牌安全），并且，以“人类命运共同体”这一总的价值为引领，建构“广告命运共同体”，争取提出符合多方利益的“广告多元共治生态圈”。第二，政府主导型广告治理模式的弊端日益显现。法律上，政府广告规制的范围远远小于问题广告的范围，事实上，政府监管无法涵盖所有不良广告。特别是对于新兴形态广告的治理一般都具有被动性（刺激—反应模型）和滞后性，因此，这就要求广告治理理念做出战略性的调整，尤其是发挥不同参与者各自的作用和优势，共建“广告多元共治生态圈”。这是在广告正经历从传统广告向

① 宝洁突然向“暗黑营销”宣战意味着什么？[EB/OL]. [2017-02-07]. http://www.meihua.info/a/68674.

数字化时代的新兴广告形态转型这一大背景下提出的新主张。

2. 大数据时代互联网广告治理的重点及具体对策

已有研究指出，当前大数据广告的发展出现了“欺诈、造假、品牌安全、隐私安全、利益层面产生的‘暗箱’”五个方面的突出问题，它们影响着互联网广告市场的健康发展，而其中的任何一个问题都不可能轻易得到解决。即便如此，为使这些新出现的问题得到更有效的解决，下面尝试围绕其中的几个主要问题提出有针对性的治理对策。

（1）通过增强透明度、可见性，建立第三方评估制度等防止广告流量欺诈。

由于广告主越来越看重广告投放的效果，这就刺激了“数据欺诈”动机和行为的产生。《广告反欺诈白皮书》显示：2016 上半年，AdMaster 的广告反欺诈监测系统平均每天识别出高达 28%的虚假流量。的确，中国的数字营销生态环境正遭受着虚假流量的侵蚀。低质量虚假流量的问题的存在是过去十年间数字营销行业一直未解决的难题。这一问题制约着互联网广告朝着精准、高水平方向的发展。互联网广告技术的高门槛导致对于虚假流量、广告欺诈的识别相对困难。专业性的广告公司，如电通广告尚且深受其害，更何况是一般的广告主。电通丑闻恰恰源于电通所宣称的效果广告，而其在数据透明性、投放效果等方面已越来越多地遭遇广告主的质疑。对此问题，宝洁也已采取措施，主动开始向“黑暗营销”宣战，提出了相对可行的解决方案。宝洁率先对于广告服务机构在广告的可见性、第三方验证、代理合同方面提出了特殊的要求，而且还要求凡是与其开展合作的数字媒体相关的公司必须要在 2017 年得到 TAG 认证。由此可见，宝洁主要是通过引入第三方广告验证机制，以此确保广告传播数据的客观、准确。2016 年 8 月，中国媒体评估委员会（China Media Rating Council，CMRC）在北京宣布成立，它是广告发展进入大数据时代的专业性行业自律组织。据悉，CMRC 将借鉴美国的成功经验，引进由 IAB 发布行业标准，并由 MRC（Media Rating Council，美国媒体分级委员会）负责对媒体及第三方监测机构进行认证的模式。今后中国媒体评估委员会将发挥的作用，有媒体在报道中提出，“从监管形式来看，CMRC 采用聘请第三方审计机构做公证，保证了媒体与广告主投放效果和投放数据的公正性。在这之前普遍是各家提供自家数据，在未来有了公正的第三方数据的监督，包括广告主和媒体自身都是一种公平的保障，双方的利益都在此数据库中得以双赢”①。所以说，这类第三方评价机构的

① 劳博：当中国出现了首个“媒体评估委员会”后，我们能做些什么？［EB/OL］．［2016－08－17］. http：// www. chinaz. com/news/2016/0817/567866. shtml.

成立，有利于媒体评估标准的制定，从而促进广告市场的公平竞争。

（2）建立保障品牌安全的白名单、黑名单制度。

新媒体时代，广告传播环境愈发复杂，越来越多的媒介平台和广告主都被品牌安全问题所困扰。因此，品牌安全也是大数据时代广告传播中的又一个突出问题。实现品牌安全也得靠技术与自律手段，比如，建立白名单、黑名单制度。

所谓白名单制度，是指在广告投放之前，先选择一定数量的网站，通过这一做法避免广告出现在各种不良信息之中。“列白名单是很耗时的，因为需要手动点击到网站上去，确保网站是安全的。”① 除了提升广告投放环境的安全性，白名单制度也有利于提供可信任的真实准确数据。比如，就有媒体曾经报道，“秒针还设立了智能电视厂商白名单，乐视也是首批名单成员。这份白名单是基于秒针历史监测数据的，经过多层过滤、甄别，确保白名单的所有曝光数据都真实可信。对于广告主而言，利用TV Monitor能直观地查看每一波投放中白名单设备占比，对在白名单中的厂商投放更有信心，数据更有保障”②。与白名单制度不同，所谓的黑名单制度就是希望自己的广告不出现在某些网站上，它是一种反向确保品牌安全的方法。“ComScore（AdXpose）和DoubleVerify之类的服务商提供URL一级的投放后期报表。这对黑名单的维护非常有用。你也可以根据内容、关键词和站点列表等设置品牌安全邮件提醒。你甚至可以屏蔽自己的广告，不让它出现在你不喜欢的网页里。”③ 应对品牌安全，目前的做法一般还是建立白名单制度，这是因为在确保品牌安全方面，黑名单制度仍存在很多的问题，还需要在程序化购买广告发展的过程中，逐渐完善相关的治理手段。“全球化的黑名单也是大多数媒介代理机构保证广告品牌安全的一个重要机制。但在当下黑名单是无法完全奏效的，最大的原因就是，现在比以前更容易创建一个新网站，能在很短的时间内启动并运行广告，媒介代理机构的黑名单无法跟上假网站的创建速度。”④ 由此可见，这一领域问题的解决办法更新的速度远滞后于问题出现的速度，所以说，方案也始终处于不断完善之中。而且，为了确保品牌安全，减少作弊现象的发生，还是需要依靠第三方广告验

① 设立白名单，就能确保广告品牌安全吗？［EB/OL］.［2017－04－11］. http：//www. adexchanger. cn/tech-company/17581. html.

② 全面接轨第三方监测，乐视树立大屏营销领域行业标杆［EB/OL］.［2017－08－04］. http：//www. kejixun. com/article/170804/357769. shtml.

③ Lee Byrne：How to ensure brand safety with RTB inventory［EB/OL］.［2012－05－27］. http：//www. imediaconnection. com/articles/ported-articles/red-dot-articles/2012/may/how-to-ensure-brand-safety-with-rtb-inventory/.

④ 设立白名单，就能确保广告品牌安全吗？［EB/OL］.［2017－04－11］. http：//www. adexchanger. cn/tech-company/17581. html.

证制度。有人指出，“在错综复杂的媒介购买链条中，作弊方会有商业压力，会利用一切漏洞牟利，这是事实。仅靠黑/白名单机制，或者以私有交易形式来操作，都未必能成功杜绝作弊。要完全意义上确保广告主品牌安全和流量可见性，第三方广告验证（Ad Verification）必不可少。我们要做到 trust but verify，信任一定是建立在可验证的基础上的”①。总之，程序化购买的发展需求与品牌安全永远都会是一对矛盾，可以说，它们之间的关系决定着今后程序化购买的前景。

五、结语

大数据时代，广告产业发展过程中出现的流量欺诈、广告可见性缺陷以及品牌安全等问题已不断地引起社会的关注。2014 年 3 月 15 日，《中国互联网定向广告用户信息保护行业框架标准》制定，这在一定程度上对于定向广告中加强对于用户信息的保护提出了要求和标准。2017 年 1 月，“脉脉非法抓取使用新浪微博用户信息”案在北京知识产权法院终审宣判。法院认为，“这起案件表面上是一件不正当竞争案件，本质上是个人信息保护之争”。除此之外，2017 年 2 月，媒体报道了今日头条与凤凰新闻之间围绕流量劫持问题的法律诉讼，这也暴露出大数据应用中利益主体之间的博弈②。所有这些问题都与广告产业的健康发展有关，从广义上说，它们都是互联网时代广告“生态圈”治理的组成部分。而且，随着互联网广告产业的迅猛发展，各类问题也还会层出不穷。针对大数据时代的广告问题，一部分已在法律上做出了相关的规定，或者已经通过司法判决建立起了规制的标准，但是，更多的问题还需要继续探索有效的治理制度和措施，这也考验着人类的智慧。

---

① 设立白名单，就能确保广告品牌安全吗？［EB/OL］．［2017-04-11］．http：//www.adexchanger.cn/tech-company/17581.html.

② 张靖超．今日头条与凤凰新闻互撕　扯出流量劫持背后利益链［N］．中国经营报，2017-02-13.

五、权利维护与社会正义

自媒体言论表达与商誉权冲突的理念及制度问题探析
——以瓜子二手车起诉自媒体等诉讼案件为例

一、问题的提出

近年来，企业因其名誉权受损而起诉自媒体的事件，频繁发生。自媒体上言论表达门槛的降低，传播渠道的便利化，使得一些针对企业的诋毁言论更易于传播，因此，企业商誉保护的问题随之成为各方所关注的问题。2017 年 6 月，美团点评、京东、新浪、搜狐、快手和 360 等企业联合发布了《反商业诋毁自律公约》。除此之外，司法途径是企业会更倾向于做出的选择，企业借此既可以达到制止侵权的目的，同时这也会是一种针对自媒体的“惩罚”和“威慑”。不过，在屡见不鲜的名誉权诉讼背后，不少人也担心可能会形成压制商业言论表达的“负效应”。2016 年 8 月 18 日，途牛向南京市玄武区人民法院提起针对自媒体人于斌的诉讼，该案一审判决自媒体人胜诉。该类的侵权大多发生在产业经济、科技、财经等领域的自媒体信息传播之中，而这些行业往往与公众的生活存在较大的联系，这类行业信息也是公众的兴趣或者较为关心的话题。所以说，对这些领域信息的报道或者讨论对于现代社会公众参与社会生活有着重要的意义。因此，平衡公众知情、自由表达与企业商誉保护之间的关系就变得十分重要，特别是需要在法律上厘清以诋毁商业对手为目的而进行的网络“黑公关”与正常的言论表达之间的界限。下面通过对近年来比较典型的企业起诉自媒体案件的梳理，揭示该类侵权诉讼的特征（见表 1）。

表1　企业因名誉权起诉自媒体的典型案件（数据采集截止时间为2017年8月15日）

案件名称	涉案文章	双方争议的焦点	针对自媒体的判决结果
途牛起诉自媒体作者于斌	《途牛旅游网自辩被携程黑，其实这一切都是套路》《途牛旅游网亏损成常态，画大饼给不了投资人未来》等	是否涉及歪曲、捏造事实、蓄意诽谤的报道	自媒体胜诉
美团点评向北京市海淀区人民法院提起诉讼，起诉自媒体"互联网分析师于斌"	《美团王兴夫妻两派疑内讧，投资人称上市计划再延期》	多个账号内发布与事实不符的文章，侵犯了美团点评的名誉权	尚未判决。原告要求对方立即停止侵权、赔礼道歉、消除影响，并索赔人民币1 000万元。今日头条也将这篇文章定义为"黑稿"，并给予该作者4天内不得发布消息的处罚
百度起诉GQ Daily名誉侵权	《鉴于百度导航会把你带到莆田系医院，请你来参加〈百度一下，你就________〉创作大赛｜GQ Daily》	文章缺乏客观事实依据，标题及内容包含如"我们的答案是《百度一下，你就完了》"等虚假事实，并带有极大的贬损性，被用户大量阅读、评论，并在网络上广泛传播，对百度的商誉及百度地图产品的美誉度均造成了严重损害	百度已于近日向北京市海淀区人民法院提起诉讼，起诉自媒体GQ Daily的运营公司——北京风华创想网络有限公司，要求该公司对其之前通过微信公众号等新媒体平台造谣并诋毁百度商誉的行为公开道歉，并索赔人民币500万元，目前，北京市海淀区人民法院已经立案
百度外卖起诉"电商分析师"等微信公众号	《百度又出大事！自营餐厅厕所洗菜，缺德是百度第一生产力》《聚焦百度外卖自营过期食品三焦点，李彦宏或担责任》《百度美团黑外卖扎堆，处理不能"罚酒三杯"》等多达16篇网文	不实内容侵犯名誉权	目前还未确认审判是否结束。原告起诉要求平台运营商深圳市腾讯计算机系统有限公司、北京搜狐互联网信息服务有限公司停止侵权、封停该公众号以消除影响，并提供公众号的运营者信息。原告另起诉要求微信公众号主体北京亿商联动国际电子商务股份有限公司停止侵权、封停该微信公众号以消除影响，赔礼道歉并在微信系统中广播和其他全国性的纸媒首版和网络媒体首页刊登赔礼道歉的声明，赔偿经济损失50万元、律师费1万元，公证费1 200元等

续前表

案件名称	涉案文章	双方争议的焦点	针对自媒体的判决结果
优信二手车起诉自媒体“互联网热点分析”	《王宝强代言的优信二手车数据造假 深陷资本博弈》《优信融资BP曝光：多项数据存疑 投资人你看清了吗?》	发布不实报道、企图误导公众、营造企业负面形象	法院已受理，未判决。原告的要求包括被告立即删除账号相关侵权文章，停止对原告名誉权的侵害，并且支付赔偿金1 000万元人民币等
人人车起诉自媒体“科技说说”刘勇名誉侵权案	《数据造假引发融资危机，人人车或遭遇C轮死》《人人车再陷关站裁员风波 管理混乱终成平台祸患》	刘勇发布的多篇人人车相关负面报道缺乏事实依据，并对人人车公司名誉造成贬损，构成侵权	自媒体败诉。被告刘勇侵犯人人车名誉权属实，判令在其微信公众号（科技说说）及其新浪微博首页连续公开道歉七天，并赔偿人人车公司相关经济损失
瓜子二手车起诉自媒体“互联网一些事”	《二手车电商热战背后的冷思考》	多处言语不当，文中存在多处捏造事实、恶意评论的行为，具有诽谤性质，足以致瓜子二手车社会评价受损，已构成对瓜子二手车名誉权侵犯	自媒体败诉。北京市丰台区人民法院判令北京知为思科技有限公司于判决生效之日起立即停止侵权，删除在微信公众号“互联网一些事”和深喉网上发布的文章，并在判决生效后之七日内需在“互联网一些事”和深喉网连续七日发布致歉声明，向瓜子二手车赔礼道歉，恢复名誉，消除影响，道歉信的内容及格式需经法院审定
摩拜起诉“磐石之心”	《摩拜融资6亿美元仍是“水蛭”的命，一旦投资断档立即死掉》《摩拜融资6亿仍是“水蛭”，一旦投资断档就死掉》等涉案侵权文章	为吸引眼球，不顾事实真相，变换身份，发布一些赚点击的标题党软文和诋毁企业形象的文章	尚未做出判决
摩拜单车创始人起诉“知乎网帖”侵犯名誉侵权	《你如何评价摩拜、ofo高管们集体贪腐的问题》《网曝摩拜惊天丑闻：胡玮炜、王晓峰吃回扣贪腐数亿》等	无事实根据的造谣、污蔑行为情节极为恶劣，给原告个人的名誉及摩拜的商誉均造成了惨重的、难以挽回的损害	未判决。原告起诉要求被告停止侵权、披露侵权网络用户的个人信息并赔偿损失10万元
摩拜起诉“中国IT研究中心”“中国软件资讯网”	《摩拜深陷三大诚信危机：专利侵权、避谈押金、烧钱当游戏》的匿名文章	由于商业上不正当竞争引起的、被人恶意驱动的互联网名誉侵权活动	尚未判决。原告要求连续三十日发布向原告公开赔礼道歉的声明，消除不良影响；各被告连带赔偿原告的经济损失和商誉损失暂计100万元，以及原告为制止侵权发生的律师费等合理费用暂计20万元

续前表

案件名称	涉案文章	双方争议的焦点	针对自媒体的判决结果
小米诉“建华Wei业”	涉嫌侵权微博，包括《小米就是靠下三滥低俗营销起家的》《开始像个怨妇气急败坏撒泼骂街了……小米无耻》《不抄袭苹果，开始抄华为了?》	是否有侮辱及诽谤性言论	一审判决“建华Wei业”败诉，除了停止侵权发表道歉之外，还要赔偿小米公司24万元损失费。不过，“建华Wei业”对法院判决结果不服，随即上诉
阿里起诉微信号“福鼎五月茶农”	《“双十一”阿里退货574亿》	发布虚假事实	自媒体败诉
淘宝状告自媒体人冯东阳	《人民日报曝光不合格产品名单，淘宝与京东差距明显》	实际是编造了《人民日报》报道中不存在的内容。次日，今日头条平台方将该文章予以删除。2016年11月10日，淘宝向杭州市余杭区人民法院提起诉讼，起诉冯东阳发布不实内容的行为，要求其停止侵权、公开赔礼道歉，并索赔人民币1 000万元	自媒体败诉

表1中列出了近些年在社会上有较大影响力的一些企业以保护自身名誉权为由向自媒体提起侵权诉讼的案件。其中多数案件都涉及商业诋毁或者企业商誉权保护的问题。这些诉讼几乎都涉及刚刚兴起的互联网企业，表现出以下几个特点：一是，某个行业多家企业涉诉，表现出行业的集中度较高。二手车行业中，瓜子二手车、人人车、优信二手车都发起了针对自媒体的诉讼。再比如，餐饮服务行业的美团点评、百度外卖等也纷纷涉诉。二是，围绕着一家企业，出现了与多个自媒体之间的侵权纠纷。如摩拜单车起诉多个自媒体。三是，这一领域暴露出自媒体发布虚假信息谋取自身利益的问题也较为突出。如微信号“福鼎五月茶农”发表《“双十一”阿里退货574亿》等侵权文章。下面就围绕商誉权的相关理论，对其中的部分案例展开分析。

二、商誉权保护的理论纷争

——散布不完整或者无法证实的信息是否侵权?

所谓商誉权是指，“商品生产者或经营者（商誉主体）在它们的生产、流通和

与此有直接联系的经济行为中逐渐形成的，反映社会对其生产、产品、销售、服务等多方面的综合评价”[①]。商誉是企业在生产经营过程中获得的社会评价，它具有人格权的属性。可以说，商誉是企业的一种无形资产，能够为企业带来利益。《中华人民共和国反不正当竞争法》中规定了商誉保护的相关内容。其中第十一条规定，“经营者不得编造、传播虚假信息或者误导性信息，损害竞争对手的商业信誉、商品声誉”。虽然该条对于损害商誉的认定要求“编造、传播虚假信息或者误导性信息”，但是，学界一般也都将“对真实事件采用不正当说法”这类情况纳入损害商誉的类型之中，对于法律规定做了扩张解释。“鉴于恶意诽谤的言论不论是否属实，都可能对竞争者造成重大损害，且根据事实或核心部分为事实的中伤诽谤，其破坏力有时更甚于凭空捏造的不实传闻。因而内容真实与否与侵权行为之构成无涉。”[②]《反不正当竞争法》制定的主要目的是保障企业在市场竞争中的利益，所以，其出发点就在于如何更好地保障企业合法的市场竞争行为。而在司法实践中，该原则也已得到确认[③]。

关于影响企业商誉信息内容的“真实性”问题是学者们讨论的焦点，它是相关司法案件是否构成侵权认定的核心问题。而对于该问题的认识，学界还存在较大争议主要有三种说法。第一种可以称作“误导”说。有人认为，“如果所主张或传播的事实是真实的，则不论任何情节，均不构成侵害商誉权，这显然是不全面的。在现实中，在很多时候，侵权人恰恰是采取避实击虚的方式，对真实的事实进行片面的、部分的、粗略的甚至歪曲的传述或报道，使公众造成误解，实质上侵害了当事人的商誉权。这种引人误解的真实事实表面上真实度更高，侵害性也更强”[④]。这种“误导”说提高了对于涉及商誉言论表达的要求。并且，将“引入误解”的判定标准细分为以下几种形式：（1）对原本真实的事实断章取义，不全面叙述而只对其中某些不利于被侵害人的部分大加描述，使公众无法客观全面地认识真相；（2）对公理、公知知识的非客观利用，从而引人误解；（3）不正当地隐匿重要事实或者对重要事实保持沉默[⑤]。根据该学说，认定“商誉”侵权时就可以将“不完整”或者无法证实的信息归入侵权的类型。第二种是“虚假事实”说。有观点指出，“在我国，对于诋毁商誉的构成要件，无论是‘三要素说’还是‘四要素说’都包括‘捏造和

① 梁上上．商誉与商誉权［J］．法学研究，1993（5）．

② 张云珊．试论商誉侵权构成要件的若干问题［J］．南京航空航天大学学报（社会科学版），2003（1）．

③ 值得注意的是，我国司法实践中其实已经有判例打破立法束缚，将直接贬损和不当陈述事实的行为认定为侵权行为。易杨．关于商誉侵权行为构成中几个问题的辨析［J］．法学杂志，2009（10）．

④ 程宗璋．关于商誉侵权构成要件的若干探讨［J］．社会科学研究，2003（4）．

⑤ 同④．

散布虚假事实’的行为……只有在极少数情况下，法院才能借用‘引人误解’的概念，对‘真实’但片面的言论加以规制”①。事实上，“误导”说常常被用作判定虚假广告的理论依据，因为它能够更好地保护消费者的利益。而商誉权所保护的主要还是企业利益，二者在价值取向上是存在根本差异的。“误导性”一般是虚假广告的判断依据，如《反不正当竞争法》第二十条。不过，事实上，对涉及商誉侵权言论中“虚假宣传”的认定问题，学者中间还有很大的争议。有学者认为，仅提供部分“事实”的“不公正”表达无法构成对于商誉权的侵害。其理由是，首先，“真实的信息对公众而言是有益无害的，尽管真实但片面的信息可能会误导消费者，但是出于自身利益的考虑，被流言涉及的市场主体会主动澄清和强调对自己有利的信息，从较长时间范围内，市场中的绝大多数公众具有根据正反面信息作出合理决策的能力”。其次，“真实的信息是否‘引人误解’，是一种主观的判断，过多主观的判断标准会造成行为结果的不确定性，从而使行为主体无所适从，与其自己冒着‘诋毁商誉’的危险，不如由自己的‘马甲’充当散播不利竞争对手言论的工具”②。第三种是公共利益说。该说体现了司法案件对公共政策或社会效益的考量。良性的市场秩序，还需要包括竞争者在内的其他主体对于行业中的有关问题，及时表达观点，引发社会的关注，而其中竞争者由于更了解相关企业的情况，因此，从满足公众知情权的角度，在制度上也应鼓励竞争者之间通过意见的自由表达进行相互的监督。

所以说，随着社会的不断进步，对于无论是商誉权与自由表达的规范建构都提出了“科学化”“精细化”的更高要求。具体而言，言论表达必须有事实依据，而且应尽可能地全面、可靠。对于商誉保护而言，面对正常的批评或者监督，需要有宽容的心态，特别是在制度上需要做出特殊的安排。有人提出，“在理想状态下，‘虚假’的对面是‘真实’，但在许多案件当中，‘真实’与‘虚假’之间则存在一段模糊的地带有待双方的证明和法庭的认定，特别是对于‘猜测性’的描述，如何认定其‘虚假’则不仅仅是一个事实认定问题，也代表着裁判者对于这一认定背后带来的社会效果的引导和判断”③。对此问题，还有研究者提出，“应该考虑相关领域的发展现状。新兴发展领域规则不明、监管缺失、信息渠道不畅，需要相关经营者发挥监督作用畅通信息渠道、促进规则形成，对信息散布者自己制定的标准，即使其不能证明已成为通用的标准，只要能证明其标准符合基本的技术原理、通用的

---

① 沈冲．网络环境下的竞争关系与商业诋毁行为的认定［J］．电子知识产权，2011（11）．

② 同①．

③ 同①．

理论，其标准平等地适用于评价对象，可以认定其标准的合理性，也就是说，当出现商业性监督言论自由与诋毁商誉之间的价值冲突的时候，应当在证明责任和证明强度上给予安全类软件等适当宽松的言论环境”①。这些论点实质上已经涉及了商业言论与商誉权冲突的要害，即侵权言论内容的认定不仅仅是“形式”的判断，更是“价值”的选择。因此，出于社会发展以及对商业言论表达保护的需要，对于企业商誉保护中涉及的“虚假事实”的认定以及相关的证据制度、责任承担等问题还需要结合具体案例展开更为深入的探讨。

三、典型案例中的自媒体言论自由与侵犯企业商誉权的界限——“虚假宣传”的认定

案例 1. 途牛起诉自媒体人于斌

2016 年 8 月 18 日途牛网向南京市玄武区人民法院提起民事诉讼，并已获得受理立案。原告途牛网认为，被告于斌自 2012 年 4 月开始，在互联网平台上发布了多篇文章抨击原告的发展前景、产品和服务模式、财务状况、人事管理制度，以及旅游者的投诉纠纷等问题，并呼吁公众不要购买原告的旅游产品。被告文章中的绝大部分内容与客观事实不符，被告的行为对原告的名誉权和商誉造成了严重损害，对原告的企业形象造成了严重打击，给原告造成的直接经济损失巨大。媒体报道途牛方面提及的侵权文章包括：《途牛旅游网自辩被携程黑，其实这一切都是套路》《途牛旅游网亏损成常态，画大饼给不了投资人未来》《CMO离职，途牛旅游网出了什么问题?》《途牛旅游网不重产品和服务，股民的钱都去哪儿了?》《途牛旅游网又暴力裁员，用这方法止损最不道德》《途牛旅游网用户事故频出，回归商业本质才是正道》等②。8 月 31 日被告于斌发表《白的黑不了，黑的白不了——我决定反诉途牛公司名誉侵权的声明》一文为自己辩护，“需要特别指出的是，本人撰写的所有与途牛公司相关的稿件，涉及的事实均来自于媒体公开报道、途牛公司公开披露、途牛公司员工或者网友提供，本人只是在此基础上进行分析评论，完全不存在所谓的‘蓄意歪曲事实’‘蓄意诽谤’。途牛公司的声明避而不谈哪些地方歪曲事实，而是简单、粗暴地给本人扣帽子。这是本人断然不能接

① 李双利，何震．商业诋毁案件中“虚伪事实”的认定［J］．法律适用，2016（4）．

② 途牛突发声明起诉自媒体人于斌，称其诽谤并已采取法律手段［EB/OL］．［2016－08－23］．http：//money.163.com/16/0823/07/BV4TU7N9002580S6.html．

受的”。2017 年 6 月 2 日，南京市玄武区人民法院对备受关注的途牛网起诉知名科技自媒体人于斌侵犯其名誉权的案件做出了一审判决，判决驳回了途牛网的全部诉讼请求。

案例 2. 人人车起诉自媒体“科技说说”刘勇名誉侵权案

在该案中，原告认为，刘勇利用自己的微信公众号“科技说说”连续发布毫无事实根据的文章，以捏造事实的方式恶意毁损人人车平台的商誉，已经构成对人人车名誉权的严重侵害。

北京市朝阳区人民法院审理后认为，“科技说说”创办人刘勇发布《数据造假引发融资危机，人人车或遭遇 C 轮死》《人人车再陷关站裁员风波　管理混乱终成平台祸患》等涉及人人车的相关负面报道缺乏事实依据，并对人人车公司名誉造成贬损，构成侵权。对此，朝阳区人民法院一审判决被告刘勇于判决生效后七日内在其微信公众号（“科技说说”）及个人新浪微博首页连续发布致歉声明七天，刘勇如拒绝履行，法院将在网络媒体或全国发行的纸质媒体刊登判决书主要内容，费用由刘勇承担；同时判决刘勇向人人车公司赔偿判决金额的经济损失。

案例 3. 瓜子二手车起诉自媒体“互联网一些事”

北京市丰台区人民法院判决书显示，法院判令知为思科技有限公司承担侵权赔偿责任，停止侵权，向瓜子二手车赔礼道歉，并赔偿经济损失。法院判决书显示，2017 年 2 月 27 日，杨世界（“独孤依风”）在微信号“互联网一些事”和深喉网发布的稿件《二手车电商热战背后的冷思考》多处存在针对瓜子二手车的带有强烈的误导性及贬损性的语言，并且此文在互联网广泛传播，影响恶劣。经法院调查，文中多处描述与事实不符，评论恶意明显。此文作者及其所在公司涉嫌在毫无根据的情况下，以贬损瓜子二手车声誉为目的，采取捏造事实，恶意评论的诽谤手段，在网络上发布虚假宣传文章，侵犯瓜子二手车名誉权①。

上述三个已经判决的典型案例中，一个案例判决自媒体胜诉，两个案例判决起诉的企业胜诉。从上述案例中可以看出，法院已将“误导性”作为认定侵犯企业名誉的因素，如若自媒体的文章内容存在“不完整或者无法证实的信息”的情形，就很有可能被判侵权。比如，瓜子二手车诉讼当中，法院认为《二手车电商

① 杨月月．瓜子二车起诉自媒体“互联网一些事”涉嫌侵犯名誉权胜诉［EB/OL］．［2017－07－03］．http：//tech. xinmin. cn/2017/07/03/31125987. html.

热战背后的冷思考》一文多处存在针对瓜子二手车的带有强烈的误导性及贬损性的语言。在自媒体与企业围绕名誉权的案件中，法院对于文章内容侵权的认定从"虚假事实"扩大到了"误导性"，或者也可以说是通过后者来推断前者。毕竟，文章存在"误导性"是较好判断的，而虚假与否的认定就比较复杂。而且，法院也会看重主观恶意，如瓜子二手车案判决书指出，"文中多处描述与事实不符，评论恶意明显"。人人车案判决书指出，"以捏造事实的方式恶意毁损'人人车'平台的商誉"。一方面，对于仅具有主观倾向，表达对于企业不利的"负面"观点，但又缺乏相应的"事实"依据的文章，一般会被认为是"虚假宣传"，从而判决自媒体败诉。另一方面，如果文章虽然具有负面、批评的主观倾向，但是，负面观点的表达中具有明显的"事实依据"而不仅仅是观点的宣泄或者并不存在"事实薄弱、不够充分"的问题，那么，在这种情形下自媒体就很有可能胜诉。如《途牛旅游网亏损成常态，画大饼给不了投资人未来》一文结合财报等资料进行观点的阐述，法院判决负面评论不构成侵权①。而《二手车电商热战背后的冷思考》这类被认定侵权文章的普遍特点是，其所涉及的"事实"方面的材料不够充分、扎实，即属于"无法证实"的内容②。而且，文章的"负面"立场比较鲜明，在这种情形之下，如果从商业利益、企业创新等角度考虑，司法上就更容易做出自媒体败诉的判决。

此外，再结合具体的案例来看，上述问题就能够得到更好的说明了。《二手车电商热战背后的冷思考》中指出，"……甚至之前新闻传言'瓜子二手车要收购人人车'，笔者怀疑可能都是自己出的烟雾弹。另外在市场宣传上，也是做起了所谓的'大同策略'。比如所谓没有中间商赚差价，就是最大的营销谎言。名义上是C2C模式，但实质上在成交过程中不稳定因素很多。网上爆料说把车源卖给了二手车商。这个在去年3月底召开的发布会就有所露出。网上查阅资料得知，此次融资发布会之上，杨浩涌甚至公开承认，平台有C2B业务，且占业务总量的10%，并提及未来'瓜子拍'将更名回'车速拍'。然而打脸的是，瓜子二手车在对外的广告中，却依旧大肆宣扬是'个人直接卖车给个人，没有中间商赚差价'，欺骗了用户。而这种行为也造成涉嫌误导和欺骗消费者，卖家多卖钱买家少花钱变成了卖家

① 文章结合详细数据展开分析，如"从财报可以看出，途牛的利润率在一直下降，2015年Q4的毛利率为4.2%，相比2014年Q4的6.6%下降了三分之一。但销售与市场营销费用为3.948亿元人民币，同比增长了175.9%；今年一季度在加强了品牌营销和拓展移动业务等相关的广告投入后，途牛销售与市场营销开支为3.844亿元人民币，接近了去年一整年的支出"。

② 文章存在访谈对象选择比较随意等采访不规范的问题。

少卖钱给车商”。法院判决书中就认为这段话构成对企业的诽谤①。该文又指出，“迫不得已的营销，只是在行业品牌方面打造了一个‘护城河’。但在用户层面，瓜子二手车所谓的200多项检测，通过微博查询，众多用户反馈只是个过场而已。当所有的行业痛点变得理所应当，顺其自然，那么服务就变得有点让人捉摸不定了。毕竟二手车行业是一个用户考虑周期比较长的行业，如果能够通过主观的广告缩短用户的怀疑周期，笔者觉得有点天方夜谭了”。文章中的这些内容都有可能被判定“侵权”。最终，北京市丰台区人民法院经调查核实后认为，《二手车电商热战背后的冷思考》一文中确有多处言语不当，文中存在多处捏造事实、恶意评论的行为，具有诽谤性质，足以致瓜子二手车社会评价受损，已构成对瓜子二手车名誉权侵犯。但是，这些内容是不是就可以全部被认定为“虚假事实”？显然，文章中这类表述中所提及的“事实”不少应属于“无法证实”或者“不完整”的事实，并不都是“虚假事实”。

四、企业诉自媒体名誉侵权案件中保障言论表达价值的理念与制度路径

通过前面对于司法案例的分析，可以发现针对那些比较容易认定自媒体内容本身存在“事实虚假”的情形，一般会直接认定其构成侵犯企业名誉权，这是没有争议的，比如人人车案。而且，司法实际已表明，只要有明显的“事实”依据，即便是“不全面”或表达负面立场的，也并不能够认定其一定构成侵犯商誉，如途牛案。不过，对于自媒体与企业名誉权纠纷问题的讨论并不能够止步于此，第三类案件才是争议最大的。产经、科技、财经等领域的自媒体信息传播往往与公众的生活存在较大的联系，这类行业信息也是公众感兴趣或者较为关心的话题。比如，瓜子二手车侵权案件的涉案文章中就指出，“自古以来，顺应民意的都是好的模式，C2C看起来美好，但在错综复杂的二手车市场，没有透明的服务、标准化的行业输出，对于用户买家来说，实在有点牵强。瓜子二手车的广告，看起来完美，但却如

① 自媒体在辩护中指出，“法院认为这些言论已经超出了正常的评论范围，具有诽谤的性质，对一审中法官认定的我方某些评论言语超出合理界限的做法，我并不服气，也并不认同法官的这种判决思维。因为关于瓜子二手车‘中间商’的这个讨论话题，网上已经有很多版本。而且瓜子二手车的这种‘堪称完美’的宣传语——‘没有中间商赚差价，让卖家多赚钱，买家少花钱’，本来就很容易让人产生诸多误解。所以，在一审判决结果出来之后，我立即与委托律师沟通，决定上诉，不管最后结果如何，作为公民，还是应该捍卫国家赋予自己应有的法律权利的”。杨世界．捏造夸大信息污蔑自媒体人　瓜子二手车反遭呛声［EB/OL］．［2017-07-06］．http://www.sohu.com/a/154858947_115947.

空白纸一样，成为摆设。吃瓜的顺应操盘的走，操盘的顺应战略走。用户的利益，又有谁来保障呢?”① 这些内容是否构成侵权，还应结合案件具体的情况，如果其中言论表达的价值更重要，则应对于事实瑕疵的宽容度更高。宪法上对于言论表达的限制，也是基于对言论价值的区分。很多国家对于政治社会生活言论、商业言论、色情言论、仇恨言论等在法律上保护的程度也都存在差异。在新闻传播相关的法律上，往往会根据言论所包含公共利益或者公众兴趣的程度不同，为其提供有差别的保护。这体现的是在平衡言论表达与名誉权关系时，公共政策价值的介入或考量，由此完成法律对不同利益的调整，从而实现司法对“社会效果的引导和推动”。不过，这也仅仅是指那些涉及公共利益的少数案件，可以说，这些言论也与一般性的商业言论有所不同，所以，也就不能仅仅通过《反不正当竞争法》进行调解。一方面，在此类案件中需要更加谨慎地处理言论表达与企业名誉权保护的关系，特别是引入“社会效果”价值进行综合考量。另一方面，为了实现这一目的，还需要重视涉及公共利益的自媒体商誉侵权案件中规范体系的建构以及具体制度的安排。

1. 制度设计的考量因素——企业商誉侵权案件引入“社会效果”价值考量的理由

前面已经论述了具体司法案件的“事实虚假”认定过程中，往往会遇到一些困难。比如，对于“事实虚假”的认定具有很大的主观性，特别是那些事实“无法证实或不完整”的案件。因此，针对“虚假事实”的认定并不简单。有学者指出，“如果只是事实表述上有瑕疵，存在一些缺陷，但是事实本身并没有被歪曲，是客观存在的，这个就不能叫虚假事实”②。所以说，大多数此类案件中，所谓“虚假事实”中的“真”与“假”并不总是清晰可辨，而一般只存在“事实”程度、成色上的差异。而且，还会出现有些“事实”不全面、不够扎实，事实的“质量”不高，但其背后所蕴含的“社会意义”较大，与公共利益有很大关联的情形。这类案件中的“虚假事实”当如何认定？比如，案件中涉嫌侵权的文章关系到公众对于政治、经济、文化传承等方面意义的认识和参与，或者可能影响与他们生活相关的实际利益，此时对于“虚假事实”的认定标准该如何把握？显然，在这种情况下，对于企

---

① 对于这类行业如若缺乏必要的监督，对可能造成的危害后果，有人表达了忧虑。有业内人士指出，“二手车行业发展速度过快，行业、平台存在诸多问题是难以回避的事实，甚至在一定程度上需要依赖行业资深人士的观察指导。而如果有行业评论人士有过激言论，其最好的方法是通过法律解决，合作处理。而如果在法律判决之外，又依托企业观点横加指责、做成企业的营销信息，相信是不利于企业发展的做法，而这也会在很大程度上破坏行业的舆论监督机制，危害行业发展”。杨世界．捏造夸大信息污蔑自媒体人　瓜子二手车反遭呛声［EB/OL］.［2017-07-06］. http：//www.sohu.com/a/154858947_115947.

② 李群．专家学者热议：商业诋毁构成要素与知识产权保护［N］. 中国知识产权报，2010-12-01.

业名誉的保护就应该有所不同。

对这类案件在制度上给予特殊的考量，对于“虚假宣传”不能进行“表面”的简单化处理，还与一些其他重要因素有关。首先，法的合理性问题。自媒体内容对于商誉造成侵害，其背后所依靠的是“舆论”的动员力量，而舆论的形成除了自媒体内容生产者的日常运作，还离不开网站、网民等各类主体的共同参与，否则，一篇或几篇文章在浩瀚的网络空间中想要形成影响几乎是不可能的，因此，制度上仅对内容生产者追究法律责任，其合理性就存在缺陷。其次，言论市场本身具有“自净”功能。网络言论的规制中自律规范往往发挥着重要的作用，究其原因在于，法律介入一般是“最后”“唯一”的救济途径。网络舆论中，出现“虚假事实”之后，一般都会有网民自发发布“真相”，而且，企业也可以利用各种方式进行危机公关。互联网时代，及时、有效的舆情应对，一般都可以使得舆情主体“转危为安”，这是舆论场的特性。而这种舆论自然“纠偏”的过程，相比于司法途径的介入可能效果会更好，对于社会而言也更经济，副作用更小。再次，应对因“虚假宣传”可能引发的侵权诉讼，非常有效的措施是提升报道的采写能力和水平。自媒体时代，名誉权诉讼案件的频发，与自媒体从业人员大多尚不具备新闻媒体专业的采编能力与技巧有关，加强专业能力的训练应作为减少法律纠纷所采取社会措施中的“重点”。最后，企业保护商誉还有许多的途径或者资源可以利用。通过签订《反商业诋毁自律公约》或是对“黑公关”通过行政机关开展专项整治等方式，可以大大压缩“黑公关”生存的空间。因此，在民事法律上对于“商誉”的保护就需要认真考虑其“误伤”言论表达的成本。总之，需要通过行政监管、法律手段以及自律制度的相互配合，形成治理体系。刑法学家李斯特曾经说过“最好的社会政策就是最好的刑事政策”，这一观点对于其他部门法也同样适用，因此，减少该类侵权诉讼，从根本上要依靠社会其他途径，而法律始终应是“最后”的选择，而且，由于该类问题生成原因的复杂性，对其的司法介入，应采取谦抑、谨慎的立场。也就是说，司法途径需要设计周全、精细的制度和措施，以最大限度保障法律公正价值的实现。

2. 制度的完善路径

下面主要从三个方面简单阐述当企业因名誉受损起诉时，保障并完善关于涉及公共利益案件中表达自由的制度的具体路径。

首先，现有的法律法规需要逐步完善。1998 年起实施的《最高人民法院关于审理名誉权案件若干问题的解释》中指出，“消费者对生产者、经营者、销售者的产品质量或者服务质量进行批评、评论，不应当认定为侵害他人名誉权。但借机诽谤、诋毁，损害其名誉的，应当认定为侵害名誉权。新闻单位对生产者、经营者、销售者的产品质量或者服务质量进行批评、评论，内容基本属实，没有侮辱内容的，不应当认定为侵害其名誉权；主要内容失实，损害其名誉的，应当认定为侵害名誉权”。2014 年 10 月 10 日起施行的《最高人民法院关于审理利用信息网络侵害人身权益民事纠纷案件适用法律若干问题的规定》第十四条规定，“……擅自篡改、删除、屏蔽特定网络信息或者以断开链接的方式阻止他人获取网络信息，发布该信息的网络用户或者网络服务提供者请求侵权人承担侵权责任的，人民法院应予支持。接受他人委托实施该行为的，委托人与受托人承担连带责任”。从这一条的内容，不难看出其目的在于保障正常的互联网的使用，即为网络言论的自由表达和传播提供法律上的保护。2017 年 8 月发布的《互联网跟帖评论服务管理规定》对于“黑公关”等干扰舆论的行为提出了明确的监管要求。此外，对于网络表达自由与舆论监督、批评性报道之间的关系也在政策和法律上有了不少的规定。习近平总书记在党的新闻舆论工作座谈会上强调：“舆论监督和正面宣传是统一的。新闻媒体要直面工作中存在的问题，直面社会丑恶现象，激浊扬清、针砭时弊，同时发表批评性报道要事实准确、分析客观。”自媒体与企业名誉权纠纷案件许多都是因发表批评报道引发的，而写作批评报道的动机却又各有不同，因此，案件处理应对此加以甄别，尤其要保障自媒体正当批评、监督权①。特别是保障“负面”报道和公众的批评权利，企业不能一看到反对意见就睚眦必报，打击报复。“在互联网时代，人人皆媒体，大到一篇文章，小到一个评论，都能成为每个人抒发自己意见的载体。因人的不同，必然导致了反对与支持的意见并存这一现象，而反对的意见自然也就包括了善意的意见和恶意的诋毁。正确分辨是诋毁还是意见非常重要，否则把意见当作诋毁，行使企业权利对个人进行制裁，必然会被诟病没有操守!”② 而且，对于表达不同意见的权利也需要通过制度更好地给予保障。

其次，将“过错”作为名誉权侵权构成要件的重点。涉及公共利益的自媒体商誉侵权纠纷案件，前面已经阐述了对其给予特殊制度保障的必要性，接下来讨论如何在制度上对其做出安排。国外对于“名誉权”侵权的认定，一般会着重“过错”的考察。“过错”主要不是从文章表面的“真实”与否进行侵权责任的判定，更主要的是从“注意义务”所包含的“客观方面”做出客观的判定。这些因素涉及的内

---

① 有文章提到，自媒体写批评性的文章其实目的无非是三种：第一，仗义执言，不吐不快，非要说几句实话。第二，有偿黑稿。第三，纯粹是为了赚流量、赚名气，为之后的影响力变现做铺垫。扮演“孤胆英雄”的自媒体，同样需要新闻专业主义［EB/OL］.［2017－08－08］. http：//wemedia.ifeng.com/25259268/wemedia.shtml.

② 互联网时代企业还需要有操守吗？［EB/OL］.［2017－08－05］. http：//www.sohu.com/a/162428394_449765.

容很多，应通过这些“客观”因素去综合认定作者的主观恶性。如英国“为了公共利益而负责地发表”的“雷诺兹特权”的判断标准就涉及多个因素：(1) 发表的性质及背景。(2) 由陈述所传递的对于原告任何诋毁的严重性。(3) 陈述主旨事关公共利益的程度。(4) 发表陈述之前被告所获知的信息以及被告对于信息可靠性都知道些什么。(5) 在被告发表陈述前是否寻求了原告的观点，所发表的内容中是否包括关于原告所表达意见的表述。(6) 被告是否采取了任何其他措施来验证陈述的准确性。(7) 发表行为的时间选择，以及是否有理由认为出于公共利益的需要，此项陈述应当被紧急发表。(8) 陈述的语气（包括陈述是否在怀疑、意见、断言和已证事实之间做出了恰当的区分）①。当前，我国自媒体领域信息传播引发的商誉权侵权当中，不少是企业为了市场竞争需要所引发的，而“黑公关”正严重破坏着市场的正常舆论，也是政府法律规制的重点。不过，对其在法律上做出科学、合理的界定却并不容易。“雷诺兹特权”的判断标准中就提到了“发布的时间选择”“紧迫程度”等诸多判断侵权的标准。若将这些“注意义务”作为判断作者主观恶性的标准，将会对规范“黑公关”行为起到积极的作用。因此，对于涉及公共利益的特殊案件的判定要素，也应从单一标准转向综合性的认定，而且，应将主观性的判定尽量客观化。这是从自媒体名誉权认定的角度，对现有制度进行完善的思路。除此之外，对此类特殊案件，在证据、证明责任的分配等方面也需要展开专门、深入的研究。

最后，积极探索和创新相关的制度。近年来陆续出现的企业起诉自媒体的案件的一大特点是企业起诉赔偿的金额越来越高。如，优信起诉自媒体赔偿千万元②。《最高人民法院关于审理名誉权案件若干问题的解释》中规定，“因名誉权受到侵害使生产、经营、销售遭受损失予以赔偿的范围和数额，可以按照确因侵权而造成客户退货、解除合同等损失程度来适当确定”。这说明我国对于名誉侵权尚未规定惩罚性赔偿制度，而且，即便是普通民事侵权领域究竟是否应引入惩罚性赔偿学界也是有争议的。“惩罚性赔偿是英美法系特有的制度，它是指加害人实施了某种恶意的不法行为时，通过民事诉讼判决其向受害人支付超过实际损害的损害赔偿额以示惩戒的制度。惩罚性赔偿制度中最重要的是惩罚性赔偿金的实行。”③ 然而，对于惩罚性赔偿制度在新闻侵权或者自媒体侵权领域的适用更应设定严格的限制条件。有

① 王伟亮．英国法律关于媒体特权免责的新近动向述评［J］．中国广播，2011 (9).

② 吴鹏飞．质疑优信数据造假的自媒体人引来一桩千万索赔诉讼［EB/OL］．［2017-02-23］．http://www.sohu.com/a/127026422_122982.

③ 戚海龙，阳小芳．我国新闻民事侵权借鉴惩罚性赔偿之探究［J］．新闻记者，2004 (7).

学者认为，“在新闻侵权中考虑惩罚性赔偿，必须对它的适用条件加以明确的规定：1）行为人的主观必须是直接故意的；2）侵权具体手段和方式是恶劣的，或者一而再、再而三地侵权；3）是在判决一般意义上的精神损害赔偿无法弥补并恢复受害人的精神损害的情况下”①。因此，企业因名誉受损而与自媒体之间出现的纠纷，从前面所列举的案例来看，达到这种“恶劣”程度的毕竟是少数，所以，对其的适用条件设定必须谨慎。其原因在于，过高的赔偿对于媒体将是极大的威慑，很可能出现“寒蝉”效应，导致监督的困难以及公众知情权的受损。因此，随着自媒体的发展，言论表达的环境更好，公众知情权应得到更大的保障，在此情形下，应推动言论表达的发展，而建立起禁止惩罚性赔偿制度就符合保障言论表达的发展趋势，而且是当前十分重要的一项制度。

五、结语

总之，协调商业言论与商誉权之间的关系，需要综合把握两个原则：一是，能否判断表达的内容本身是不是虚假事实，这里的关键问题是认识到“虚假事实”中的“事实无法完全证实或事实不完整”等事实认定过程中出现的特殊情形；二是，具体的案件中，如果言论表达的价值更重要，根据具体情况，对于“虚假事实”程度的宽容度应有所不同，判断的标准也应多元化。也就是说，法律制度的设计，还要考虑不断推动涉及公共利益案件中商誉权与自媒体表达纠纷处理制度的完善。操作层面，通过对于“虚假事实”判断标准的更加多元化——引入“过错”或者注意义务，从单一判定转向多元因素综合认定，从判定的主观转向标准的客观化，由此加强社会议题上的自媒体言论表达权利的发展。

① 戚海龙，阳小芳．我国新闻民事侵权借鉴惩罚性赔偿之探究［J］．新闻记者，2004（7）．

维护网络版权，以“人民的名义”

2017年3月28日，55集现实题材电视剧《人民的名义》在湖南卫视黄金时段开播。该剧是由李路执导、周梅森编剧的当代检察反腐题材电视剧，由陆毅、张丰毅、吴刚、许亚军、柯蓝、张凯丽等主演。凭着超强的口碑，这部零宣传剧集几乎是“秒速”走红。《人民的名义》在CSM52城市网收视排行榜上位居第一，播出七天网络点击量就突破10亿，舆论反响强烈。网民认为：“《人民的名义》热播，证明剧本扎实、演技过硬、制作精良的电视剧才是真的深入人心”；“电视剧不只历史和穿越，更应像《人民的名义》一样直面真实、守护正义，引领时代价值”；“这是一次中国电视的拨乱反正，好剧没人看、烂剧成爆款的局面，早该被终结了”。主流媒体对该剧的播出也高度关注，《人民日报》发表评论员观察文章，称“它反映着当前中国反腐败斗争的实践，回应着反腐败的民心所愿”，“反腐决心之强、贪腐为害之烈，通过视听语言呈现，让人尤觉震撼”，“以人民的名义，是反腐的动力，更是反腐的意义”①。然而，这部“史上最大尺度反腐剧”在吸引观众热追的同时，也招来了网络盗播和版权纠纷。

一、网络传播权引官司　PPTV诉魔力互动

2017年3月28日，《人民的名义》首集在湖南卫视“金鹰独播剧场”播出，此前湖南卫视已经买断了《人民的名义》5年内的台、网播出权与分销权。在播出两周后，聚力传媒（PPTV）与制片方及湖南卫视签署协议，购买了该剧的网络独播

---

① 张凡．反腐，以“人民的名义”[N]．人民日报，2017-03-31（5）．

权及分销权。之后，PPTV 又与爱奇艺、腾讯、搜狐等几家视频网站签订了分销协议。也就是说，有权利播放《人民的名义》的也就是湖南卫视和获得播放权的视频网站，除此之外，播放该电视剧的行为都涉嫌侵权。

在该剧热播期间，海淀法院网于 5 月 4 日发布“案件快报”称，上海聚力传媒技术有限公司（PPTV）因认为自己公司享有的《人民的名义》信息网络传播权遭到侵权，将北京魔力互动科技有限公司（以下简称北京魔力互动公司）起诉至北京市海淀区人民法院。聚力传媒公司起诉称，其依法享有影视作品《人民的名义》独占性信息网络传播权。该剧自 2017 年 3 月 28 日在湖南卫视“金鹰独播剧场”播出以来，收视率高涨，且屡破收视纪录。2017 年 4 月中旬，在《人民的名义》正处于热播期间，且已经更新到第 28 集时，聚力传媒发现，北京魔力互动公司擅自在其所有并运营的《魔力视频 MoliTV》应用软件上向公众提供涉案影视作品的在线播放服务，用户可观看前述涉案影视作品的第 1 集至第 28 集。聚力传媒公司认为，北京魔力互动公司的行为违反了《著作权法》等相关法律法规的规定，侵犯了聚力传媒公司的合法权益，且直接影响了涉案影视作品的在线点播量，给聚力传媒公司造成了巨大的经济损失。聚力传媒公司据此提起诉讼，要求判令北京魔力互动公司立即停止侵权，赔偿损失及为制止侵权行为而支出的合理费用 50 万元①。

“冤有头，债有主”的官司还好办，让版权方更头疼的却是溯源更难、查处更难的规模更大的网络盗播行为。

二、“送审版”全集泄露　55 集资源网上仅售 6.66 元

“《人民的名义》全集资源，手快有，手慢无。”2017 年 4 月 12 日晚间，网络上开始流传《人民的名义》“送审样片”全集资源。在微博、贴吧、微信群、QQ 群、论坛等社交平台有人公开售卖视频资源。在淘宝上，55 集电视剧资源售价仅 6.66 元。这些视频显示有“送审样片”的标注，样片中的计时功能也未被处理。泄露片源疑似送审样片，内容与电视播放版本有所不同。

4 月 13 日下午，该剧制作方最高人民检察院影视中心、湖南卫视等部门通过湖南卫视官方微博发布了《电视剧〈人民的名义〉打击网络侵权盗播的媒体联合声明》。《声明》称，近日有不法分子通过非法手段盗取《人民的名义》全集，在百度

① 《人民的名义》引纠纷　PPTV 打反侵权官司［N］. 北京青年报，2017－05－05（A7）.

网盘、微博、微信、淘宝网等渠道上进行非法传播、售卖，已严重侵犯版权方著作权，并涉嫌犯罪。片方已向公安部门报案，将严厉打击不法分子犯罪行为，保护合法权益。呼吁某些网络平台对视频上传内容进行严格甄选和审查，如发现《人民的名义》非法传播、售卖行为应即刻采取技术措施进行清除、阻断。

4 月 14 日，国家版权局将《人民的名义》列入 2017 年第四批重点作品版权保护预警名单，要求相关网络服务商对该部剧采取不得提供、禁止上传、删除侵权内容、断开链接等保护措施。当天微信和百度云盘均做出反应，很多分享链接失效。

一部影视作品拍摄完成之后，就存在流失的可能。一般来说，前期拍摄完成的素材、初剪阶段版、定剪阶段版、修改版、送审版、广电发行和运营版、导演剪辑版、制片剪辑版，都有可能在不同阶段流出。《人民的名义》总监制、中央军委后勤保障部金盾影视中心主任李学政表示，送审样片遭遇泄露，“可能是有预谋的大型盗版集团组织的一次活动。从资源窃取的手段上看，是非常高端的，泄露电视剧里都有‘送审样片’字样，播出的也确实是我们的送审样片”。李学政说，“过去好多剧也经常跑版、被盗版，都是发发声明，谴责一下，就完了，没有结果。但这次《人民的名义》事件中我们有决心，以《人民的名义》为契机，彻底打击盗版，我们准备联合所有资源，得有行动。”

三、盗播利益链：巨额投资正版未播，泄露片源网络先行

《人民的名义》总投资 1 亿多元人民币，由五家民营公司共同投资。由于担心风险及尺度问题，前后超过 50 家投资方最后没有参与投资，而且其中还有已经签约，最后仍选择毁约退出的投资方。该剧最初以 2.2 亿元的价格向湖南卫视出售了五年期限内的台、网播出权与分销权，之后聚力传媒（PPTV）以近 2 亿元的价格购得了该剧的网络播出权及分销权。3 月 28 日，卫视播出当日，聚力传媒最终决定由网络独播改为与爱奇艺、优酷土豆、腾讯视频、芒果 TV、搜狐视频几家平台共同播出①。

在此次版权泄露中，微信、微博、百度云是主要传播途径。PPTV 的舆情监控显示，微信上传播的资源就达到了百万条。

---

① 张斐斐.《人民的名义》：一场酣畅的商业“冒险”[EB/OL].[2017-04-08]. http://www.eeo.com.cn/2017/0408/302032.shtml.

有记者与多位出售全集资源的微博博主取得联系，了解到从他们手中购买全集需要支付单次 8.8 元的“红包”。此外，他们还提供大量其他电视剧、电影、综艺资源。他们称自己为影视“代理”。这些“代理”均来自同一个渠道。在“代理”群的片库里，每天都会更新资源，时不时会有还未完结的片子出现，甚至有多部院线电影，如《速度与激情 8》刚上映不久，就出现在了“代理”资源库内。支付 198 元的“代理”费，即可被拉入“代理”群：被带入的人就成了“代理”的下线，上线为自己的师傅。下线支付的 198 元中，上线只需要给群主发 10 元红包，剩余费用便可自己留下，收回成本。在这种简易的商业模式下，影视“代理”群迅速壮大。记者与多位“代理”交谈发现，他们大都是兼职“代理”，以学生居多，有的是想花钱买资源自己看，有的则想利用传播资源谋取利益①。

四、有法可依，维权不易

著作权，是知识产权中的一类，是指著作权人对文学、艺术和科学作品依法享有的专有权利。广义的著作权还包括邻接权，如表演者、录音录像制品制作者、广播组织及出版者的权利。电视连续剧《人民的名义》作为一种影视作品，根据《著作权法》第三条的规定，属于著作权法保护的客体，著作权人依法对该电视剧享有排他性的权利，享有著作财产权。根据《著作权法》第十五条第一款的规定，影视作品的著作权由制片者享有。

我国《刑法》对侵犯著作权罪和销售侵权复制品罪都有明确定义。侵犯著作权罪是指以营利为目的，未经著作权人许可复制发行其文字、音像、计算机软件等作品，出版他人享有独占出版权的图书，未经制作者许可复制发行其制作的音像制品，制作、展览假冒他人署名的美术作品，违法所得数额较大或者有其他严重情节的行为。销售侵权复制品罪是指以营利为目的，销售明知是侵犯他人著作权、专有出版权的文字作品、音乐、电视、电视、录像、计算机软件、图书及其他作品以及假冒他人署名的美术作品，违法所得数额巨大的行为。

北京金诚同达律师事务所蒲伟律师表示，著作权包括发表权、复制权、发行权、信息网络传播权等诸多内容。其中发表权为决定作品是否公之于众的权利。电视剧《人民的名义》尚未完成电视台首播，其著作权人有权决定尚未播出的内容是

① 吴燕雨.《人民的名义》版权泄露利益链调查：8.8 元可购买全集［EB/OL］.［2017－04－26］. http：//epaper.21jingji.com/wap/html/2017－04/26/content_60882.htm.

否公开、何时公开、以何种途径公开。而此时通过朋友圈、微博、淘宝等途径，在互联网上发布《人民的名义》全集，将尚未播出的内容公之于众，显然违背了著作权人的意愿，侵犯了其发表权。同时，将《人民的名义》上传或放置于网络服务器上，供网友观看、下载，亦侵害了作品信息网络传播权。为了牟取经济利益，通过淘宝销售《人民的名义》全集，则涉嫌侵犯了作品的发行权。根据我国《著作权法》规定，侵害著作权，应当承担停止侵害、赔偿损失等民事责任。若权利人的实际损失或者侵权人的违法所得难以证明查实，则由法院根据案情在50万元以下范围内酌情确定赔偿数额。涉及《人民的名义》的侵权行为发生在作品热播期内，尤其是在首轮播放尚未完成之前，这通常会成为加重赔偿数额的考量因素。同时，根据我国《刑法》第二百一十七条的规定，以营利为目的，未经著作权人许可，复制发行其文字作品、音乐、电影、电视、录像作品、计算机软件及其他作品的，或者未经录音录像制作者许可，复制发行其制作的录音录像的，违法所得数额较大或者有其他严重情节的，处三年以下有期徒刑或者拘役，并处或者单处罚金；违法所得数额巨大或者有其他特别严重情节的，处三年以上七年以下有期徒刑，并处罚金。鉴于《人民的名义》的热播状态，以及作品的独家首发状态，无合法版权传播作品很可能会给著作权人或其授权人造成严重影响①。

北京盈科律师事务所知识产权事务部律师张季认为，通过网络传播方式泄露电视作品的行为符合侵犯著作权罪的客观要件。《最高人民法院、最高人民检察院关于办理侵犯知识产权刑事案件具体应用法律若干问题的解释》（以下简称《解释》）规定，违法所得数额必须达到三万元以上才构成犯罪；《最高人民法院、最高人民检察院、公安部关于办理侵犯知识产权刑事案件适用法律若干问题的意见》（以下简称《意见》）第十三条规定，如果违法所得不及三万元或者无法查明的，传播他人作品的实际被点击数达到五万次以上的也可追究刑事责任。张季认为，如果被泄露的《人民的名义》全集被点击次数超过五万次，只要片源泄露者存在营利目的，就已经涉嫌犯罪。根据《解释》第六条的规定，违法所得额十万元以上的属于“违法所得数额巨大”，应当以销售侵权复制品罪判处三年以下有期徒刑或者拘役，并处或者单处罚金。通过网络售卖被泄露的《人民的名义》全集者，销售金额达到十万元的才会被追究刑事责任②。

侵权成本低、获利高，而违法后果太轻，是侵犯著作权犯罪屡禁不止的一个重

① 张乐悦．热播剧被网络盗播，维权为啥难？[N]．辽宁法制报，2017-04-21.

② 林平，谭君．《人民的名义》全集遭泄露，泄露者、销售者、网络平台或涉罪 [EB/OL]．[2017-04-17]．http://www.thepaper.cn/newsDetail_forward_1663766.

要原因。根据《著作权法》第四十六条，对于侵权行为需承担的民事法律责任方式包括：停止侵害；消除影响、赔礼道歉；赔偿损失。《著作权法》规定权利人的实际损失或者侵权人的违法所得不能确定的，由人民法院根据侵权行为的情节，判决给予权利人五十万元以下的赔偿。曾代理过琼瑶诉于正抄袭一案的盈科律师事务所高级合伙人王军表示，法院很难给一个刚性的规定，每个个案差别都很大。大部分的侵权案会不了了之，很有可能是被发现后删掉。“民事赔偿的诉讼程序过程会比较漫长，而且惯有案例里侵权网站被判处赔偿的金额也就十几万。”很难查实侵权人的侵权获益或无法证明自己被侵权的损失的，通常法院只处以 50 万元以下的金额赔偿①。

此次被泄露的电视剧主要通过百度网盘、微信、微博等渠道传播，对于这些网络服务商是否面临刑事责任风险，《意见》第十五条规定，明知他人实施侵犯知识产权犯罪，而为其“提供互联网接入、服务器托管、网络存储空间、通讯传输通道、代收费、费用结算等服务的，以侵犯知识产权犯罪的共犯论处”。律师蒲伟认为，物理设备、技术支持等网络服务提供者，犹如为信息洪流铺设管道，对于他人利用其技术服务传播的内容，一般不承担事先审查、监控义务。我国《侵权责任法》规定：“网络服务提供者知道网络用户利用其网络服务侵害他人民事权益，未采取必要措施的，与该用户承担连带责任。”即网络服务提供者构成侵权，以“明知”或“应知”他人侵权为前提，强调其主观过错。网络服务提供商接到权利人的侵权通知后，立即删除涉嫌侵权作品，或者断开涉嫌侵权内容链接的，不承担侵权责任。我国《信息网络传播权保护条例》对网络服务提供者进入“避风港”予以明确，即未对《人民的名义》全集进行编辑、整理、推荐，仅提供网络自动接入、自动传输服务的，不承担侵权责任。若接到通知后未及时采取必要措施，放任《人民的名义》全集继续传播，则应对损害的扩大部分与网络用户承担连带责任。

2006 年 7 月 1 日实施的《信息网络传播权保护条例》，对影视作品网络侵权采取的是“避风港”原则为一般、“红旗”原则为例外的立法模式。“避风港”原则源于美国《数字千禧版权法案》的“通知＋删除”原则。该原则假定网络服务提供商没有能力进行事先审查，一般对侵权内容的存在并不知情，故对其限定的是间接责任且相对较轻。“红旗”原则是指，当网络服务提供商通过一些显而易见的信息可

① 吴燕雨．《人民的名义》版权泄露利益链调查：8.8 元可购买全集［EB/OL］．［2017－04－26］．http://epaper.21jingji.com/wap/html/2017－04/26/content_60882.htm.

以判断所链接的作品为盗版内容、又没有主动断开链接时，就应当承当相应的侵权责任。显而易见，影视作品的制作通常需要花费大量的人力、物力、财力，一般情况下相关权利人也不会将作品在网络上免费发布供公众无偿下载或播放。因此，非权利人或未经授权人在网络上进行传播，多属于有意侵权。基于此，上海社会科学院法学研究所金融法与知识产权研究中心主任李建伟建议，在影视作品互联网传播领域普遍实施“红旗”原则，对商业化运作的网络服务提供商实行严格责任，即对无影视剧授权证明的机构或自然人负有“不得提供、禁止上传、删除侵权内容、断开链接等措施”的法定义务，否则将承担共同侵权责任。

李建伟同时指出，实践中，片方对于自家影视作品遭盗播的现象都严厉发声，但最终的维权大多“烟消云散”，影视作品网络侵权民事赔偿制度设计不尽科学、不接地气是重要原因。李建伟建议根据实际，制定实施提高赔偿限额、设定加倍赔偿制度、简化损失计算模式（如以参考电影门票价格乘以播放量和下载量）等措施，对相关侵权进行有效规制①。

五、网络侵权泛滥　网盘分享难辞其咎

近年来，射手网、人人影视、快播等一批盗版视频网站纷纷关闭，但借助于微信朋友圈、微信群、微博等社交平台的盗版产业依旧泛滥。这些盗版者采取的方式更加私密、更有组织化，由此对市场监管提出了更大挑战。

对于视频网站实时更新的付费影视剧，盗版者只需开通一个会员入口，再使用有关录屏软件就可以把资源盗取出来。有的也会使用抓包软件，直接提取到文件下载地址，对视频进行下载和转存。“泄露版”资源几乎都储存在百度网盘中，通过微信、微博、淘宝等渠道流传。买家付钱后，就可以得到网盘链接和提取码，随时可以看到整部影视资源。据第三方不完全统计，2016 年优酷、搜狐、腾讯、PPTV 四家网络视频平台合计处理侵权链接 5 325 937 条，其中百度网盘的侵权链接多达 1 424 155 条，占全网总侵权量的 27%。多部热播剧集在百度网盘上出现了大量侵权链接②。腾讯研究院版权研究中心秘书长刘政操认为，网盘之所以成为传播盗版侵权内容的主要阵地，原因主要归咎于其非网盘的异化功能，包括公开分享、搜索、下载等。“网盘分享缺乏有效的内容管控机制，致使侵权、非法内容的传播处

① 李建伟．网络盗播频发　如何“喊停”[N]．解放日报，2017-04-25（9）．

② 饶丽冬．网盘成盗版藏身地　委员建议从严打击：南都记者卧底盗版代理组织，发现百度网盘成“重灾区”[N]．南方都市报，2017-03-12．

于失控状态，严重损害了权利人和社会公共利益。”①

刘政操介绍，2011年以来，网络视频行业高速增长。得益于网络版权制度不断完善，版权司法、执法持续加强，主流视频网站积极推动，付费用户数量迅速增长，正版化成为行业共识。然而，在网络视频行业持续发展十年、进入相对稳定发展的阶段后，盗版成为阻碍行业发展和制约各企业经营的重要因素。根据测算，仅在2015年，我国网络视频盗版引发的直接损失为21.0亿元，间接损失高达130.3亿元，合计151.3亿元；盗版引发的损失已超过行业市场规模的35%，其数额超过“广告+视频增值”收入的50%②。

业内人士披露，随着技术的发展，目前已进入网络视频盗版的3.0时代，盗版模式日益隐蔽化，主要有P2P下载分享模式、盗链模式、网盘模式、移动/OTT聚合模式，违法行为责任更难界定；用户在观看盗版内容时所查找的渠道和观看的渠道都相对分散，国外的电影电视剧是盗版的重灾区；通过中国网络市场和国外比较成熟的市场推算，2015年因为网络视频盗版而对行业导致的潜在广告展示和版权付费损失超过150亿元③。

六、这些年被泄露的热门影视剧：谁火谁遭殃

由于电视剧制作成本高昂，处于电视台首播期间的影视剧，权利人通常会收取高额许可费用，授权特定视频网站或平台，以晚于电视台首播时间的方式逐集更新上线。全集泄露会给权利人带来难以估量的损失。侵权行为泛滥必将沉重打击创作者和权利人的信心，形成“劣币驱逐良币”效应，影响影视剧市场的长远健康发展。2015年国家版权局下发《关于规范网盘服务版权秩序的通知》，维护网络版权正常秩序。2016年7月，国家版权局、国家互联网信息办公室、工业和信息化部、公安部联合启动“剑网2016”专项行动，整治未经授权非法传播网络文学、新闻、影视等作品的侵权盗版行为。但收益大、风险小的特点使得网络盗播并没有得到很好的遏制。除了《人民的名义》，近两年还有不少其他热播影视剧遭遇网络泄露和盗播。

2017年1月30日在东方卫视、浙江卫视首播的古装玄幻仙侠剧《三生三世十

---

① 王开广．网络视频盗版引发损失151.3亿元 网盘成传播盗版侵权内容主阵地［EB/OL］．［2016-12-02］．http://www.legaldaily.com.cn/index/content/2016-12/27/content_6934081.htm?node=20908.

② 同①.

③ 王开广．网络视频盗版致行业年损失超百亿 有机构建议建立版权内容黑名单实施群防群治［N］．法制日报，2016-04-25（6）.

里桃花》，上线仅12小时全网播放量便达到6亿，持续居于话题榜首。但在电视剧还没有播完时，片源已遭泄露，淘宝上已有贩卖，甚至包括还未做后期特效的片源。校园青春网络剧《最好的我们》2016年4月在爱奇艺播出后引起了强烈反响，在话题榜也登上电视剧榜第一、总榜第二的位置。然而在第1集上线当晚，百度网盘就流出了第1至12集未上线的资源，随后这些资源在微信、朋友圈被大肆流传和售卖。出品方爱奇艺发布维权声明并悬赏5万元寻找第一个非法上传、传播尚未播出剧集内容人的线索。2015年年度压轴大戏、81集古装剧《芈月传》开播伊始便备受关注，播出半个多月后，全集资源就从网上流出。出品方发出紧急声明，严厉谴责这种泄露行为，声称公安机关业已立案调查，并以10万元人民币鼓励观众举报第一个非法上传、传播电视剧《芈月传》尚未首播的剧集内容的人。2016年4月热播的都市剧《欢乐颂》，在播出时也遭遇了全集泄露。网络上出现大量以"《欢乐颂》全集""《欢乐颂》未删减版""《欢乐颂》完整版"命名的侵权播放链接及下载地址信息。乐视夏季独播网络剧《超少年密码》2016年7月11日首播，火爆热播短短几天，乐视即宣布暂时停止更新该剧，原因是"因为盗版问题，公司权益和会员权益受到了极大的损失"。

事实上，影视作品的网络维权已经具备了技术基础。2015年4月上线的中国国际数字知识产权监测维权平台通过"网络雷达"和"云识别"等技术，可以让版权方了解作品在网络上的传播情况。网络影视版权盗版、盗链、超授权范围使用等行为都可以被监测取证。可以说，在技术上，网络盗版是无处遁形的。同时，打击网络盗版侵权的执法行为也越来越多，力度越来越大。2017年8月，镇江警方公布侦破国内最大网络类影视作品侵权案。一度热闹的"迅播影院"被警方打掉。该侵权网站涉嫌非法发行影视作品34 835部，数量为国内同类案件之最。另一方面，正如前文所指，实践中，片方对于影视作品遭盗播起初都是严厉发声，但最终的维权大多"烟消云散"。上海聚力传媒和北京魔力互动之间关于《人民的名义》的网络侵权案件，自2017年5月由法院受理并被媒体报道之后，直至2018年上半年，都没有后续的进展通报和媒体报道。类似这样"石沉大海"的维权案件屡见不鲜。可见，清除网络盗版侵权的阴霾关键还需要有更接地气、更有效的法律惩戒举措。

“水滴直播”平台涉嫌侵犯“被直播者”隐私权

在景点旅游、在路上逛街、在商场购物、在公园闲坐、在健身房健身、在办公室工作、在课堂上课或者打瞌睡……这些都是日常生活中再普通不过的场景。如果有一天有人告诉你，你不经意的这些活动在网上被直播了，也许有成千上万人正在电脑和手机前围观。你会做何感想?

2017年上半年，一个名为“水滴直播”的平台，因在很多用户不知情的情况下对各类现实场景进行直播，引发网友对网络时代个人隐私空间的担忧。

一、夫妻亲热被网络直播　八千人围观一家便利店

吴先生夫妇在上海一家牛奶店打工。一天午后，吴先生来店里和爱人换班。临别前，两人在收银台后搂抱亲热了一会儿。下午，朋友打来电话说，他们夫妻之间的事都被朋友们看见了，还给他发来了截图。“谁这么无聊偷窥我们?”在朋友的指点下，吴先生在手机里下载了一个名为《360摄像机》的App，在搜索栏内输入朋友提供的“台号”，果然看见直播画面中自己坐在店内，连自己在店内说的话，手机里都听得一清二楚。“我们在店里说什么话，不仅老板知道，其他人也都能听到，我们一点儿隐私都没有了!”牛奶店的老板解释说，自己装摄像头是为了店里的安全，而他认为，对外直播店面也许能有点儿广告效应。

2017年5月5日晚9时许，上海一家便利店的监控直播引发了不少评论。有记者从直播画面中看到，两名顾客站在柜台外跟收银台后的老板娘聊天，声音和画面都非常清晰。可以清晰地发现，老板娘习惯把100元面额的钞票从收银机里抽出来，拉开柜台下面右手边第一个抽屉，放在一只紫色的小布袋里。在“水滴直播”

平台上，前后有 8 000 多个人来围观这家小店。这些网友不时对老板娘评头论足。次日，老板娘看到记者手机里正在直播她店里的实时画面，非常惊骇，没有想到上一个店主留下来的摄像头会把她的一举一动直播出去①。

二、“世界如此的小，我们注定无处可逃”

在啤酒馆工作了两年的吕先生并不知道，吧台前方的一处监控摄像头，每天都在网上直播，自己的一举一动，已然被数千名网友评头论足；入住某酒店的刘先生不曾想到，酒店过道内安装的摄像头，正在实时将所拍摄的画面上传至网络，供数十万网友观看；去内衣店买衣服的林小姐也绝对想不到，她在内衣店购物时的场景，也已经被人在网上直播……仅仅在成都，就有 266 个监控摄像头被“水滴直播”用来进行网络直播。直播平台上选取的都是实时摄像头拍摄到的景象，大街、酒馆、小区、餐馆，甚至酒店、内衣店。在“水滴直播”平台上，数以万计的网友正在实时观看监控录像所拍下的实时画面。“因为好奇和无聊”，“可以看到别人的生活”②。

2016 年 5 月 10 日，四川的彭女士通过网上约车 App 出行，却意外遭遇了被动的网络直播。在司机“摆龙门阵”谈天说地的时候，她无意中发现自己的活动正被司机用手机在某网络平台上全程直播。司机说，这是为了乘客和司机双方的安全，但又透露通过进行网络直播，每个月有几千元收入。彭女士发现，不足两公里的行程，观看人数达 448 人。网友在直播平台上不停发布评论：“小心说话，她看到我们了！”“在转弯啦！”等等③。

网络上发布的全国各地公共场所和其他场所的监控视频不计其数，网络时代遍布四周的摄像头很多时候让人觉得无所遁形、无处可逃。上述的“水滴直播”是奇虎 360 公司旗下一款视频直播生活秀平台。“水滴直播”平台上出现的直播画面，大都是用户购买了 360 智能摄像机之后，将监控画面分享到互联网平台上的。除了“水滴直播”，类似的直播平台还有“俺瞧瞧”“萤石直播”等，而像吴先生夫妇和彭女士一样，在不知情的情况下被直播出去的情况并非个例，而这些不知情者也成了一些网民窥私的对象。

---

① 叶松丽，张益维．夫妇店员亲热遭水滴平台现场直播［N］．新闻晨报，2017－05－19.

② 王拓．水滴直播监控直播酒店内衣店等　公众不知情被直播［N］．成都商报，2017－05－03.

③ 潘媛媛．市民网络约车却被网络互动直播［N］．三江都市报，2016－05－12（3）．

三、“水滴直播”回应：不存在盗播误播可能，不涉及通常意义上的隐私区域

“水滴直播”产品技术团队 2017 年 5 月 4 日发布声明称，“水滴直播”平台自 2014 年上线以来，“被用户创造性地自发运用到家庭、幼儿园、学校课堂、饭店厨房等很多场景，帮助用户解决了大量现实问题，深受用户欢迎和好评”。如在家庭直播的场景下，协助多地用户破获了多起入室盗窃案，协助用户及时消除了多起火灾隐患和家庭泡水、漫水事故；针对用户关注的餐饮外卖平台后厨黑幕问题，很多餐饮商家主动将自己的后厨直播给顾客，让顾客吃得放心、吃得安心；一些电商、O2O 创业者把自己的产品流程、制作工艺通过“水滴直播”平台全程开放，以吸引顾客；一些机关、银行及公共服务单位的对外办事窗口，也利用“水滴直播”进行自我监督，让前来办事的人员提前安排时间段，避免拥挤和过长等候；等等。

“水滴直播”平台强调，“平台上未发现非用户本人不知情分享的内容，不存在盗播/误播可能性”。所有直播画面都是由机主购买“小水滴”后自行安装，并由用户在自主操作下分享直播。用户购买的“小水滴”默认状态是安防状态，即未开启直播功能状态。只有手动将安防状态调整成直播状态后，才能分享自己拍摄的画面。机主公开直播，需要用户实名注册之后主动登录账户，并同意《确认开通直播协议》。这些步骤可以避免用户不当操作，有效保证了用户必须是在有民事行为能力，且完全知情同意的情况下才能开通直播。

关于新闻报道中提到的内衣店、按摩店、酒吧等私密场所的直播，“水滴直播”平台回应称，直播场景均为人员室内外流动通道、酒吧调酒吧台、按摩店接待大厅、商店收银台等人员密集区域，并不涉及通常意义上的隐私区域。对媒体报道中一些用户会在不知情的情况被直播的情况，“水滴直播”平台将要求机主在安装产品并启用直播状态后，必须尽到直播告知的义务，避免他人隐私的不当泄露。

针对商家直播，“水滴直播”平台也要求商家在直播区域设置明显直播提示，张贴提示贴纸。关于办公室直播，在用户分享办公室直播画面的时候，“水滴直播”将加强安全提示，包括“摄像机不要对着屏幕，不要对着键盘，关闭声音”等。

关于对用户隐私的保护，“水滴直播”平台表示，审核人员会根据法律法规和常识认知，严禁机主对厕所、浴室、医疗诊疗区域、更衣室、卧室床铺等涉及用户隐私的服务区域，以及其他明显涉及隐私的私密场所直播，一经发现，将立即采取下线关停措施。

四、教室监控画面“被直播”，谁来保护孩子的隐私？

2017年4月，“水滴直播”平台中出现的全国多地学校课堂直播画面，引起了舆论热议。参与视频直播的学校涉及多个省份，从幼儿园至高中毕业班均在其中，直播场景多为教室，也有学生宿舍。一家幼儿园还直播了孩子们睡觉的画面。

支持者认为，有了摄像头之后，方便了学校管理，直播状态下老师和学生会更加自律。山东济南某中学老师说，在摄像头安装了一个月之后，学生在纪律方面的表现“好很多了”。有的家长支持直播，“因为可以看到孩子成长的点点滴滴”。反对者则认为，直播将课堂中学生的一举一动暴露在网络之中，涉嫌侵犯学生隐私，且会对学生造成心理压力。“这些或午睡、或发呆、或看书的学生们知道自己在被直播吗?”“不论你在干什么，都会有无数的眼睛注视着你。”“监狱已经诞生。”“这不是24小时监控吗?”“反正我是觉得一点儿隐私都没有，在班上说个话什么的都要注意，万一有点儿尴尬的事被围观……”

对此，教育和法律界人士的看法也大不相同。

河南许昌某乡镇中学教师程亚锋在“水滴直播”平台上公开了课堂画面。他说，学校学生中农村孩子、留守儿童居多。由于缺少父母关爱，孩子的身心健康容易出现问题，封闭孤僻、打架斗殴、厌学辍学等现象频发。在征得家长及同学们的一致同意后，他自费在教室内安装360智能摄像机，将课堂画面分享给家长们，让留守儿童的家长能够在千里之外看到孩子的学习情况。“家长与孩子虽相隔天涯，但通过网络感觉近在咫尺，这很好地缓解了家长的相思之苦，也让孩子感受到了父母的爱。学生和家长都能经常感受到家庭的温暖。这对于孩子的人格培养和心灵成长都起到了良好的作用。”①

21世纪教育研究院副院长熊丙奇指出，在得到老师、学生同意的情况下，将上课画面分享给其他班级、学校，这是“在线教育”，但将教室甚至寝室画面全天候公开直播，这显然不妥。“教室应是一个相对封闭的空间，老师、学生在教学过程中可以表达自己的想法，将老师、学生置于监控之下，涉嫌侵犯隐私。”熊丙奇认为，很多学生在监控下可能会进行“自我表演”，长此以往容易导致心理问题②。

---

① 水滴直播举办恳谈会　共促课堂直播良性发展［EB/OL］.［2017-05-04］. http：//www.sohu.com/a/138021743_346360.

② 何利权，刘芸．多地学校课堂宿舍被直播：家长有赞有弹，专家称涉嫌侵犯隐私［EB/OL］.［2017-04-25］. http：//www.thepaper.cn/newsDetail_forward_1669879.

"上课画面流传到社会上，首先对学生及家长都有安全隐患，特别是小孩子的影像及其他信息，比如就读学校、班级，在学校做了什么事情，不宜出现在公开平台上。我想也没有哪一个家长希望自己孩子的个人信息让陌生人知道。"上海明庭律师事务所律师周铭认为，"课堂直播"涉嫌对个人隐私、数据安全、人身安全的侵犯。哪怕有一个家长不同意，其他家长及学校都不得将关于学生的视频上传到社交平台上。"如果在未经家长同意、没有充分尊重学生权利的情况下公开直播，可以追究视频上传者的责任，比如学校或直播平台。"

北京康达律师事务所律师韩骁表示，若是未经被直播人允许的直播行为，违反我国《侵权责任法》等规定，侵犯未成年人的隐私权。教室、自习室等封闭空间，相对公共场合而言具有私密性。学生在教室、自习室等私密场所中做出的各类合法行为，如看书、吃零食等均属于个人隐私。未经授权，老师将其公开在网络直播平台、使公众能够知悉，这是侵犯未成年人隐私权的行为。

北京汇佳律师事务所律师邱宝昌则认为，教室是个相对公开的场所。在这里学生个人的隐私相对有限，监护人想了解孩子的学习情况，此时隐私权应让渡与知情权。"在教室里安装摄像机等设备不应受到指责。"但是宿舍是个私密场合，在宿舍门口安装摄像机可以理解，但是宿舍里面不可以。此时，知情权应让渡与隐私权。当然，直播便于监护人了解孩子的学习生活情况，向监护人开放无可厚非，同时这也对学校教学是种监督和鞭策，但是不能任意向公众开放，需要征得家长们的同意①。

有关课堂直播的争议和讨论，促使"水滴直播"产品团队采取措施加强校园课堂直播安全，进一步保障老师及学生的个人隐私权利，2017 年 6 月正式上线"校园课堂加密直播"功能。在"加密直播"模式下，老师需要给家长一次性发送邀请密码，该密码只提供给家长，获得密码的家长才可观看。同时，"水滴直播"平台审核人员仍会看到直播内容并对直播台画面、图片、评论进行审核。今后，"水滴直播"平台所有中小学、幼儿园等校园课堂内容全部采用"加密直播"模式，未采用"加密直播"模式的校园课堂直播内容将被封禁处理。

五、"水滴直播"是否侵权引争议

《成都商报》记者曾致电 360 公司公关部工作人员，询问由安装摄像机的用户

① 焦立坤．直播平台回应课堂直播争议　知情权隐私权矛盾如何平衡［N］．北京晨报，2017－04－29（5）．

来决定是否上传监控画面，而非被拍摄人员来决定，这种模式是否欠妥？对方回答：作为安防产品，用户对场景进行监控，如最常见的家庭应用，监视家中保姆行为，以及家中是否出现盗窃，这种场景下，如由被拍摄人员来决定，显然是不现实、也是不妥当的。

四川卓安律师事务所律师蒋健认为，上传视频的人（即同意将监控画面分享到网络直播的安装人）未经被直播人员允许，私自将直播内容上传网络，涉嫌侵犯他人隐私权；直播平台对用户所直播的内容有审核的义务，如果直播内容侵犯了他人隐私权，直播平台也要负相应的连带责任。“直播平台并不能以‘用户自己决定’的理由开脱责任。”[①]

上海刘春雷律师事务所叶萍律师表示，问题不在于摄像头的所有者是否同意直播，而是要关注对被直播对象的隐私保护。作为直播平台，在被直播者不知情时将直播视频推向公众，放任隐私泄露的可能性本身就已经构成了对隐私权的侵犯。摄像头是属于商户的，但隐私权是属于被拍摄的人的，不属于安装摄像头的人。用户可以分享自己个人的画面，但没有权利分享别人的画面。一般情况下，不少市民会觉得酒吧、内衣店、按摩店、宾馆特定区域这些场所比较私密，不宜在网上直播。但实际上，在一些大众化的公共场所，直播也同样会泄露个人隐私，一个人出现在一个公共场所，单独来看并没有什么问题，可是对于特定的人、特定的事，就可能构成对其隐私权的伤害[②]。

北京师范大学法学院教授、亚太网络法律研究中心主任研究员刘德良表示，判断“水滴直播”是否侵犯隐私权，首先要厘清何为法律意义上的隐私权，法律上的隐私不同于社会学、心理学、经济学等学科上的隐私。“法律上的隐私权强调的是与公共利益和社会利益无直接关系，但关乎人的名誉与尊严。”一般能够置于大庭广众之下的言行举止，通过画面直播披露时并不会造成对他人名誉和尊严的损害，不存在侵犯隐私之说，也无须征得他人同意，“但可能从心理学角度上讲，可能会引起部分人不适，有些人会介意”。刘德良认为，“水滴直播”作为一个直播分享平台，内容是基于用户或网友上传，只要不涉及色情、暴力等不适合公开传播的违法内容，这种分享就不构成隐私侵犯。

中国人民大学商法研究院所长、教授刘俊海则认为，只要是未获得直播场景当事人的允许就属于侵权，只有全部授权才可免责。“用户在公共场所出于安防等需

---

① 王拓．水滴直播监控直播酒店内衣店等　公众不知情被直播［N］．成都商报，2017－05－03．

② 叶松丽，张益维．夫妇店员亲热遭水滴平台现场直播［N］．新闻晨报，2017－05－19．

求所设置的监控，不等于就可以直播和无限度公开，除非征得所有被直播人的同意，或是基于公共安全的考虑。"刘俊海表示，在互联网科技创新的同时，也应保有法律边界，特别是在提取他人个人信息时，需要遵循合法、必要、知情、保密等原则。

中国政法大学传播法研究中心副主任朱巍指出，"水滴直播"是否侵犯隐私权不能一概而论，"除了是否取得事先授权之外，还得看直播的场所是完全公开的公共场所还是半公共的或完全属于公民个人隐私的场所，同时也要看当时被直播的人是否知情、同意。如果摄像头的机主将自己拍摄的监控画面分享到互联网平台，在这个过程中确实涉嫌侵权，当事人要追究责任的话，对于一般的民事责任，被侵权人可以跟平台协商，向直播网站提出将相关产品下架的要求，也可以到法院提起诉讼，通过法院的诉讼渠道来解决"。朱巍同时指出，隐私权并非绝对不能碰的雷区，个人隐私在一些特殊情况下是可以公开的。在公共场所中不能秘密地使用摄像头，也不能违反社会伦理或法律规定，而必须进行完全告知或者主动提示，如果当事人同意，也没有违反相关约定即可①。

北京邮电大学互联网治理与法律研究中心副主任谢永江特别指出，个人信息权和隐私权有一定的区别。隐私权侧重对消息的保护，信息权侧重对信息的控制和利用，是一种"积极"的权利。某些信息单个静态呈现的时候并非多么重要，比如位置信息，然而在网络时代，若某人一天的出行计划别人都能通过网络信息拼接起来从而获悉，这就可能危及他的个人安全。能够特定化个人身份的信息都被认为是个人信息权的一部分，随便将这种信息公之于众，就侵犯了特定人的个人信息权。要散播这些特定化信息，必须经过被拍摄者的同意或像谷歌的街景那样对车牌号、人像进行匿名化处理。公共场所设置监控的摄像头不能直播，有特定用途的摄像头只能用于特定目的，不能改变用途。在车里直播乘客的情况，要告知乘客并经过同意，否则就会构成对乘客肖像权和个人信息权的侵犯。

北京金诚同达（上海）律师事务所律师刘慧慧强调，直播平台作为营利性的传播媒介，在保护公共利益与隐私权方面要做到平衡。必须考虑如下两个方面：一方面，直播平台在内容审核方面存在无力性，只需承担对直播安全管理的程序审查责任，而不承担对"非法网络资源"或"非法网络行为"的实体审查责任。直播内容的拍摄、分享是否侵犯了被拍者的隐私权，平台无法直接掌控。另一方面，直播平

① 庄岸．水滴直播是否侵权引争议，专家：应划出隐私权边界［EB/OL］．［2017－05－09］．http://www.thepaper.cn/newsDetail_forward_1678884_1.

台的程序审查责任，直接表现在可以严格控制直播者这个源头，可以在直播者注册时明确双方的权利义务与违约责任。目前很多直播平台注册审核并不严格，事后追查往往难以找到相关责任人。刘慧慧建议在法律层面做出如下设置：通过《刑法》修订规范“侵犯隐私权罪”，对故意侵犯公民隐私情节严重的进行定罪处罚。这样可以产生刑法上的威慑力。完善和修改民事实体法律、诉讼法律中隐私权的相关内容，明确网络直播的商家、平台、转播者、不当利用者、受害者等各方的举证与法律责任。在相关法律法规中确立网络直播的第三方监管，并尽可能确立行政监督及相关行政责任。同时，在立法条件成熟时，制定隐私权保护法[①]。

① 张静．“被直播”算不算侵权［EB/OL］．［2016－06－09］．《瞭望东方周刊》微信公众号．

“可视正义”背景下司法公开的新问题及其应对

——以于欢案为中心

一、案例概况

2016年4月14日，因未能偿还全部的高利贷，在山东源大工贸有限公司办公楼，于欢及其母亲受到催债团伙十余人的暴力催债，母亲苏银霞被讨债人当众脱裤进行侮辱，而与此同时出警警察却未能有效地控制现场，在此情况下，情绪激动的于欢站起来往外冲，被杜志浩等人拦了下来。混乱中，于欢从接待室的桌子上摸到一把水果刀乱捅，致使杜志浩等四名催债人员被捅伤。杜志浩因未及时就医导致失血性休克死亡，另两人重伤，一人轻伤。2017年2月17日，聊城市中级人民法院一审以故意伤害罪判处于欢无期徒刑。进入3月以后，《南方周末》的《刺死辱母者》一文对这一事件进行了报道，未曾想到该报道发布后不久就引发了舆论的广泛关注。该案件持续发酵，迅速演变成为一场“舆论事件”。2017年6月23日，山东省高级人民法院公开宣判上诉人于欢故意伤害一案，二审判于欢犯故意伤害罪，判处有期徒刑五年。

二、于欢案“舆论事件”的演变过程

互联网时代，案件的传播与传统媒体时代相比已发生了很大的变化。互联网上，案件传播呈现出一种“全网”传播的形态，从新闻媒体到“两微一端”的所有自媒体平台都会参与到案件的传播中，“碎片化”“去中心化”是案件传播的新特点。曾任最高人民法院副院长的景汉朝就有过很好的总结，“庭审公开使司法公开从静态到动态，从传统庭审旁听的‘现场正义’、报纸广播的‘转述正义’，到电视和网络的‘可视正义’，是一次质的飞跃”。而于欢案就是发生在这样的背景之下，它是司法公开在向“可视正义”转变时期一个十分典型的个案。“具体到该事件，《南方周末》官网于3月23日10时07分发布了此稿，在发稿当日，官网中已有不少评论，但还未在互联网上展开大规模的传播。随后的两天时间里，该报道在各大媒体包括纸质媒体、广电媒体、自媒体等得到了极速传播。首先是凤凰网、网易新闻等进行转载，随后南周官方微信号于3月25日10时43分推送了该文，点燃了‘刺死辱母者’舆论之火，接着《人民日报》、《中国青年报》、《法制日报》、中国之声、《华西都市报》等媒体及时跟进报道，刊出评论。与此同时，微博、微信等自媒体充分发挥其优势，强势出手传播。”① 下面，结合不同主体在案件传播中的表现，大致梳理一下该案件在全媒体环境中的传播状况。

1. 司法机关及时、主动介入，表明立场

在该案件经过媒体报道迅速升温的同时，司法机关也及时出来表态，表明对于此事件的重视，并且展现了对于舆论关切高度负责的态度。2017年3月26日，山东省高级人民法院就于欢案发布情况通报称：附带民事诉讼原告人和被告人于欢对一审判决不服已经提起上诉，山东省高级人民法院于3月24日受理此案，合议庭现正在全面审查案卷。就在同一天，最高人民法院、最高人民检察院、山东省人民检察院等机关也都纷纷表达了对于案件的关注，或表示将针对媒体所反映的问题展开调查。如最高人民检察院对外发布消息称：将派员赴山东对该案事实、证据进行全面审查，对媒体反映的警察渎职等行为进行调查。由此可以看出，近年来，司法机关对于网络舆论愈来愈重视，并且更加及时、主动地对媒体和网民的相关诉求做出回应。有媒体对此撰文称，“客观地说，‘辱母杀人案’的一些事实尚处于真伪不明的状态。但在这个案件中，我们看到司法机关没有把自己的圈子封闭起来‘自娱自乐’，没有把任何一家媒体推到自己的对立面，而是积极地在回应在沟通在融合，在向越来越多的人群伸出手来。司法需要‘诤友’，需要敢于‘爆料’和‘揭短’的同盟军，孤独的人是可耻的，在法治发展的道路上没有谁能够独自前行。这次，中国司法没有辜负‘诤友’”②。也有人认为，此次“舆论事件”中司法机关的表现可以概括为，“高层介入有效提升舆论引导成效”——“高层介入能够有效提升舆情处置和舆论引导效果已逐渐成为共识，今年以来这一特征更加显著。于欢案中，

① 赵纪娜．由《刺死辱母者》传播看媒体舆论监督新动向［J］．新媒体研究，2017（10）．

② 王文睿．倾听各方意见，争取最大公约数［N］．人民法院报，2017-03-28．

从山东省公安厅、检察院、法院到公安部、最高检、最高法相继介入舆情处置，各部门相互联动、各司其职，共同助力舆情实现平稳过渡"①。由此可见，于欢案体现了"司法公开"发展到"第二阶段"的重要成果，即司法机关已很少出现对舆论或公众的关切"不闻不问"的现象，也不再像过去那样抱持一种"添乱"的思想，而是及时、主动回应公众诉求，并且对舆论所反映的问题认真对待，尽快采取行动，体现出司法公开的新气象。

2. 主流媒体积极引导舆论，促进司法与舆论的良性互动

主流媒体作为意见领袖，在自媒体时代司法舆论的形成及引导中扮演着十分重要的角色。在于欢案中，主流媒体的报道，紧密围绕案件相关的重要事实或法律问题展开讨论，有理有据，通过理性、建设性的讨论，在推动司法与社会的良性互动方面发挥了积极的作用。首先，面对部分自媒体中出现的虚假事实以及情绪化的表达，主流媒体详细地揭示案件事实，为不同群体的讨论创造了理性的空间。2017年3月26日凌晨，《法制日报》披露于欢案一审判决书全文。3月27日，《凤凰周刊》刊载了山东省聊城市中级人民法院于欢案一审判决书。主流媒体通过转发一审判决书表达对于案件的关注，同时也有助于公众了解案件中的相关细节。这些报道也还会对虚假消息的滋生起到一定的遏制效果。3月26日《中国青年报》的《还原刺死辱母者案细节：于欢被攻击中拿起刀》还结合一审判决书内容，对于案件中的"母子遭催债者下体侮辱、打耳光""于欢被椅子'杵'后反击""是否构成正当防卫成最大争议"等案件中重要的事实和法律问题进行报道分析。特别是"是否正当防卫"的认定本身在法律界也是一个较为复杂的课题，对该问题的深入报道有利于将社会对于案件的关注引向法律理性的思考。其次，呼吁媒体、舆论与司法应各司其职，舆论不干预司法。比如，《钱江晚报》评论道，"公众的讨论可以业余，法官的判决必须专业，如此方能服众"②。同时，主流媒体还通过报道积极影响司法公正目标的实现。2013年2月23日，中共中央政治局就全面推进依法治国进行第四次集体学习，习近平总书记在主持学习时就曾强调，"要努力让人民群众在每一个司法案件中都感受到公平正义，所有司法机关都要紧紧围绕这个目标来改进工作，重点解决影响司法公正和制约司法能力的深层次问题"。于欢案中，主流媒体积极表达对于司法公正问题的关注。比如，《中国青年报》的评论就指出，"'法律是灰色的，而司法之树常青'。同样，法律也是冰冷的，但法律精神是有温度的。任何执

---

① 钟杳梅．九大网络舆情传播规律及成因探析［EB/OL］．［2017－08－18］．http：//www.legaldaily.com.cn/The_analysis_of_public_opinion/content/2017－08/18/content_7285716.htm? node=41189.

② 李晓鹏．于欢案上亿评论　法治共识不应羞辱［N］．钱江晚报，2017－03－27.

法不当与裁判不公，都是对法律精神的背叛与戕害。原告人杜洪章、许喜灵、李新新等人和被告人于欢不服一审判决，分别提出上诉，山东省高级人民法院于2017年3月24日立案受理。2017年5月27日，该案二审公开开庭审理。山东省高级人民法院采取微博直播的方式通报庭审相关信息。2017年6月23日，山东省高级人民法院认定于欢属防卫过当，构成故意伤害罪，判决于欢有期徒刑5年。司法机关坚持‘依法独立行使审判权’，秉持法律精神公正裁判，实现排除社会危害性与阻止刑事违法性的统一，彰显法律之正义。”① 《澎湃新闻》发表社论《辱母案：期待“正义的理据或修订”》指出，“司法该如何在现实与法律理念之间、生命权与自卫权之间做出权衡？这种权衡的导向，是否能让人信服？这是这类案件要解决的问题”。通过这类报道，媒体不仅表达了对于案件中法律问题的关心，其理性的表达也有利于司法机关仔细、审慎思考案件涉及的法律问题，更好地推动司法正义的实现。不仅如此，这种理性的参与也有利于推动司法公信力的提升。司法公信力的提升最根本的还是要靠司法公正，使公众能够切实感受到的公平正义。该案中，由于建设性的媒体和公共舆论表达，最终，有效地推动了司法机关在法律框架内寻求法律正义目标的实现。表1梳理了该案件在一审判决后以及二审开庭之后这两个不同阶段，部分媒体的报道和评论。

表1　　于欢案主流媒体的部分报道

一审判决后，二审前媒体的报道或评论	二审开庭之后媒体的报道或评论
《刺死辱母者》(《南方周末》)	评论《于欢案，不要怕把案件放在社会聚光灯下》(《人民日报》)
《社论·辱母案：期待“正义的理据或修订”》(《澎湃新闻》)	《于欢案：法律事实是改判之“定海神针”》(《法制日报》)
《还原刺死辱母者案细节：于欢被攻击中拿起刀》(中青在线)	《于欢案二审宣判：公平正义提升法治成色》(《南方周末》)
《“刀刺辱母者案”：司法要给人伦留空间》(《新京报》)	评论《于欢案改判：尊重民众朴素的公平正义观》(《新京报》)
《“刺死辱母者”姑妈：未看见刺杀场面，因正在阻拦警察离开》(《华西都市报》)	《法与情的完美结合——谈于欢案二审判决的社会效果》(《三联生活周刊》)
《“刀刺辱母案”评论上亿条，请珍惜民意》(新华每日电讯)	社评《于欢改判，法律向舆论屈服了吗》(《环球时报》)
《辱母杀人案：法律如何回应伦理困局》(人民日报评论微信公众号)	《于欢二审判决体现了法律的“温情”》(中国江苏网)
评论《刺死辱母者被判无期：请给公民战胜邪恶的法律正义》(《中国青年报》)	评于欢案改判《公开是最好的稳压器》(《人民日报》)

① 评辱母案：请给公民战胜邪恶的法律正义［N］. 中国青年报，2017-03-26.

3. 自媒体积极参与，推动对案件的舆论关注

有媒体评论认为，于欢案表现出自媒体以及网民对于司法案件的评论更加客观、理性，反映出热点案件中司法与网民之间的互动日益走向成熟。"从《南方周末》开始，央媒与地方媒体，传统媒体与新媒体，在众声纷纭中寻找着'最大公约数'。中国法院网《又一堂全民共享的法治'公开课'》的文章感叹说：'如果是在几年前遇到此类事件，在自媒体上骂大街的有，侮辱、威胁法官的有，挑头闹事的有，发狠话的也有……而看今天的评论，绝大多数评论者都态度平和，有理有据，引经据典，具有建设性……人人都在说自己的道理，评别人的不足，而且对法律程序给予了基本的尊重。人们最后把眼光投向了已经受理上诉的山东高院。'这说明今天的中国对法治与程序正义充满信心"①。还有人认为，于欢案是一堂"全民共享的法治公开课"，"与以往不同的是，这次探讨围绕法治和公正的标准，比以往更为专业和理性：正当防卫还是防卫过当、故意伤害还是故意杀人、侮辱还是强制猥亵妇女，乃至激情犯罪、非法拘禁、民间借贷最高利率等法律概念成为热词，人们在争论中不断加深对相关法律知识的认识与理解"②。这实质上已经预示着未来热点事件包括司法案件中公众表达的基本走向，这也是经过不断摸索才逐步找到的司法与舆论的相处模式。因此，增加司法与舆论的相互理解，这应是司法案件传播所应追求的目标，而自媒体的发展为这一目标的实现提供了条件。此次，负责案件二审的山东高院对于案件进行微博直播，网民不仅通过转发、评论表达了对于案件的关注，还对于庭审过程给予了积极的评价，这些都大大增强了案件审判的社会效果。

但是，也不可否认，自媒体时代司法领域理性协商"公共领域"的形成仍任重道远。于欢案一审之后，自媒体上出现的一些讨论，不仅容易造成公众的误解，也无益于司法公正目标的实现。"梳理此次舆情中出现的各种网民声音，大致主要有六类：一是前期受谣言误导，唱衰中国司法，高呼法律已死，对聊城司法机关特别是办案法官进行攻击的；二是完全从人伦角度力挺于欢，呼吁法院作无罪判决的；三是呼吁严厉打击治理黑社会和高利贷的；四是专家、学者、律师及部分政法干警从法理角度分析，认为法院判决罪名正确，但应认定为防卫过当，对于欢作减轻处罚的；五是部分政法自媒体力挺聊城法院和出勤民警的；六是挖掘于欢案双方当事

① 舆论与司法良性互动　提升公平正义获得感［N］. 南方周末，2017－03－27.

② 李晓梅．辩论中凝聚着法治共识［EB/OL］.［2017－03－28］. http：//www. chinacourt. org/article/detail/2017/03/id/2633782. shtml.

人各种背景进而评论的。”[1] 这就说明，案件传播的过程中，往往会出现不同的声音，这固然有一定的合理性，但是，对于“谣言”“侮辱诽谤”“干扰舆论”等有害信息也要保持足够的警惕。《法制日报》记者通过比较部分网络媒体上的相关案件事实，比如“殴打苏银霞母子的事实”“关于民警处警的相关事实”“杜志浩受伤后就医的相关事实”等之后发现，其中提及的许多事实都与判决书存在较大的差异[2]。事实上，这些关键性的事实对于案件的结果有着重要的意义，同时它们往往也是引爆舆论的“传播元”，因此，发布此类信息一定要慎重。对此类信息的发布以及认定应当交由专业的司法机关进行调查，而不应在网络上进行肆意的炒作和渲染。“在这一过程中，尽管专业化的思维与大众思维之间存在一定差距，法官也有义务在法律范围内弥补法律效果和社会效果的落差，但是通过正当程序和实体法获得的裁判既判力应当得到尊重，从而在全社会形成认同法律、信仰法律、执行法院判决的氛围，维护法律权威。”[3] 虽然司法舆论往往内容复杂，会涉及许多的社会问题，但是媒体在议题设置时还是应尽量将其聚焦于“法律”问题之上，这既能够“就事论事”，有利于通过理性讨论，实现“个案正义”，而且，也能避免由于掺杂过多的其他议题，进而造成对于司法的“干扰”。

三、“可视正义”背景下司法公开的“关键词”

2014年被称作司法公开元年，特别是党的十八届四中全会以来，司法公开制度改革的成效显著。新阶段的司法公开，将推动“审判中心主义”司法改革作为目标，而其途径是将“庭审公开”作为重点。它们是新时期深化和推动司法公开的“关键词”。

第一个关键词是“庭审公开”。《人民法院的司法公开》白皮书中提到，司法公开在公开理念、公开内容、公开平台、公开形式等各个方面都发生了很大的变化，进步不小。从于欢案可以看到，当案件舆情出现后，多个司法机关及时发声，“高层介入有效提升舆论引导成效”。随着司法公开进入新的阶段，司法公开需要迈向更高层次，深化改革。有学者指出，“近年来，人民法院全面深化司法公开，着力构建开放、动态、透明、便民的阳光司法机制，成效明显。在新的历史起点上实现

① 于欢案：谁让冲击社会的舆论风暴改变轨迹［EB/OL］.［2017-03-31］. http://news.sohu.com/20170331/n485721602.shtml.

② 蒋安杰．于欢案：法律事实是改判之“定海神针”［EB/OL］.［2017-06-26］. http://www.legaldaily.com.cn/zfzz/content/2017-06/26/content_7221150.htm.

③ 管纪尧．从三个层面推进审判中心主义［N］. 人民法院报，2015-02-15.

司法公开制度的转型升级，要让公开更规范、更实效、更贴心、更均衡”[①]。当前互联网技术突飞猛进，各种新兴媒体层出不穷，媒体对于社会的整合能力也越来越强，公众对于司法信息的接触方式等也都发生了很大的变化，这些变化都要求司法公开进一步深化和提升。而网络技术的发展，以及新兴传播形态日渐成熟，就为更好地实施“庭审公开”创造了条件，从而也推动了司法公开制度的转型升级。

第二个关键词是“审判中心主义”。司法公开制度的改革与整体司法改革的目标和任务紧密相连。2014 年 10 月 23 日，十八届四中全会通过了《关于全面推进依法治国若干重大问题的决定》，其中提出推进“以审判为中心”的诉讼制度改革。“审判中心主义”的含义是：第一，审判是整个刑事诉讼程序的中心；第二，一审是整个审判体系的中心；第三，法庭审判是整个审判程序的中心[②]。“以审判为中心”的诉讼制度是司法公正得以实现最重要的制度之一，它要求庭审在查明事实、认定证据、保护诉权、公正裁判中发挥决定性作用，由此确保“庭审的实质化”。这一改革对于司法案件信息的传播意义深远。“从法治理念上看，以审判为中心意味着公众从质疑到信仰的心理换位。当前少数人存在一种倾向，就是习惯性地质疑司法，对司法不信任，突出表现为信访不信法、舆论审判、恶意炒作等。以审判为中心就是要发挥司法在社会纠纷化解中的总枢纽和最后一道防线的作用。”[③]

司法公开，特别是庭审公开与“审判中心主义”的改革之间存在着紧密的联系，具有内在的关联性。最高人民法院院长周强曾做出过庄重且极具感染力的承诺：要把中国的法院建设成世界上最透明的法院。他将司法公开的意义归纳为三个方面：（1）推进司法公开，是全面深化司法改革的必然要求。（2）推进司法公开，是新媒体时代满足人民群众对司法工作新期待的必然要求。（3）推进司法公开，是提升司法水平和司法公信力的必然要求[④]。这段话深刻而全面地揭示了司法公开与司法公正，包括“审判中心主义”改革之间的联系。司法公开是实现“审判中心主义”司法公正制度改革这一核心目标的重要途径和措施。曾任最高人民法院副院长的景汉朝曾表示，从 2016 年 7 月 1 日起，最高人民法院所有公开开庭的庭审活动原则上均通过互联网直播。景汉朝说，庭审公开使司法公开从静态到动态，从传统庭审旁听的“现场正义”、报纸广播的“转述正义”到电视和网络的“可视正义”转变，是一次质的飞跃。他将司法公开的意义概括为，“通过对案件庭审过程全方

① 朱新林．迈向更高层次的司法公开 [N]．人民法院报，2017-02-17．

② 樊崇义，张中．论以审判为中心的诉讼制度改革 [J]．中州学刊，2015 (1)．

③ 管纪尧．从三个层面推进审判中心主义 [N]．人民法院报，2015-02-15．

④ 周强．深化司法公开　促进司法公正 [N]．人民法院报，2014-01-27．

位、深层次公开，可以更好地回应社会关切，接受社会监督。庭审公开也具有倒逼法官提高驾驭庭审能力的作用，促进庭审水平全面提高，促进审判制度更加完善”①。这都充分说明了这轮司法改革中司法公开被寄予厚望，因此，司法公开始终是司法改革中的一项重点任务，司法公开对于司法运行机制将发挥实实在在的影响。司法公开通过推动“审判中心主义”的改革”，既能够保障程序正义的实现，同时，也能够实现“实体正义”的目标。由于司法公开有利于“实体正义”的实现，因此，司法公开是全面深化司法改革的必然要求；而司法公开又能够促进“程序正义”，所以说，推进司法公开，是提升司法水平和司法公信力的必然要求。无论是促进“实体正义”还是“程序正义”，其最终的目标都是为了“满足人民群众对司法工作新期待”。

四、新背景下对司法公开的问题反思及其改善策略

司法公开的目标之一是通过创建司法信息有序传播的良好“生态”，从而使得案件传播跳出“舆情事件周期律”。南京大学新闻传播学院杜骏飞教授在针对于欢案的分析文章中讨论了“舆情事件周期律”现象，“随着未来情势发展，此类案例大多不可能跳出这样一个‘舆情事件周期律’：治理不当产生社会乱象，进而蔓延为网络舆情；官吏成事不足而败事有余，天灾往往继之人祸，并往往祸及国本大局；公众由疑案而疑人，进而疑国，最终民意倒逼宏观治理；政治维护大局，大案化小，小罪从轻；如是循环不已”。他主张应跳出“舆情事件周期律”，“显然，‘舆情事件周期律’不是一个科学的治理模型，短时间内看起来也很难找到范式上的突破。但我仍然希望，有关部门在处理于欢案时能够有足够的勇气，能够以舆情危机为政法改革的机遇，从战略上促发系统性的治理反思，提升社会对国家的认同力”②。事实上，司法案件中，“舆情事件周期律”的特征就表现得十分明显，而且其危害更大。可以说，除了少数案件中公众舆论的推动进而使得正义得以“恢复”，从根本上来看，个案正义还是要依靠司法机关通过司法制度得以实现。有人指出，“客观而言，于欢案只是一个个案。中国每年审结大量案件，从中国裁判文书网公布的裁判文书看，绝大多数的判决是经得起专业与舆论双重检验的。这一点，从今

---

① 罗沙．最高法所有公开庭审原则上均网络直播［EB/OL］.［2016－07－07］. http：//news. 21cn. com/domestic/difang/a/2016/0707/01/31252432. shtml.

② 杜骏飞．于欢案与“舆情事件周期率”［EB/OL］.［2016－03－27］. http：//opinion. caixin. com/2017－03－27/101070676. html.

年全国'两会''两高'报告创历史的高得票率即可看出"[①]。近年来，提升司法公正，实现"让人民群众在每一个司法案件中都感受到公平正义"的目标，是司法体制改革的初衷和根本动力，而通过司法系统加快司法公开制度的改革、练好"内功"是促进司法公正的重要举措。党的十八大和十八届三中全会强调推进权力运行公开化、规范化，并明确提出推进审判公开、推动法院生效裁判文书公开、确保权力在阳光下运行等要求。习近平总书记也曾提到过，要坚持以公开促公正、以透明保廉洁，增强主动公开、主动接受监督的意识，让暗箱操作没有空间，让司法腐败无法藏身。"审判中心主义"阶段对于司法公开的要求与之前相比标准更高，而就司法公开实际中存在的问题而言此次改革又具有很强的针对性。司法公开的发展已进入了"可视正义"的新阶段，这一时期比之前对于司法公开的要求更高，面对的困难更大。此次以庭审直播为重要举措的"审判中心主义"的司法改革中，司法公开肩负着更大的使命，这就必然使得司法公开要求在广度、深度方面应该有更大的提升。下面就结合于欢案，分析该案中司法公开方面与新阶段的这一目标相比尚存在的差距以及今后改善的策略。

（一）司法公开制度的发展应更加均衡，不断扩宽司法公开的广度

于欢案中舆论的发酵以及不断升温始于《南方周末》的报道。2016 年 11 月 21 日，于欢以涉嫌故意伤害罪被提起公诉。2017 年 2 月 17 日，山东省聊城市中级人民法院认定罪名成立，判处于欢无期徒刑。"公开是原则，不公开是例外"，这是司法公开的基本要求，不过，在案件的一审过程中，事实上并未进行有效的案件公开，尚存在一些不足之处。有文章在对于聊城中院于欢案中微博运营情况的研究中指出，"深究《刺死辱母者》在微信朋友圈传播之后的路径，我们会发现，网民的激愤情绪开始寻找'攻击批判'的目标，比如，对于欢案做出一审判决的山东聊城市中级人民法院，其微博@聊城中院仅有 3.4 万粉丝，却在 3 月 8 日发布的一条微博下获得了 3.9 万的评论，且大多数都是在 3 月 24 日下午至 25 日凌晨的回复，其中@差一点成为帅哥的张雷的回复'你头像上的秤歪掉了'获得了近 2.4 万的点赞。也许是难以承受'蜂拥而至'的网友攻击，截止到发稿时止，@聊城中院微博更新停止在 3 月 8 日，除了 3 月 27 日点赞过一条@人民网发布的信息外，一直处于休眠状态"[②]。相对而言，在该案引发广泛的社会关注之后，二审开庭时，山东高

---

① 舆论与司法良性互动 提升公平正义获得感［N］. 南方周末，2017－03－27.

② 段弘. 政务新媒体公关事故：怼网民还是怼自己：以"辱母杀人案"中的政务微博运营为例［J］. 公关世界，2017（7）.

院对该案做了大量的报道，也产生了较好的社会效果。有人指出，“5 月 27 日从早上 8 点半到晚上 11 点，山东省高院通过官方微博全程直播二审庭审，四十多条微博有图有文有视频，检察员、辩护人及受害方代理人轮番问答深挖案件事实，重要证人依次出庭作证，控辩双方对相关证据进行质证……每一个庭审细节，第一时间通过网络呈现出来，让山东高院这个有 180 多万粉丝的‘大 V’流量飙升”[①]。甚至还有人做出了这样的评价，“于欢案二审，山东高院是当之无愧的网红”。可以说，于欢案通过二审公开庭审，在努力使司法公开从静态转变为动态，从传统庭审旁听的“现场正义”、报纸广播的“转述正义”转变为网络的“可视正义”。而该案二审阶段中，通过庭审直播，一方面使得正义以看得见的方式实现，推动了该案的公正审判，对于“以庭审为中心”的审判过程改革而言，也促进了庭审的“实质化”。另一方面，通过司法公开，也使得舆论更好地了解案件中的相关事实、法律问题，提升了司法判决的公信力。这些都是值得肯定和认真总结的。不过，从该案一审阶段司法公开过程中出现的问题中也可以看出，司法公开在广度上仍有不断拓宽、完善的空间。“在公开范围方面，一般案件公开较多，特殊案件公开较少。虽然也有类似薄熙来案的微博直播，但多数重大、复杂以及社会普遍关注的案件审理过程的公开程度并不理想，社会公众特别想知道的内容往往公开不够。”[②] 因此，拓宽司法公开的范围，特别是强化基层法院、中西部法院对于司法公开的理念和认识，也是新媒体时代满足人民群众对司法工作新期待的必然要求。

（二）司法公开需从宣传走向“互动”，司法公开的深度应不断加强

相较于第一阶段，司法公开第二阶段更加深入，不仅仅局限于发布的形式，而是更注重司法沟通的效果或者目标。而进入司法公开的“第三阶段”，庭审公开的目标是，通过“公开”促进公正目标的更好实现。同时，司法公开也是“司法为民”的直接体现，其价值在于满足新媒体时代公众对于司法的期待。从这个意义上说，新时期的司法公开应更加重视通过各种新媒体的应用，满足公众对于司法正义的期许。因此，司法机关从过去的静态发布司法信息要转向更加主动地关注司法案件的网络舆情，并及时回应舆论关切的各种问题。于欢案由于涉及高利贷、正当防卫、涉案人数众多等各类标签，使得该案从一开始就具备成为媒体或舆论“议题”的元素，而且也是当地较有影响的重大案件，因此，若对于这类案件在一审阶段就

---

① 于欢案二审宣判：公平正义提升法治成色［N］. 南方周末，2017－06－23.

② 蒋惠岭．新形势下深化司法公开策论［N］. 人民法院报，2016－08－26.

实行有效的庭审公开，满足公众的期待和关切，就有可能跳出"舆情事件周期律"。在案件舆情的发酵和升温之后，虽然有关的司法机关在第一时间就及时表达了自己的态度，采取了相关措施，然而，此后的舆论却仍在持续发酵，而且，司法舆情变得更加复杂。其中除了对于案件的事实、法律问题结合一审判决、相关调查、法学专家的意见等展开的理性分析，也有一些自媒体上的仍然夹杂着不少的失实信息以及情绪化的表达。特别是在一审结束二审开庭之前，出现了一个与社会进行案件沟通的"盲区"或"空隙"。因为一审法院已经完成了案件的审判，案件已转给上级法院，而二审法院刚刚受理案件又无太多的信息可以对外发布。但是，此时网络上针对案件相关信息的传播并不会受到案件审理流程的影响而"中止"，相反，这段司法机关声音"缺席"的"空隙"，正好是舆论关注度迅速上升的关键时期。对此问题，如果仍然按照之前司法公开的宣传模式进行应对，可能就难以解决。有人曾提出应建构"交互式司法公开模式"，"在法院司法公开制度建设上，其实有两种模式：单向性模式、交互性模式。在单向性司法公开模式中，法院的司法公开是一种单方面的、单向的信息公开，法院的职能仅仅是把依法需要公开的信息进行公开，只需要完成给予信息的过程，而无须考虑受众对信息的获取与接受。在交互性司法公开模式中，法院需要完成的不仅仅是信息的发布过程，还需要积极地与信息传播的受众进行互动，完成信息的交换等"[①]。事实上，从于欢案引爆舆论之后"高层介入有效提升舆论引导成效"可以看出，在对待舆论的态度方面，司法机关已从过去惧怕或逃避舆论的司法公开的第一阶段转变为及时、主动回应舆论的司法公开的第二阶段，而目前正在向立体、全面的"交互性沟通"的司法公开的第三阶段过渡。而进入第三阶段，对于司法机关而言，又该如何适用新的要求，推动新时期司法公开制度的改革？下面就对此问题展开更为详细的阐述。

首先，理念转型。对于前一阶段司法公开中存在的理念和认识问题，有人从概念角度开始进行反思。过去，将司法公开理解为是司法信息公开。"概念不同，所指向的重点也就不同，'司法公开'的重点是利用信息化手段打破司法场域的空间局限，及时将司法行为的进程传递给更多受众；而'司法信息公开'的重点是搭建立体平台，方便公众及时查阅有效的司法信息。然而，现有规范性文件并没有根据两者的不同性质，制定有针对性的条款加以指引"[②]。这种对于司法公开在概念、认识上的差异，就会导致司法公开仅仅停留在审判流程公开、裁判文书公开、执行信

① 李瑜青，博雅文．司法公开制度实践及其完善：基于南京"彭宇案"而展开的研究［J］．哈尔滨工业大学学报（社会科学版），2017（1）．

② 谢澎．从司法公开到司法信息公开［N］．法制日报，2014-04-02．

息公开等平台的建设上面，而对以司法案件舆论为代表的“动态”司法公开往往重视不够，特别是对于这类问题同样缺乏制度性的保障。所以说，司法公开首先要实现观念的转变。

其次，方式调整。自媒体时代，对于不同主体的案件传播既有挑战，也是机遇。对于司法机关而言，相较于传统媒体时代的司法机关，可以更好地利用自有媒体、外部媒体等各种途径将自己的立场更加准确、清晰、及时地与外界进行沟通，以此更好地实现司法制度的目标。不过，自媒体的使用，对于司法机关而言又是一种前所未有的考验。特别是在传播方式已经发生了巨大变化的情况下，这就要求司法机关改变过去的宣传模式，而要适应双向互动的沟通模式。有研究者就分析指出，司法公开制度存在的突出问题是尚未建立起交互式司法公开模式，“其中突出的是司法公开制度建设上仍然存在的封闭性、单向性等现象，使得在现实司法实践过程中，所谓司法公开制度却不能有效构建起对外部信息或舆论的回应，这直接影响了民众对司法公信力的期盼”①。可以说，目前司法公开制度方面存在的问题已经制约着其在新一轮司法改革中作用的更好发挥。“在与媒体关系方面，宣传性、形式性较强，而互动性、实质性较差。各地法院尽管召开了很多新闻发布会，在法庭里预留了媒体旁听席，但媒体仍然反映法庭进不去、文件查不到。特别是对于社会高度关注的重大敏感案件，法院对媒体的一些限制性措施在一定程度上影响了法院付出努力的效果。”② 特别突出的问题是，在司法机关的自媒体上，很多都是对于新闻报道、其他法院相关案件信息的转发等普通信息，而相对于公众关注度高的“案件”相关的信息发布得较少。除此之外，一些法院的公开仍旧是“工作结果公开较多，工作过程公开较少”。“虽然最高人民法院要求审判工作的各个流程节点向当事人公开，但多数法院仍然只将流程节点作为法院内部管理使用。特别是对作为司法核心环节的庭审公开，各地法院普遍未给予足够重视，难以体现‘以庭审为中心’的审判过程，未能做到庭审的‘实质化’。”③ 可以说，这些问题如果得不到妥善解决，公众对于司法公正产生的内心认同就难以实现，司法“过程”和“结果”正义目标也无法得以实现。

再次，加强司法公开的制度保障。现在司法机关对于媒体、舆论的态度可以分为三类：不回应、消极回应和积极回应。实践中，各个司法机关的表现之所以千差

---

① 李瑜青，博雅文．司法公开制度实践及其完善：基于南京“彭宇案”而展开的研究［J］．哈尔滨工业大学学报（社会科学版），2017（1）．

② 蒋惠岭．新形势下深化司法公开策论［N］．人民法院报，2016-08-26．

③ 同②．

万别，其中的主要原因还在于，并未建立与“动态”互动交流理念相匹配的管理标准和制度。因此，新时期应将促进司法公开制度的规范化作为一项重要任务。当前，除了要加强针对“司法信息公开”的规范化管理，还需要完善针对舆论反馈，保障和促进案件传播中司法与舆论双向互动、有效沟通的机制建设。然而，现有的制度还远远无法做到双向互动沟通，这也是司法公开制度改革所要解决的重要问题之一。“规定侧重于法院向媒体单向式地发布信息，提供相关材料，缺乏对新闻媒体的回应机制的规定，无法实现法院与新闻媒体之间的互动和有效沟通。这里的关键还是在于没有真正用交互式司法公开模式来构建其制度”①。今后，还应当逐步地建立起考核评价机制，以此体现案件舆论引导中的“主体责任”的落实②。通过堵住制度的漏洞，由此就可以避免司法沟通中“空档”“真空”期的出现。比如，可以明确规定在一审判决之后，一审法院应当承担阐释案件审判理由的责任，并且还需要回应与案件判决相关的各种问题。直到二审法院开庭之后，与舆论沟通的责任才能够转移至其他司法机关。总之，应当建立起司法舆论应对和互动中司法机关各自的信息沟通的责任。然后，再对其承担沟通责任的状况进行考核，这是新媒体时代所有权力机关都需要适应的新形势和应当担负的责任，司法机关也不能例外。因此，案件传播中司法机关与舆论互动沟通制度的规范化及体系化是司法公开进入司法机关主动回应舆论司法关切阶段之后下一步需要重点开展的工作。

---

① 李瑜青，博雅文．司法公开制度实践及其完善：基于南京“彭宇案”而展开的研究［J］．哈尔滨工业大学学报（社会科学版），2017（1）．

② 有论者指出，“法院的考评评议机制建设应包含具体的考评方法、考评标准和考评的具体内容。通过专门的监督检查主体，定期对法院在与媒体合理对话方面的司法公开工作进行考评评议，如法院对媒体的信息供给、法院与媒体的交流频率、法院与媒体交流平台的建设、法院对于媒体所关注案件的舆论引导等等。……其二，责任追究机制。健全的责任追究机制是制度实施的有效保障”。李瑜青，博雅文．司法公开制度实践及其完善：基于南京“彭宇案”而展开的研究［J］．哈尔滨工业大学学报（社会科学版），2017（1）．

“新闻反转”现象之马克思主义新闻观分析

新闻反转，也被称为反转新闻，是指那些与初始新闻（指最初呈现给公众的新闻）内容不完全相符合的后续新闻。出现新闻反转的情形一般分为两种：一是随着记者和报道者不断深入地采访挖掘，事件真相被更加客观全面地呈现出来，也使受众原有的立场和看法出现了改变，通常是逆转或颠覆了原来的看法和立场。二是事实还是原来新闻中的事实，但经过舆论引导以及增加一些背景资料，使受众接受了与之前截然相反的新闻观点和看法。

2016年，中国经济网记者盘点出这一年十大反转新闻事件，发现其中热点新闻事件“反转”频频上演，包括上海女逃离江西农村事件，哈尔滨天价鱼事件，男子借20万元照顾植物人女友事件，山东潍坊纱布门事件，罗一笑事件和中关村二小霸凌事件等等，其认为“每一次反转都给社会带来了负能量，消费大家的感情”①。

确实，目前学界对新闻反转现象基本持否定的态度，原因主要是：“其损害了媒体的公信力，消耗了受众对社会公共议题的关注和热情，造成社会资源的浪费，认为此种属于‘新闻失范’现象，甚至把反转剧中的网络群体定义为‘群氓’”。甚至呼吁：“（新闻反转）由新媒体时代下人人都有麦克风、媒体缺乏新闻专业主义、意见领袖推波助澜、受众缺乏媒介素养等原因造成的。为此，网络监管部门加大审核惩治力度……”②

---

① ［中国@2016］十大反转新闻：让真相先飞一会儿［EB/OL］．［2016－12－23］．http：//news.163.com/16/1223/06/C8UVCF1V00018AOQ.html.

② 樊淑琴．网络热点事件中反转新闻的负效应及对策［EB/OL］．［2017－07－11］．http：//media.people.com.cn/n1/2017/0711/c413305－29397464.html.

有论者认为："安徽女大学生扶老人被讹"新闻的反转摧毁了中国历来尊老爱幼的传统美德，淡漠了人与人之间的温情；"西安手术台自拍"新闻的反转摧毁了人们对医生救死扶伤的信任，恶化了医患关系；"罗一笑事件"的反转摧毁了人们对重症病人的爱心，增加了网民对于此类情况的不信任度。这一个一个的反转剧蚕食着整个社会的道德体系，即使事实的真相最终得到厘清，信任却已经缺失，想要再重建信任则异常困难[①]。

上述对新闻反转现象的批评文字中存在着矛盾逻辑是不言自明的。因为我们都知道，事实就是事实，社会的互信建构体系也应该基于真实之上，如果真如该论者所述，反转新闻能够蚕食和摧毁整个社会的道德体系，那这样的道德体系一定是建立在虚妄的概念之上的。

在这里我们要分析讨论的是，人们关注的新闻传播的道德倡导，舆论引导对社会施加的影响，并不仅仅是通过简单的和无逻辑的指责便可实现的，更重要的是对此种现象进行合乎人类社会发展的价值判断和反思。网络时代的新闻传播已不仅仅是新闻职业人的事情，而是全社会网民的公德问题。接下来我们将围绕以下几个问题，以马克思关于新闻工作的论述为指导思想进行分析。

一、反转的不是事实而是"概念"以及对"失实"的"过程容忍"与要求表达准确的思考

首先我们要清楚的是，一般情况下，不断发现的是事实，反转的仅仅是"概念"。如以下这则反转新闻：2014 年，大连瓦房店小伙刘凤和不知感动了多少滨城百姓。"举债 20 万对植物人女友不离不弃"的故事，演绎的正是"执子之手，与子偕老"的爱情传奇。然而，2016 年 3 月 20 日，苏醒过来的女孩林莺莺道出了 2014 年致使自己变成植物人的缘由——男友刘凤和家暴所致。据她回忆，2014 年 9 月 29 日上午，因为自己粗心烤坏了面包，刘凤和大发雷霆，抓起擀面杖朝她的后脑勺打去，她应声倒地，右耳血流不止，整个人昏厥过去。刘凤和见状大惊失色，叫来了救护车。而林家人得到的消息竟是，林莺莺在蛋糕店发生意外摔成重伤！

这个所谓让人们反转到大跌眼镜的新闻，如果分步骤来考察我们会发现，实际上原初新闻报道并无不当或失实之处，之所以被认为反转，主要是因为和当代社会

---

① 樊淑琴．网络热点事件中反转新闻的负效应及对策［EB/OL］．［2017－07－11］．http：//media. people. com. cn/n1/2017/0711/c413305－29397464. html.

很多人已经接受和形成的关于好人或坏人应该有的行为的价值观不符合。因为“举债20万元对植物人女友不离不弃”的人不应该是个坏人，更不应该是殴打女友的人。

这里我们要说明的是事实并未失实，或者从另外一个角度来看，我们假设长期习惯了传统大众媒体传播时代的受众，对于一起新闻事件的了解需要经过记者、编辑等“看门人”的筛选和过滤，最后阅读或看到的都是媒体“想让你看到的”，所以才会有此种“反转感”。对这种接受“喂养”信息再生成认知模式，并且长期保持单一价值观的受众，我们先暂且站在他们的认识立场将这类新闻暂时称为“失实”，但这样的“失实”是不是新闻伦理所允许的呢?

也许有人看到本小节的标题便会斩钉截铁地说对失实容忍对新闻工作者来说是绝对不容许的。是，的确不能容忍，所以笔者在这里加了“过程”二字。何为“过程”? 如开始时报道者获得的信息是该男子确实举债救身为植物人的女友了；而后，报道者也确实发现了新的新闻信息，即该植物人醒了，告诉报道者她之所以成为植物人完全是因为该男子家暴所致。这就是一个发现新闻信息的过程。只是最后揭示出的真相和人们“想象”的不一样，但就这则新闻而言，也确实无所谓失实。

所谓的二分法，就是认为好事不可能由坏人来干，坏事不可能由好人来干。长期以来的宣传教育造就了人们这种简单的思维模式，这种思维模式一旦被破坏，人们便觉得是“扰乱”了自己的价值观。实际上反转新闻只是向人们呈现了一个真实的社会自然状态，如果连这种自然的认识过程都不能接受，反而要用虚假的、不切实际的一种模式来思考，终将使公众的认识片段化、片面化。目前这样的反转思维带来的认识，可以使网民多角度、多视角地看待社会和人，是符合社会状况的，因此，反转新闻能让人们认识到新闻事件的复杂性，有利于摆脱过去简单幼稚的思维模式。

还有些反转新闻也是同理，如有国内媒体报道称，曾参与建造苏联所有航母、负责过中国航母辽宁舰前身瓦良格号设计工作的乌克兰航母专家巴比奇·瓦列里受聘来华工作。此消息不仅引发国内媒体的关注，俄罗斯和乌克兰国内很多主流媒体也纷纷予以报道。2017年9月6日，俄罗斯纽带新闻网援引瓦列里之子赫莱布·瓦列里在脸谱上的回应称，瓦列里目前身在乌克兰，并未赴中国工作生活[①]。

在网络社会这个众声喧哗的时代，与反转新闻有关联的原初新闻，严格地说也

---

① 瓦良格号设计师“受聘来华”新闻反转! [EB/OL]. [2017-09-10]. http://wemedia.ifeng.com/29197038/wemedia.shtml.

不应该完全被看成虚假新闻或失实新闻。因为原来的消息谁也不能肯定就是子虚乌有，但后续的新闻让读者看到的是，有这种可能，只是近期这种可能还不存在，仅此而已。

对于新闻特性，我们应该了解，传播也应该按照新闻传播的本质及其规律来办事。"因为一个新闻记者**在极其忠实地**报道他所听到的人民呼声时，根本就不必随时准备详尽无余地叙述事情的一切细节和论证全部原因与根源。何况这样做需要许多时间和资料。一个新闻记者可以认为自己只是一个复杂的机体中的一小部分，他在这个机体里可以自由地为自己挑选一定的职能。譬如，一个人多描写些他和人民来往时人民的贫困状况所给他的直接印象；另一个人，譬如历史学家，就研究造成这种情况的历史；感情丰富的人就描写贫困状况本身；经济学家就研究消灭贫困所必须采取的办法，而且，这个**总的**问题还可以从各方面来解决：从地方范围，从整个国家范围等等。这样，只要报刊有机地运动着，**全部事实**就会**完整地**被揭示出来。最初，这个完整的事实只是以同时发展着的各种观点的形式出现在我们的面前，这些观点有时有意地，有时无意地揭示出现象的某一方面。但是归根到底，报纸的这种工作只是为它的一个工作人员准备材料，让他把材料组成一个统一的整体。报纸就是这样通过分工——不是由某一个人做全部工作，而是由这个人数众多的团体中的每一个成员担负一件不大的工作——一步一步地弄清全部事实的。"①

一百多年后的今天，重读马克思这篇文章，我们会发现社会环境发生了很大的变化，"人民"已经被网民替代，记者作为新闻把关人和多级传播过程中舆论领袖的角色已经被部分网民取代，但文章中讲的新闻发现的过程没有变。新闻刚发生时，真相并不会一下子全部呈现，需要各类接近新闻源的网民和媒体记者不断挖掘和官方的调查介入，事实才会越来越清晰。从开始不清楚到最终真相大白，这是符合人类认识社会自然规律的。

对于上述马克思的论断，我们认为，网上从一开始围绕某个新闻事件的传播者，无一不是"复杂机体"里的一个小小的器官。但正是这点点滴滴被某些人看来不断被"反转"、不断被认为是"失实"的事实，渐渐地完整地还原了事件的真实面貌。如庆安枪击事件 12 天舆情不断发酵，正是这些不断反转和连续事实的揭示，让广大网民发现了真相：

5 月 2 日，庆安火车站枪击案发生，最初的视频中，人们只看见民警向一名普通人开枪。

① 摩泽尔记者的辩护［M］//马克思恩格斯全集：第一卷．北京：人民出版社，1956：211.

5 月 3 日，庆安县副县长董国生慰问受伤民警。

5 月 6 日，副县长董国生被曝学历造假妻子吃空饷，纪委介入。

5 月 9 日，新华社发文《真相别总靠“倒逼”》。文章中指出：认真负责的调查，及时主动的公开，是对突发事件最好的应对。掌握了更多传播主动权的公众，需要更多真相，而且真相不能总靠“倒逼”。

5 月 12 日，公安部责成调查；副县长董国生被停职；该县多名官员被举报。

5 月 14 日，公安部门公布枪击事件调查结果。

在上面这些比较典型的新闻反转连续报道过程中，原始的视频也仅仅是网上传的一个视频片段，但如果按后来不少学者研究者或媒介批评者、传播批评者的观点，这样片段式的视频就没有必要传播了，因为需要进一步采访和深入调查，直到得到全面而权威的信息才可以发布，这样做是完全不符合新闻传播规律的。既然警察开枪的动作非虚构，是真实的，当然就可以报道。至于为什么开枪？当时发生了什么事件？自然有后续的报道来揭示，由需要回答的人来回答。这就是马克思同意并坚持的报道方式，怎么能认定这样的原始视频就是失实呢？因此我们认为，可以说，反转新闻中关于每一个小的事实的传播基本都是真实的，但是将所有事实合起来看，事件的价值标准有时候在事实缺失的状况下是完全相反的，所以，是否失实是一回事，是否断章取义是另一回事，二者不能混为一谈。

目前对反转新闻的谴责更多是出于非理性的，如果是理性的谴责当然没问题，因为理性的谴责一定承载着人们理性的思考，也意味着反转新闻的存在可能确实有其不利于社会道德建构的方面，或确实存在着可谴责性。但事情并非如此，反转新闻并没有违背正常的理性思维逻辑，如实践理性逻辑。“你可能想要一个结果却不想要自己去造就这个结果——也许你更愿意这个结果自行出现。的确，在有些情况下，一个结果不是你直接造就的它才算得上是你所想要的结果。”① 这也是一种客观的，社会公民应该有的，实事求是的，尊重实际的态度。

二、新闻反转现象频繁出现表明网络新闻传播已逃出了传统媒体时代“重视宣传”（从另一方面理解是想通过发布时间控制操纵新闻）的窠臼，让新闻的呈现回归到新闻传播自然状态

我们都知道，新闻之所以成为新闻的几个根本的价值绝不能“让位”，包括真

① B. 威廉斯．伦理学哲学的限度［M］. 北京：商务印书馆，2017：70.

实性、时效性、重要性等等。传统媒体时代，虽然我们也强调时效性，但并不能做到完完全全地遵循新闻要第一时间传播的规则，因为那时的技术条件是瓶颈，传播受到限制。另外，出于宣传的需要，即新闻传播管理者所称的国家政府或社会大多数人的利益需要，有的新闻不能立即就报道出来，要辩证地认识"抢"和"压"。

"何谓'压'新闻？就是把握新闻发表的时宜性，即根据发表之后产生的实际效果而选择发布时机。有时是几个月或一年，有时要等待几年或十几年，等到恰当的时机发表。对某些可能带来政治上不利的负面新闻进行扣压和封锁。""抢"和"压"是相对概念，都必须以国家人民的利益为重，不能为"抢"而抢，为"新"而新。新闻工作者不仅要善于"抢"，而且还要善于"压"，才能保护国家和人民的利益，才能保持政局稳定①。

当然这种"压"新闻是需要有媒体环境的，传统媒体时代，中国各种大众媒体都是可控的，我们比较熟悉和了解的传播理论——二级传播（多级传播）以及主流媒体的议程设置等都是基于这种媒体的可控性诞生的。二级传播就是指意见要经过从媒介到舆论领袖到受众再从受众到媒介的过程。这种二级传播可以在很大程度上避免整个传播过程如目前网络这般"发生什么传播什么"的自然状态。经由大众媒体发出的信息，首先会经由意见领袖的解读，再传播到终端的普通受众。从社会心理学角度来看，由于普通终端受众缺乏专业性，也没有什么动机去进行理性分析，他们会信任意见领袖的解读，并接受由他们分析后传播出来的新闻信息。

大众传播时代的媒介把关人也因此实现了由媒体来设置公众社会议题的功能：大众传播只要对某些问题予以重视，为公众安排议事日程，那么就能影响公众舆论。基于对议程设置理论的认识，我们能理解媒介议程与公众议程的相关性是传媒宣传政策和引导舆论的前提和基础。

但在当前网络时代，随着社交媒体逐渐取代大众传播媒体，传统媒体通过新闻报道和信息赋予各种议题不同程度的显著性的方式，影响人们对周围世界的大事及重要性的判断的效果大大减弱了。而且，由于普通终端受众缺乏专业性，网民作为个体也缺乏传播的目标性，他们只是对自己目睹的真实事件进行新闻信息发布。因此，在网络时代，新媒体的出现，使得舆论传播生态发生了颠覆性的改变，每个用户都可以轻易成为新闻信息传播的信源，而没有严格的筛选和过滤机制。网络新媒体时代的资讯传播链条也迥异于传统的大众媒体传播时代。

社交媒体传播主体多元化意味着与新闻源距离变近，围绕新闻源的各种真相很

① 罗德忠．浅析新闻的"抢"与"压"[J]．新闻导刊，2004（6）．

容易被社交媒体用户挖掘和披露出来。在这个过程中，后续的真相披露，让那些已初步了解事件并形成各自概念判断的信息接收者，面对与之前大相径庭的“报料”，不免有大跌眼镜之感。这也就形成了人们所谓的“反转”或多次“反转”。

当然，上述新闻反转现象不仅中国有，国外也有。如当地时间2017年9月12日，美国前国务卿、曾是民主党总统候选人的希拉里·克林顿在所著《发生了什么》（*What Happened*），又译作《何以致败》）一书中称，之前她的选举势头一直很好，尤其在三次电视辩论与特朗普的猥亵女性录音被曝光之后，选民中支持她的占大多数。但自关于她的“流言”从某些神秘的脸谱账号中发布出来后，直至2016年10月28日，FBI局长科米致信国会宣布重启“邮件门”调查改变了她所建立面临的局面。9天之后，科米发出了第二封信，称因未有新发现而不指控希拉里，但这封信却“激发了特朗普支持者的热情，而且也没有使原本摇摆不定的投票者倒向希拉里”。在所有的争议话题中，最引人注目的都是对希拉里不利的话题。最经常被讨论的话题是维基解密和希拉里邮件门。推特用户对希拉里的攻击数量是对特朗普的攻击的6倍以上。希拉里在书中把自己的失败归咎于那些对网络流言推波助澜的势力。

网络新媒体呈现出平面辐射发散式传播，新闻信息从信源发出，终端受众与传统的意见领袖同步得到信息。社交媒体的便捷性和高度互动性，使任何受众都很容易在获得消息后根据自己的判断形成想法。传统媒体虽然仍然充当着意见领袖的角色，仍然就相关事件进行着传播解读，但其对终端受众的影响微乎其微。

上述美国总统选举的例子就是最好的说明，尽管美国的几大主流媒体一直全力支持希拉里，但她还是败在社交媒体有关她的负面信息传播上。

但是，“新媒体时代的传播生态未必都是消极的。正因为信源从少数大众媒体转移到多元分布的新媒体用户，想要操纵舆论、炮制假象也就变得困难重重。可以说，在网络新媒体传播时代，有了更多的反转，也就有更多的可能去芜存菁，逐渐剥离出真相”①。

既然社会公众和舆论掌控者在同样的时间条件下接收到新闻信息，我们也到了应更加深层反思以前通过脱离实际的宣传而建立起来的不切合我国目前社会主义市场经济条件下社会主义初级阶段的一些观念的时刻了。

如有这样一个比较典型的例子，2015年2月，河南省濮阳市清丰县一处人工湖发生溺亡事件。两名儿童在湖边玩耍落水，华北水利水电大学学生孟瑞鹏因跳湖施

① 唐映红．为何有越来越多新闻反转？[J]．财新周刊，2017（38）．

救溺亡。

事件很快出现"反转"：一名落水儿童的母亲称，孩子并非孟瑞鹏所救。另一名落水儿童说，孟瑞鹏玩手机时用脚把栏杆踩掉了，三人一起落入水中。有媒体报道，当地警方表示"没有证据证明孟瑞鹏是因救人牺牲"。与"见义勇为"背道而驰的说辞引起舆论的轩然大波。孟瑞鹏的亲友更是反应激烈，称"不求回报，只要公道"，并发出质疑："本来是一件见义勇为的事情，好人还能不能当了！"此后，目击者因良心不安出面作证、落水儿童母亲因害怕担责教孩子说谎等消息接连曝出。3 月 2 日凌晨，警方公布调查结论，称经还原事实真相，认定孟瑞鹏溺亡前有救人行为。

对此，主流媒体评论认为："剧情反转，使得公众关注和讨论的焦点远远超越救人事件本身，老人倒地扶不扶、危险时刻救不救的老话题再度摆在面前。在'救人前留下证据、找好目击证人、最好视频记录'等调侃中，隐藏的是社会对善意遭遇不良因素侵扰的担忧。"① 当然主流媒体这样的分析和呼吁仍然不能解决困扰我们多年的问题。

其实对类似的问题，马克思早有过这样的分析："在研究**国家**生活现象时，很容易走入歧途，即忽视**各种关系的客观本性**，而用当事人的**意志**来解释**一切**。但是存在着这样一些关系，这些关系决定私人和个别政权代表者的行动，而且就像呼吸一样地不以他们为转移。只要我们一开始就站在这种客观立场上，我们就不会忽此忽彼地去寻找善意或恶意，而会在初看起来似乎只有人在活动的地方看到客观关系的作用。既然已经证明，一定的现象**必然由**当时存在的关系所引起，那就不难确定，在何种**外在**条件下这种现象会**真正**产生，在何种外在条件下即使需要它，它也不能产生。这几乎同化学家能够确定在何种**外在**条件下具有亲和力的物质化合成化合物一样，是可以确确实实地确定下来的"②。马克思认为，有些情况不能只看成一种简单的状况，至少必须始终分清两个方面，即私人（个人）状况和社会（国家）状况，只有将这两方面的相互关系结合起来考察，弄清楚其相互关系及其客观存在方式，并积极面对、不回避其中的矛盾，才有可能使问题得到解决。因此，我们需要通过网络讨论以下几个问题：(1) 对社会提倡的无私利他地帮助别人，个人是不是必须无条件地遵守执行，特别是有可能牺牲自己的生命时。(2) 如果要求每个成员都无条件地行动，社会就应该建立机制和保护系统，为帮助他人的行动者及其亲人提供经济生活方面的保障。(3) 如果作为个体帮助别人的条件不足时，是否被允

---

① 2015 年新闻反转剧，真正"反转"的是什么？[EB/OL]. [2015 - 11 - 27]. http://news.xinhuanet.com/politics/2015 - 11/27/c _ 128472953.htm.

② 摩泽尔记者的辩护 [M] //马克思恩格斯全集：第一卷．北京：人民出版社，1956：216.

许可以自由选择，否则牺牲了自己的生命也无法换来好的结果。(4) 作为个体，应该参与到社会公开而广泛的讨论中，了解有可能发生的最糟糕的情况。

也只有通过这样公开而真实的讨论，让公众自行选择自己的行动，才能避免目前这样社会中经常发生的好人受伤害的情况，更可以避免人们因看到好人受伤害而不愿意当好人做善事的情况。

三、“群体极化”环境下对事实的包容和事件主体的同情是马克思主义新闻伦理的主旨

目前大多数反转新闻都是通过社交媒体传播的，社交媒体也被称为社会化媒体、社会性媒体，指允许人们撰写、分享、评价、讨论、相互沟通的网络平台。主要包括微信、微博、论坛等等。其传播的信息已成为人们浏览互联网的重要内容，其不仅制造了人们社交生活中争相讨论的一个又一个热门话题，更进而吸引传统媒体争相跟进。人们在社交媒体中分享信息和讨论问题，通过不断交互提炼能够有效地对某个主题达成共识，而且其影响速度、广度和深度是任何其他媒体所不能比拟的。

传播群体既然是由许许多多有各种各样关联的人组成的，便有可能更多地具有相同态度倾向，人们聚集起来交流互动，也更有可能出现社会心理学所称的“群体极化”的现象，即参与交流互动的网络用户各自的态度变得更加极端，从而形成根深蒂固的偏见。所以，即便之后有澄清、辟谣的信息发布，也难以引起那些陷入极端态度的受众注意并改变看法。

“群体极化”在当代中国社会是普遍存在着的，我们生活在一个很大、很复杂的社会中，人与人之间联系十分紧密，在做各种决策时无可避免地需要和别人探讨，寻求一致的意见或建议，从而达到最终的结果，

特别是网络时代，个人在参与群体讨论时，由于受群体气氛的影响，也会出现支持极端化决策的心理倾向。其中原因：一是群体成员倾向于与其他成员保持行为与信念的一致，以获取群体对他的认可及团体归属感；二是群体成员在对需要决策的事件拿不准的时候，模仿与顺从他人的行为与信念往往是安全的。

在马克思看来，一个媒介就是一个群体、集合体，是有精神人格的。马克思在谈到作为一份报刊的成员即是一个有些精神统一的整体时认为：“我的答复是**不署名**的。我之所以这样做，是因为我确信不署名是由报纸的实质所决定的，因为不署名可以使报纸由许多个别意见的集合点**转变为一个具有统一的理性**的机关。作者的**名字**可以使一篇文章和另一篇文章明显地区别开来，正如身体使一个人和另一个人

区别开来一样，可是他的名字也会使每篇文章的作用——仅仅作为构成整体的一部分——化为乌有。最后，不署名不仅可以使作者，而且还可以使广大读者更为自由和公正，因为这样一来，读者在自己面前看到的就不是说话的**人**，而只是所说的**事**；那时读者就摆脱了作为经验的人而存在的作者的影响，而仅以作者的精神人格作为自己判断的尺度。"①

人们对传播做过种种描述和解释，有的把它说成"信息共享"，有的把它说成"劝服影响"，也有的把它说成"刺激反应"，还有人认为，传播是人类传递或交流信息的社会性行为。但社交媒体中大多数成员的行动就是忠实地传播，新闻中的主体基本上都与他们没有任何关系，但他们因持有某种立场、关注其中的当事人等而进行传播。

既然存在着极化，便存在着对立的想法，这种情况早在一百多年前，马克思也描述过，虽然那时极化的两端是封建统治者和贫穷的百姓，与我们当代的社会管理者与网民的关系大相径庭，但我们还是不妨理解和学习一下当时马克思的论述。马克思当时所在的报刊刊登了当时摩泽尔河沿岸地区居民生活贫困状况及其求助的呼声，但被上级机关和总督先生看作无理取闹。但马克思指出："总督先生就我这篇通讯发表了下面的意见：'如果说这篇文章有什么用意的话，那就只能是想表明，摩塞尔河沿岸地区居民，在这以前没有被允许公开而坦率地说出自己的困苦处境和造成这种处境的原因，以及改善这种处境的必要办法。'"②

我们网络时代，新闻传播后认识观念反转也可能带来舆论颠覆，裹挟着网民的怨气和戾气搅动社会，引发群体间的谩骂，或伴有"人肉搜索"行为，更有可能侵犯当事人隐私权和其他人身利益。尤其是有些网民文化程度不高，亦缺乏独立思考和独立判断的能力，会出现人云亦云的情况，对某些行为通过贴标签的方式进行简单化判断。因为很多时候，影响我们的判断和态度的，不是信息本身，而是思维定式和头脑中的刻板印象与标签符号。马克思时代只有报刊，但报刊作为媒介的传播权并不真正掌握在百姓手里，传播权有一部分在记者手里。社交媒体是社会舆论的产物，同样，它也制造社会舆论，唯有它才能使一种特殊利益成为普遍利益，唯有它才能使社会中诸多百姓的生活状况受到关注，唯有它才能使大家都感觉到这种因为认知不协调带来的生活压力，从而感觉到精神方面的压力。报刊是带着理智，但同样也是带着情感来对待人民精神和生活状况的。

---

① 摩泽尔记者的辩护［M］//马克思恩格斯全集：第一卷．北京：人民出版社，1956：212.

② 同①215.

很多新闻刚发生时，真相并不会一下子全部呈现，需要通过媒体不断挖掘和官方不断调查，才会越来越清晰。从开始不清楚到最终真相大白，这是自然规律。新闻反转往往并非如此，不是事实的自然逐渐呈现，而是标签的变换。因为很多人浮躁，不看事实和其中的是非，只根据事件当事人的身份去站队。但是，在新闻中，身份是很容易发生变化的，因为一个人有多重身份，假如只根据身份去看，态度很容易发生变化。

网络媒体传播信息的即时性、互动性是一把双刃剑。我们在享受碎片化的、未经甄别的信息流通的便利性的同时，也习惯于第一时间表态、第一时间分享我们的观点，并且由此产生群体极化效应。根据群体极化理论，网络传播中，原来群体支持的意见，讨论后会变得更为支持；而原来群体反对的意见，讨论后反对的程度也会变得更强，最终使群体的意见出现极端化。

反转新闻或新闻反转的事件在我国持续频繁发生已有多年了，对此是否应该进行深层的反思，从社会倡导的价值观层来一次深入的全社会的讨论已经是摆在我们面前的问题。在这里我们也有必要读一下马克思的这段话，用有则改之无则加勉的态度面对："官员把昭然若揭的现实拿来同官方的即国家的文件中证明无误的现实比较，同依据这种官方现实的观点比较，就以为前者是虚构的。私人责备官员仅仅把自己的直接活动范围看做国家，而处于这个活动范围以外的整个世界在官员看来仅仅是国家所支配的对象，它既没有国家的思想方式，又没有国家的判断能力。最后，当贫困状况已经尽人皆知的时候，官员就把大部分的过错推给私人，好像这些人的灾难就是他们自己造成的，而另一方面，他既不允许他们对官僚一手创造出来的管理原则和条例的完善性表示怀疑，又不肯放弃这些原则和条例中的任何一条。"①

另外，我们经常看到这样的文字：要更好地呵护公共精神，就需要完善法治生活。但何为公共精神、何为法治生活要先定义清楚。一起引发社会热议的新闻事件，随着舆情的发酵、调查的深入，演绎出与最初报道不同的剧情，不免令人思考。事实上，没有这种多元化的生活态度与人生哲学，没有对生活本身的富于诗情的理解，在很大程度上将限定我们生活方式的宽度与深度，也决定我们的生命有没有一种立体感。当然究其原因，虽有一些源于调查者经验不足、信息来源不充分，但不容否认，不少新闻之所以"反转"，跟最初报道者的"群体极化"立场不无相关无。这不是简单的"冲击媒体公信力，消解受众信任感"的问题，而是到了在更高理性层面思考建构完善我们社会主义社会理念的时刻了。

---

① 摩泽尔记者的辩护［M］//马克思恩格斯全集：第一卷．北京：人民出版社，1956：225.

图书在版编目（CIP）数据

新闻传播与媒介法治年度研究报告．2017/陈绚，杨秀，李伟著．—北京：中国人民大学出版社，2018.7
（中国人民大学研究报告系列）
ISBN 978-7-300-25579-8

Ⅰ.①新… Ⅱ.①陈… ②杨… ③李… Ⅲ.①新闻学-传播学-法学-研究报告-中国-2017 Ⅳ.①D922.164

中国版本图书馆 CIP 数据核字（2018）第 031327 号

中国人民大学研究报告系列
新闻传播与媒介法治年度研究报告 2017
陈 绚 杨 秀 李 伟 著
Xinwen Chuanbo yu Meijie Fazhi Niandu Yanjiu Baogao 2017

出版发行	中国人民大学出版社		
社　　址	北京中关村大街 31 号	**邮政编码**	100080
电　　话	010－62511242（总编室）		010－62511770（质管部）
	010－82501766（邮购部）		010－62514148（门市部）
	010－62515195（发行公司）		010－62515275（盗版举报）
网　　址	http://www.crup.com.cn		
	http://www.ttrnet.com(人大教研网)		
经　　销	新华书店		
印　　刷	北京玺诚印务有限公司		
规　　格	185 mm×260 mm　16 开本	**版　　次**	2018 年 7 月第 1 版
印　　张	14.5 插页 1	**印　　次**	2018 年 7 月第 1 次印刷
字　　数	252 000	**定　　价**	46.00 元